김변·이변의 장사하는 법 시리즈 vol. 1

프랜차이즈의
시작과 끝

The Beginning and The End of Franchise

김 민 규 · 이 상 훈

박영사

Preface

'김변·이변의 장사하는 법' 1탄인 「프랜차이즈의 처음과 끝」의 공저자 변호사 이상훈입니다. 김민규 변호사와 '장사하는 법'에 관한 책을 쓰기로 의기투합한 날의 화두는 "첫 타자로 어떤 주제를 삼을지"에 관한 것이었습니다.

일단 장사니까 상법을 다뤄야 하지 않을까. 장사를 처음 시작하는 분들을 위해 창업에 필요한 지식을 전해드려야 하나. 그래도 명색이 변호사니까 아예 제목을 '소송하는 법'으로 할까?

여러 고민이 있었죠. 그러다 문득 맥ㅇ날드를 갔습니다. 야근으로 피폐해진 심신을 달래기 위해 무심코 찾던 '빅ㅇ'을 시키려는 순간! 키오스크 뒤로 길게 늘어선 줄을 발견했습니다. "하나, 둘, 셋, 넷, 다섯, … 이게 몇 명이야? 변호사 때려치고 프랜차이즈나 한번 해볼까?"

이렇게 첫 책의 주제가 '프랜차이즈'가 되었습니다. 장사하는 이유, 여러 가지가 있겠지만 뭐니 뭐니 해도 '돈을 벌기 위해서'죠. 땅 파서 장사할 순 없지만 간판 빌려서 장사할 순 있습니다.

길거리에 늘어선 '맥ㅇ날드', '김ㅇ천국', '베ㅇ킨라ㅇ스'를 보면서 '저 가게들은 얼마나 벌까' 생각해 보신 분, 저 말고도 계실 겁니다. 많은 사람들이 알고 찾는다는 것, 어딜 가나 같은 맛, 같은 서비스를 줄 수 있다는 것. 그것만큼 쉬운 장사는 없어 보이니까요.

하지만 쉬운 만큼 제대로 해야 합니다. 프랜차이즈에 가맹금을 얼마나 내느냐부터 가맹본사의 역량은 무엇인지, 가맹본사가 상품 개

#프랜차이즈의 시작과 끝

발, 브랜드 관리, 마케팅, 원·부자재 수급은 어떻게 해야 하는지 꼼꼼히 따져봐야죠.

이걸 알려면 법을 알아야 합니다. '가맹금'이 뭔지, '가맹본부'나 '가맹사업자'는 뭔지, '정보공개서'는, '가맹계약서'는 어떤 것인지 제대로 이해해야 제대로 된 사업을 할 텐데, 그 제대로 된 설명이 다름 아닌 법에 있기 때문이죠. 그야말로 법은 모든 장사의 '알파'요 '오메가'이자 '시작'과 '끝'이라 할 수 있습니다.

기업평가사이트 'CEO스코어'에 따르면 국내 가맹점 수 기준 340개 프랜차이즈 가맹본부 가운데 현황 정보를 알 수 있는 182개 브랜드를 대상으로 조사한 결과, 2018년 가맹점 한 곳당 평균 매출은 2억 8,969만 원으로, 2년 전인 2016년 3억 1,564만 원보다 8.2% 줄어들었습니다. 또한 폐점률은 7.9%로, 2016년에 비해 0.5%포인트 상승했지요.

이 책은 이런 '실패'를 줄이기 위해서 만들어졌습니다. 김 변호사와 제가 아는 모든 지식과 실무경험을 동원해 여러분을 '알게' 만들 겁니다. 최소한 이 책을 보는 독자들은 저 폐점률 표본에 들어가지 않는 것을 목표로 잡았습니다.

가능한 한 알기 쉬운 용어를 쓰려고 노력했고, 프랜차이즈 창업자의 입장에서 눈높이를 맞추기 위해 법과 장사에 문외한인 '김대리'와 가맹사업의 전문가 '이팀장'을 초청했습니다.

아무쪼록 이 책이 프랜차이즈 사업을 하는 모든 분들의 실수를 줄

이고, 전문성을 높이며, 장사에 자신감을 갖게 만들어, 결국 돈을 버
는 데 조금이나마 도움이 되었으면 합니다.

　사랑하는 아내와 두 아들에게 이 책을 바칩니다.

2020. 1

변호사 이상훈 드림

차례

부록

1

CHAPTER 01

시작

시작

1. 가맹사업

❓ 형님하고 저는 '맛이 좋아서 고깃집' 1, 2호점을 운영하고 있습니다. 이런 경우도 '프랜차이즈'라고 할 수 있나요?

加盟事業 = Franchise?

'가맹사업'이라는 말을 들어보셨나요? '프랜차이즈'라는 용어는 무엇을 뜻할까요? 이들 단어를 처음 접해 보신 분들도, "지금 날 무시하나?"라며 불끈하시는 분들도 계실 겁니다. *"내가 그런 걸 몰라서 이 책을 산 게 아니라구!"*

하지만 '천리 길도 한 걸음부터'라고 했지요. '돌다리도 두들겨 보고 건너라'고도 했습니다. 조금 진부하더라도 고전에는 진리가 있고 따분한 이야기에는 경험이 있습니다. 모든 일은 시작이 중요한 법.

처음부터 차근차근 살펴봅시다.

'가맹'이라는 단어는 한자어로 加盟, 즉 동맹이나 연맹, 단체 등에 가입하는 일을 의미합니다. '프랜차이즈'는 영단어 Franchise를 그대로 읽은 것으로, 권리, 특권 등을 뜻하며 나아가 '참정권'이라는 의미로 해석되기도 합니다.[1]

우리가 일반적으로 '프랜차이즈'라고 부르는 형태의 가게들은 대부분 본사로부터 그들이 개발한 음식이나 서비스, 인테리어, 매장 컨셉 등을 사용할 수 있는 권한을 부여받아 이를 판매하고, 그 대가로 본사에 일정 금액을 지불합니다. 이때 돈을 주고 권리를 받는 쪽을 '가맹회원(가맹점사업자)', 돈을 받고 권리를 주는 쪽을 '가맹사업자'라고 합니다. 권리는 가진 자가 주는 것이고, 주는 자가 있다는 것은 받는 자가 임의대로 사용하는 것이 금지된다는 뜻도 됩니다. "가맹회원은 가맹사업자의 통제를 받는다." 여기서 프랜차이즈의 중요한 속성을 발견할 수 있습니다.

> '본사가 구축한 연맹에 돈을 주고 가입하여(= 가맹), 본사가 부여한 권리를 행사하고 통제를 받는다(= 프랜차이즈).'

'가맹'의 뜻을 알았으니, 이제 '사업'이라는 단어의 의미를 살펴

---

1 프랜차이즈는 본래 군주의 명령이나 허가로서 특정한 신민(臣民)에게 부여된 일종의 특권을 의미했습니다. 중세 유럽 부르주아들이 '부르(Bourg)'의 소유권을 가진 영주들에게 돈을 주고 자치권을 산 행위에서 유래된 것이죠. 그러던 것이 산업의 발달과 함께 의미가 확대되어 '사업관계에서 제3자에게 특정한 권리를 부여하는 것(프랜차이즈 권리)'까지 포함시키게 되었습니다.

볼 차례입니다. 사업은 한자어로 事業이라고 쓰는데, 사전적으로는 '어떤 일을 일정한 목적과 계획을 가지고 짜임새 있게 지속적으로 경영하는 행위, 또는 그 일'을 의미한다고 합니다. 여기에서 중요한 키워드는 '목적', '계획' 그리고 '지속성' 정도가 되겠네요.[2] 하지만 이건 일반적인 해석일 뿐, 우리가 지금 자본주의와 상사(商事)의 세계에 있으며, 돈을 벌기 위해 여기에 모였다는 점을 잊으면 안 됩니다. 우리 사업의 목적은 '영리(營利)[3]'를 벗어날 수 없는 거죠.

이처럼 영업으로 하는 돈을 버는 일을 법에서는 '상행위(商行爲)'라고 표현하고 상행위를 하는 사람을 '상인'이라고 합니다. 그런데 여기에는 일을 하고 돈을 받는 일, 즉 근로행위와 근로자는 제외됩니다.[4] 근로기준법상 근로자는 누군가의 지휘·감독을 받으면서 근로를 제공하는 사람을 말하는데, 사업은 자기가 자유롭게 하는 거니까요. 쉽게 말해 사장님은 되고, 월급쟁이는 안 된다. 이렇게 생각하셔도 됩니다.

결국 프랜차이즈(가맹) 사업은 '돈을 벌기 위해, 직업으로 혹은 반복적·지속적으로, 본사가 구축한 연맹에 돈을 주고 가입하여, 본사가 부여한 권리를 행사하는 일'을 일컫는다고 말할 수 있겠습니다.

---

2 법률가들이 자주 사용하는 용어 중에 '업무業務'라는 말이 있는데, 대체로 이 단어를 "직업 또는 사회생활상의 지위에 기하여 계속적으로 종사하는 사무나 사업의 일체"로 해석합니다(헌재 2011. 3. 31. 2009헌바309 등).

3 '재산상의 이익을 꾀하는 것', 혹은 '그렇게 얻은 이익 자체'를 말한다고 보면 됩니다.

4 상법 제46조(기본적 상행위) 영업으로 하는 다음의 행위를 상행위라 한다. 그러나 오로지 임금을 받을 목적으로 물건을 제조하거나 노무에 종사하는 자의 행위는 그러하지 아니하다.

> 가맹사업 = '어떤 사람이, 돈을 벌기 위해, 직업으로, 돈을 주고 연맹에 가입하여, 본사가 부여한 권리를 행사하고 통제를 받는 일'

이렇게 단순하지만 거창한 단어들이 만나 '가맹(프랜차이즈) 사업'을 만들었습니다.

분위기도 전환할 겸 영어도 한번 읽고 갈까요? 우리가 어렵게 짜 맞춰 본 가맹사업의 의미를 국제프랜차이즈협회[IFA]는 아래와 같이 정의하고 있습니다.[5]

WHAT IS A FRANCHISE?

A franchise is the agreement or license between two legally independent parties which gives:

- a person or group of people(franchisee) the right to market a product or service using the trademark or trade name of another business(franchisor)
- the franchisee the right to market a product or service using the operating methods of the franchisor
- the franchisee the obligation to pay the franchisor fees for these rights

해석해 봅시다. "프랜차이즈 사업이란 프랜차이저(가맹본부)와 프

---

5 IFA EDUCATIONAL FOUNDATION, An Introduction to Franchising, 1p.

랜차이지(가맹점사업자) 사이의 계약관계로서, 프랜차이저는 노하우와 훈련 등의 업무에 관하여 계속적으로 이익을 제공하고 또는 이를 유지할 의무를 지며, 프랜차이지는 프랜차이저의 소유 또는 관리하에 있는 공통의 상표 및 영업기준에 따라 영업을 하며 프랜차이즈 사업에 대하여 자신의 자본을 실질적으로 출자하는 것을 말한다."

용례의 차이는 있지만, 가맹회원(프랜차이지)이 본사(프랜차이저)가 부여한 권리(이익 제공)와 통제(유지할 의무)를 받으며, 가맹금을 지급하고(자본을 출자), 직업으로 돈을 번다(공통의 상표, 영업기준에 따라 영업)는 큰 틀에서는 변함이 없는 것 같습니다.

프랜차이즈. 가맹사업. 조금 느낌이 오나요? 우리가 지금부터 공부하고 시작해보려는 일입니다. 하려면 제대로 합시다.

"프랜차이즈 본사가 되어 회원들을 모집하고 싶다"고요? "프랜차이즈에 가입하여 안정된 영업을 하고 싶다"고요? 축하합니다. 당신의 생각은 '사업'이 되었습니다.

가맹사업과 법
– 가맹사업거래의 공정화에 관한 법률

우리가 하려는 일이 어떤 것인지 감을 잡았으니, 이제 법을 살펴볼 차례입니다,

아니, 프랜차이즈 장사하는 방법을 알려주는 것이 이 책의 목적 아니었나요? 갑자기 법이라니요. 게다가 가맹사업거래? 공정… 무슨화?? 이게 무슨 자다가 봉창 두드리는 소리랍니까. 당장 주최 측에 환불을 요구하겠습니다."

라고 생각하시는 독자님 진정하세요. 던지려던 책은 잠시 놓아두시기 바랍니다. 이 책은 독자들을 괴롭히려고 만들어지지 않았습니다. 여러분들이 프랜차이즈 장사를 하기 위해 꼭 아셔야 할 농축액을 드리고 싶은 제 진심을 믿어주세요.

법은 모든 사업의 알파이자 오메가요, 시작과 끝입니다. 저에게 장사라는 무인도에 꼭 가져가야 할 한 가지를 고르라면 '법'을 고르겠습니다. 외딴섬에서 중국집 간판 달고 나 홀로 짜장면 팔면서 "짜ㅇ게티 요리사" 외칠 게 아니라면 한국의 장사법,[6] 그중에서도 프랜차이즈에 관한 법을 알아 둘 필요가 있지요.

우리는 그 프랜차이즈를 통해 돈을 벌 생각입니다. 하지만 나 말고 네 지갑에서 돈 나오게 하는 일, 역시 쉽지 않겠지요? 많은 사람들이 엮이는 만큼 많은 약속과 규제가 필요할 겁니다. 선량한 피해자가 발생해서도, 기본을 무시하고 정도를 넘어선 악덕 사업주가 탄생해서도 안 되니까요. 다행히 우리가 이러한 약속을 만들 필요는 없습니다. 우리 사회가 이미 프랜차이즈 사업에 필요한 규범을 만들어두었기 때문입니다. 이제부터 할 이야기는 「가맹사업거래의 공정화에 관한 법률(가맹사업법)」에 관한 것입니다.

---

6 일반적으로 상거래나 기업의 법률관계를 규율하는 법은 상법입니다. 프랜차이즈 역시 상법과 많은 연관이 있죠. 그런데도 이 책에서 상법이 아닌 가맹사업법을 주로 다루는 이유는 가맹사업법이 가맹사업에 특화되어 만들어진 법이기 때문입니다. 그 목적에서부터 '가맹사업의 공정한 거래질서를 확립', '가맹본부와 가맹점사업자의 발전'을 명시적으로 언급하고 있지요(제1조). 가맹사업법은 일종의 특별법으로서, 상법보다 가맹사업에 관한 한 구체적·특수적인 내용을 규율하고 있고, 원칙적으로 상법보다 먼저 적용됩니다. 이를 '특별법 우선의 원칙'이라고 부릅니다. 상법은 민법에 대해서 특별법입니다. 같은 사안에서 가맹사업법 > 상법 > 민법 순으로 적용된다고 보면 큰 무리가 없습니다.

사회구성원들이 함께 지켜야 하는 최소한의 약속, 국가권력에 의해 강제되는 사회규범을 법이라고 합니다. '법은 최소한의 도덕.' 도덕 수업은 중학교 3학년 이후로 유ㅇ브로만 접해 본 저도 기억하고 있는 격언입니다. 그런 의미에서 가맹사업법은 프랜차이즈 사업을 하고자 하는 가맹점사업자(가맹회원)와 가맹본부가 지켜야 할 최소한의 약속이자 도덕이고, 어기게 되면 국가로부터 불이익을 받는 규범이라고 해석할 수 있습니다.

개인적으로 법을 이해할 때 가장 효과적인 방법은 먼저 법조문을 차분하게 읽어보는 것이라 생각합니다. 법조문 속에 입법자와 법이 말하고자 하는 내용이 모두 설명되어 있기 때문이죠. 웬만한 법은 해당 법 규정 첫머리에 '목적'이라는 이름으로(표제) 아예 그 법의 제정 취지와 규율 대상을 친절하게 알려주고 있고, '정의규정'이라고 해서 해당 법 내용 전체에 사용되는 용어들을 별도로 설명하고 있습니다. 이렇게 법이 정한 정의규정은 곧 해석의 기준이 되고, 업계에 통용되는 행동의 기준점이 되며, 분쟁이 발생할 때 옳고 그름의 판단기준이 됩니다. 정의규정을 법의 바로미터라고 해도 과언이 아닌 것이죠. 구체적인 조문의 번호를 찾기 전에 정의규정을 숙지하는 습관을 들이면 우리 법이 현상을 어떠한 목적으로 해석하는지 대략 방향을 잡을 수 있을 겁니다.

「가맹사업거래의 공정화에 관한 법률」역시 제1조에서 '목적'규정이, 제2조에 '정의'규정이 마련되어 있습니다. 일단 읽어봅시다.[7]

---

[7] 법령에 표시된 '제ㅇ조'는 글자 그대로 소리 내어 '제ㅇ조'라고 읽으면 되고, 법 제ㅇ조 아래에 '①'과 같이 표기된 것, 즉 원 안에 숫자가 있는 원 숫자는 '제ㅇ항'이

제1조【목적】이 법은 가맹사업의 공정한 거래질서를 확립하고 가맹본부와 가맹점사업자가 대등한 지위에서 상호보완적으로 균형 있게 발전하도록 함으로써 소비자 복지의 증진과 국민경제의 건전한 발전에 이바지함을 목적으로 한다.

제2조【정의】이 법에서 사용하는 용어의 정의는 다음과 같다.

1. "가맹사업"이라 함은 가맹본부가 가맹점사업자로 하여금 자기의 상표·서비스표·상호·간판 그 밖의 영업표지(이하 "영업표지"라 한다)를 사용하여 일정한 품질기준이나 영업방식에 따라 상품(원재료 및 부재료를 포함한다. 이하 같다) 또는 용역을 판매하도록 함과 아울러 이에 따른 경영 및 영업활동 등에 대한 지원·교육과 통제를 하며, 가맹점사업자는 영업표지의 사용과 경영 및 영업활동 등에 대한 지원·교육의 대가로 가맹본부에 가맹금을 지급하는 계속적인 거래관계를 말한다.

2. "가맹본부"라 함은 가맹사업과 관련하여 가맹점사업자에게 가맹점 운영권을 부여하는 사업자를 말한다.

3. "가맹점사업자"라 함은 가맹사업과 관련하여 가맹본부로부터 가맹점운영권을 부여받은 사업자를 말한다.

4. "가맹희망자"란 가맹계약을 체결하기 위하여 가맹본부나 가맹지역본부와 상담하거나 협의하는 자를 말한다.

5. "가맹점운영권"이란 가맹점사업자가 가맹본부의 가맹사업과 관련하여 가맹점을 운영할 수 있는 계약상의 권리를 말한다.

6. "가맹금"이란 명칭이나 지급형태가 어떻든 간에 다음 각 목의 어느 하나에 해당하는 대가를 말한다. 다만, 가맹본부에 귀속되지 아니하는 것으로서 대통령령으로 정하는 대가를 제외한다.

라고 읽으면 됩니다. 그리고 별표 사례 제2조에서처럼 동그라미 없이 바로 숫자 번호가 나열된 때에는 '제○호'라고 읽으면 됩니다.

가. 가입비·입회비·가맹비·교육비 또는 계약금 등 가맹점사업자가 영업표지의 사용허락 등 가맹점운영권이나 영업활동에 대한 지원·교육 등을 받기 위하여 가맹본부에 지급하는 대가

나. 가맹점사업자가 가맹본부로부터 공급받는 상품의 대금 등에 관한 채무액이나 손해배상액의 지급을 담보하기 위하여 가맹본부에 지급하는 대가

다. 가맹점사업자가 가맹점운영권을 부여받을 당시에 가맹사업을 착수하기 위하여 가맹본부로부터 공급받는 정착물·설비·상품의 가격 또는 부동산의 임차료 명목으로 가맹본부에 지급하는 대가

라. 가맹점사업자가 가맹본부와의 계약에 의하여 허락받은 영업표지의 사용과 영업활동 등에 관한 지원·교육, 그 밖의 사항에 대하여 가맹본부에 정기적으로 또는 비정기적으로 지급하는 대가로서 대통령령으로 정하는 것

마. 그 밖에 가맹희망자나 가맹점사업자가 가맹점운영권을 취득하거나 유지하기 위하여 가맹본부에 지급하는 모든 대가

7. "가맹지역본부"라 함은 가맹본부와의 계약에 의하여 일정한 지역 안에서 가맹점사업자의 모집, 상품 또는 용역의 품질유지, 가맹점사업자에 대한 경영 및 영업활동의 지원·교육·통제 등 가맹본부의 업무의 전부 또는 일부를 대행하는 사업자를 말한다.

8. "가맹중개인"이라 함은 가맹본부 또는 가맹지역본부로부터 가맹점사업자를 모집하거나 가맹계약을 준비 또는 체결하는 업무를 위탁받은 자를 말한다.

9. "가맹계약서"라 함은 가맹사업의 구체적 내용과 조건 등에 있어 가맹본부 또는 가맹점사업자(이하 "가맹사업당사자"라 한다)의 권리와 의무에 관한 사항(특수한 거래조건이나 유의사항이 있는 경우에는 이를 포함한다)을 기재한 문서를 말한다.

10. "정보공개서"란 다음 각 목에 관하여 대통령령으로 정하는 사항을 수록한 문서를 말한다.

　가. 가맹본부의 일반 현황

　나. 가맹본부의 가맹사업 현황(가맹점사업자의 매출에 관한 사항을 포함한다)

　다. 가맹본부와 그 임원(「독점규제 및 공정거래에 관한 법률」 제2조 제5호에 따른 임원을 말한다. 이하 같다)이 다음의 어느 하나에 해당하는 경우에는 해당 사실

　　1) 이 법, 「독점규제 및 공정거래에 관한 법률」 또는 「약관의 규제에 관한 법률」을 위반한 경우

　　2) 사기·횡령·배임 등 타인의 재산을 영득하거나 편취하는 죄에 관련된 민사소송에서 패소의 확정판결을 받았거나 민사상 화해를 한 경우

　　3) 사기·횡령·배임 등 타인의 재산을 영득하거나 편취하는 죄를 범하여 형을 선고받은 경우

　라. 가맹점사업자의 부담

　마. 영업활동에 관한 조건과 제한

　바. 가맹사업의 영업 개시에 관한 상세한 절차와 소요기간

　사. 가맹본부의 경영 및 영업활동 등에 대한 지원과 교육·훈련에 대한 설명

11. "점포환경개선"이란 가맹점 점포의 기존 시설, 장비, 인테리어 등을 새로운 디자인이나 품질의 것으로 교체하거나 신규로 설치하는 것을 말한다. 이 경우 점포의 확장 또는 이전을 수반하거나 수반하지 아니하는 경우를 모두 포함한다.

12. "영업지역"이란 가맹점사업자가 가맹계약에 따라 상품 또는 용역을 판매하는 지역을 말한다.

　우리 가맹사업법은 '가맹사업의 공정한 거래질서를 확립'하고 '가맹본부와 가맹점사업자가 대등한 지위에서 상호보완적으로 균형 있

게 발전'하도록 함으로써 '소비자 복지의 증진과 국민경제의 건전한 발전에 이바지함'을 목적으로 만들어졌다고 하네요(제1조).

우리 어려운 말이라고 이해를 포기하지 맙시다. 기본적으로 가맹사업법은 가맹본부와 가맹점사업자 간에 건전한 거래관계가 유지될 수 있도록 가맹본부 및 가맹점사업자가 각각 준수하여야 할 기본적인 사항을 규정한 것이고, 주로 가맹사업과 관련된 각종 불공정거래를 금지하는 것에 방점이 있습니다. 말하자면, 갑과 을의 일방적인 싸움이 되기 쉬운 가맹본부와 가맹점사업자를 서로 비슷한 위치에서 싸우고, 경쟁하고, 상생해 나아갈 수 있도록 국가가 도와주겠다는 것이죠. 그래야 '국민(소비자) 복지도 증진'하고 '국민 경제도 발전'하니까요.

법의 역사를 조금 살펴볼까요? 가맹사업법은 2002년 5월 13일 법률 6704호로 제정·공포되었고, 같은 해 11월 1일에 시행되었습니다(제정은 법을 만들었다는 것이고, 공포는 이를 널리 퍼뜨려 알렸다는 것이며(관보[8]에 게재), 시행은 말 그대로 법률이 효력을 발휘함을 말합니다.). 이후 다섯 차례에 걸친 개정을 거쳐 현재의 모습이 되었습니다.

가맹사업법은 가맹본부, 가맹희망자, 가맹점사업자에 적용되며 법이 정한 가맹사업의 요건에 해당하는 경우에는 거래방식이나 명칭 등에 관계없이 적용됩니다.

다만, 가맹금 총액(가맹점사업자가 가맹금의 최초 지급일부터 6개월 동안 가맹본부에 지급한 가맹금 총액이 100만 원을 초과하지 않는 경우 등)이

---

8 관보는 관청의 소식을 국민에게 알리는 정부의 공식 기관지인데, 법령의 공시, 서계의 편성과 집행, 서임 및 사령 그리고 관청의 동정 등이 수록됩니다.

나 연간매출액(가맹본부의 연간 매출액이 5천만 원 미만인 경우[9]나 2억 원 미만인 경우[10] 등)이 일정한 금액 또는 규모에 미달하는 경우에는 가맹사업법이 적용되지 않습니다. 이 법은 앞서 말한 목적에 맞게 가맹본부에게 까다로운 의무를 부과하고 있는데, 영세한 가맹본부에게까지 모든 의무를 지키도록 강제하는 것은 가혹하기 때문이죠(가맹사업법 제3조 제1항).

● 가맹사업법

> 제3조【적용배제】 ① 이 법은 다음 각 호의 어느 하나에 해당하는 경우에는 적용하지 아니한다.

---

[9] 가맹본부와 계약을 맺은 가맹점사업자의 수가 5개 이상인 경우는 제외(시행령 제5조 제5항).

[10] 가맹본부가 가맹사업을 시작하기 전에 해당 가맹사업과 같은 품질기준이나 영업방식에 따라 상품이나 용역을 판매하는 직영점을 개설하여 1년 이상 운영하고 있는 경우. 이 경우 금액산정은 다음의 기준에 따름(시행령 제5조 제3항).

가맹본부가 가맹사업을 시작한 지 1년이 지난 경우	① 가맹본부가 손익계산서를 작성한 경우에는 바로 전 사업연도의 손익계산서상의 매출액
	② 가맹본부가 손익계산서를 작성하지 않은 경우에는 바로 전 2개 과세기간의 부가가치세확정신고서상의 과세표준과 면세수입금액을 합한 금액
가맹본부가 가맹사업을 시작한 지 1년이 지나지 않은 경우	사업을 시작한 때부터 마지막으로 부가가치세확정신고서를 한 때까지의 부가가치세확정신고서(부가가치세확정신고를 하지 않은 경우에는 부가가치세예정신고서)상의 과세표준을 합한 금액을 ②의 금액으로 봄

1. 가맹점사업자가 가맹금의 최초 지급일부터 6개월까지의 기간 동안 가맹본부에게 지급한 가맹금의 총액이 100만 원 이내의 범위에서 대통령령으로 정하는 금액을 초과하지 아니하는 경우
2. 가맹본부의 연간 매출액이 2억 원 이내의 범위에서 대통령령으로 정하는 일정규모 미만인 경우. 다만, 가맹본부와 계약을 맺은 가맹점사업자의 수가 5개 이상의 범위에서 대통령령으로 정하는 수 이상인 경우는 제외한다.

② 제1항에도 불구하고 제9조 및 제10조(제10조 제1항 제1호는 제외한다)는 모든 가맹사업거래에 대하여 적용한다.

● 가맹사업법 시행령

제5조【적용배제】 ① 법 제3조 제1항 제1호에서 "대통령령으로 정하는 금액"이란 100만 원을 말한다.

② 법 제3조제1항 제2호 본문에서 "대통령령으로 정하는 일정규모"란 5천만 원을 말한다. 다만, 해당 가맹본부가 가맹사업을 시작하기 전에 해당 가맹사업과 같은 품질기준이나 영업방식에 따라 상품이나 용역을 판매하는 직영점을 개설하여 1년 이상 운영하고 있는 경우에는 2억 원(직영점의 매출액을 포함한다)으로 한다.

③ 제2항에 따른 금액의 산정은 바로 전 사업연도의 손익계산서상의 매출액으로 한다. 다만, 가맹본부가 손익계산서를 작성하지 아니하는 경우에는 「부가가치세법」에 따른 바로 전 2개 과세기간의 부가가치세확정신고서상의 과세표준과 면세수입금액을 합한 금액으로 한다.

④ 가맹본부가 가맹사업을 시작한 후 1년이 지나지 아니한 경우에는 사업을 시작한 때부터 마지막으로 부가가치세확정신고를 한 때까지의 부가가치세확정신고서(부가가치세확정신고를 하지 아니한 경우에는 부가

하지만 이때에도 가맹본부가 가맹희망자 또는 가맹점사업자에게 허위·과장정보의 제공을 금지하는 규정(9조), 가맹금 반환에 관한 규정(10조)은 예외 없이 적용됩니다(가맹사업법 제3조 제1항, 시행령 제5조 제1항 및 제2항).

가맹사업

법 제2조 제1호 '가맹사업'을 봅시다.

"가맹사업" = 가맹본부가 가맹점사업자로 하여금 자기의 상표·서비스 표·상호·간판 그 밖의 영업표지를 사용하여 일정한 품질기준이나 영업방식에 따라 상품(원재료 및 부재료를 포함) 또는 용역을 판매하도록 함과 아울러 이에 따른 경영 및 영업활동 등에 대한 지원·교육과 통제를 하며, 가맹점 사업자는 영업표지의 사용과 경영 및 영업활동 등에 대한 지원·교육의 대가로 가맹본부에 가맹금을 지급하는 계속적인 거래관계

라고 하네요. 매일 보는 법이지만 저도 머리가 어질어질해집니다. 하지만 당황하지 마세요. 한국말 맞습니다. 소리 내어 읽는 것까지는 무리 없이 성공하셨으리라 생각합니다. 세종대왕님 감사합니다!

이제 그럼 해석에 도전!!

하기 전에, 우리의 김대리를 소개하겠습니다. 김대리는 시골에서 나고 자라 서울을 동경하며 살았습니다. 스무 살이 되던 해 무작정 서울행 기차를 탔습니다. 부모님께 남긴 편지에는 이렇게 썼습니다. "사랑하는 어머니! 성공하고 오겠습니다," "아버지 돈 많이 벌어서 효도할게요." 서울에 도착해 닥치는 대로 아르바이트를 했습니다. 어느새 어머니로부터 전수받은 설거지 스킬이 만렙이 되어 정규직으로 취직했습니다. 한 해 두 해 버티다보니 사장이 대리라고 부릅니다. 직원이 3명인데 자신을 제외하면 대표와 부장이 전부라는 건 친구에게 이야기하지 않기로 합니다. 언제 신입사원이 들어와 자신을 도와줄지 기약이 없지만, "넌 우리 회사의 창립 멤버야. 가족인데 같이 고생해야지"라는 대표의 말에 오늘도 가장 먼저 출근해 바닥을 쓸고 창문을 닦습니다. 가족 같은 대리지만 알바 시절보다 도무지 나아진 게 없다. 월급은 '그래, 4대 보험 해주잖아' 하고 합리화합니다.

평소와 다른 없던 하루, 김대리가 점심시간을 맞았습니다. 월급도 나왔겠다 편의점은 패스하기로 합니다. 삼각김밥에 불떡볶음면도 이제 슬슬 질립니다. 눈여겨보던 먹고날드에 들렀습니다. TV에서 봤던 '빅먹 세트'가 눈에 들어옵니다. 참깨빵 위에 순쇠고기 패티 두 장, 특별한 소스, 양상추, 치즈, 피클 양파까지… 다 씹기도 전에 놀라 눈이 커집니다. 이런 맛이 있었다니!! 주위를 둘러보니 길게 늘어선 줄이 보입니다. 손이 바빠집니다. 하나, 둘. 도대체 몇 명이야? 빅먹 세트 하나가 5,700원이니까… 와 여기 사장 대박이네!!!

김대리는 별안간 먹고날드 가게를 열고 싶어졌습니다. 당장 가

'족' 같은 회사에 사표를 내고 싶지만 일단은 심호흡부터 합니다. "성공해서 갈게요" 어머님께 남긴 편지의 글귀가 아른거립니다. 빅 먹 아니라 리틀먹이라도 일단 만들어 보고 싶지만 참깨빵, 순쇠고기 패티를 어디서 사야 하는지, 특별한 소스를 어떻게 만들어야 할지 도 통 알 수가 없습니다. 패티를 구울 장비도 없고, 능숙하게 포스^{POS}기 기를 만져주면서 "안녕하세요 고객님"을 외쳐줄 사람도 없습니다. 무엇보다 먹고날드가 아니면, 소문자도, 대문자도 아닌 묘한 매력의 M자가 유혹하지 않는다면, 손님도 오지 않을 것 같습니다. 일보 후 퇴. 너이버를 열어 먹고날드를 검색합니다. 본사 전화번호가 보입니 다. 주저 없이 0번을 누릅니다. "안녕하세요 고개ㄱ…" 상담원의 말 이 끊기기도 전에 말합니다. "먹고날드가 하고 싶어요"

우리는 앞서, 가맹사업을 아래와 같이 정의했습니다.

> '어떤 사람이, 돈을 벌기 위해, 직업으로, 돈을 주고 연맹에 가입하여, 본사 가 부여한 권리를 행사하고, 통제를 받는 일'

이것을 우리 가맹사업법[11,12]은 이렇게 표현하고 있었죠.

---

11 유통산업발전법은 '프랜차이즈형 체인사업'을 "독자적인 상품 또는 판매·경영 기 법을 개발한 체인본부가 상호·판매방법·매장운영 및 광고방법 등을 결정하고, 가맹점으로 하여금 그 결정과 지도에 따라 운영하도록 하는 형태의 체인사업"이 라고 정의하고 있습니다(제2조 6호 나항).

12 상법은 가맹사업을 상행위 중의 하나로 보고, "상호·상표 등의 사용허락에 의한 영업"이라고 표현하며(상법 제46조 20호), 가맹상(加盟商)의 정의를 "자신의 상 호·상표 등을 제공하는 것을 영업으로 하는 자(가맹업자)로부터 그의 상호 등을 사용할 것을 허락받아 가맹업자가 지정하는 품질기준이나 영업방식에 따라 영업

'가맹본부가 가맹점 사업자로 하여금 자기의 상표[13] · 서비스 표 · 상호[14] · 간판 그 밖의 영업표지를 사용하여 일정한 품질기준이나 영업방식에 따라 상품(원재료 및 부재료를 포함) 또는 용역을 판매하도록 함과 아울러 이에 따른 경영 및 영업활동 등에 대한 지원 · 교육과 통제를 하며, 가맹점 사업자는 영업표지의 사용과 경영 및 영업활동 등에 대한 지원 · 교육의 대가로 가맹본부에 가맹금을 지급하는 계속적인 거래관계'

두 줄짜리 문장이 여섯 줄로 늘어나는 신박한 기적을 목도하는 순간입니다. 같은 말도 어렵게 보이는 마법, 이것도 우리 법의 묘미죠. 앞서 배운 우리 식의 정의로 한번 나눠서 짝지어 볼까요.

어떤 사람이 = 가맹점 사업자

돈을 벌기 위해 = 영업표지의 사용과 경영 및 영업활동

직업으로 = 계속적인 거래관계

돈을 주고 연맹에 가입하여 = 대가로 가맹본부에 가맹금을 지급하는

본사가 부여한 권리를 행사하는 일 = 자기(가맹본부)의 상표 · 서비스 표 · 상호 · 간판 그 밖의 영업표지를 사용하여 일정한 품질기준이나 영업방식에 따

을 하는 자"라고 규정하고 있습니다. 상법도 용어가 다를 뿐(가맹사업-가맹업, 가맹본부-가맹업자, 가맹점사업자-가맹상)가맹사업법과 같은 내용을 규정하고 있다고 볼 수 있습니다. 이 책에서는 가맹사업법의 용어례에 따라 서술하도록 하겠습니다.

13 '상표'란 자기의 상품(지리적 표시가 사용되는 상품을 제외하고는 서비스 또는 서비스의 제공에 관련된 물건 포함)과 타인의 상품을 식별하기 위해 사용하는 표장(標章)을 말합니다(「상표법」 제2조제1항제1호).

14 '상호'란 상인이 영업활동에 있어서 자신을 외부에 나타내는 명칭을 말하는 것으로, 상인이 아닌 사업자나 사업의 명칭과 구별되고, 상품의 동일성을 표시하는 상표나 영업의 대외적인 인상을 부각시키기 위하여 사용하는 표장인 영업표와 구별됩니다.

라 상품(원재료 및 부재료를 포함) 또는 용역을 판매(할 수 있는 권리), 경영
및 영업활동 등에 대한 지원·교육과 통제(를 받을 수 있는 권리)

우리는 틀리지 않았습니다. 번역 시험 같았던 법조문을 깔끔하게
해석했습니다. 이제 우리 법이 규정하는 내용에 따라서 가맹사업의
조건을 정리해 봅시다.

① 가맹본부가 가맹점사업자에게 영업표지 사용을 허락
   → 영업표지가 꼭 상표법상 상표로 등록할 필요는 없습니다. 제3자가 보
     기에 독립적인 영업의 표지로 인식할 수 있을 정도면 충분합니다.
② 가맹점사업자는 일정한 품질기준이나 영업방식에 따라 상품 또는 용역
   을 판매
   → 가맹본부가 가맹점사업자의 사업과 무관한 물품이나 용역만 공급하
     는 경우에는 가맹사업이라고 할 수 없겠지요.
③ 가맹본부는 경영 및 영업활동 등에 대한 지원, 교육, 통제를 수행
   → 가맹점사업자는 가맹본부의 경영, 영업활동 등에 대한 지원, 교육,
     통제를 받아야 합니다. 즉, 가맹본부의 영업방침을 따르지 않는 경우
     에 아무런 불이익이 없다면 가맹사업이라고 할 수 없겠죠.
④ 영업표지 사용 및 경영·영업활동 등에 대한 지원·교육에 대가로 가맹
   금 지급
   → 명목이 무엇이든 가맹점사업자는 가맹본부에 돈(가맹금)을 줘야 합
     니다. 가맹본부가 가맹점사업자에게 도매가격 이상으로 물품을 공
     급하는 경우도 가맹금 지급이라고 볼 수 있습니다.
⑤ 계속적인 거래관계
   → 일시적, 일회적인 거래만 하는 경우는 가맹사업이라고 할 수 없습니다.

김대리는 빅먹을 팔아 '돈을 벌기 위해', 가맹점 사업자라는 '직업'을 선택했고, 가맹금 즉 '돈'을 주고 본사가 구축해놓은 '연맹'인 먹고날드에 '가입'하여 먹고날드 '본사'가 부여한 '권리를 행사'해서 먹고날드 김대리점을 오픈하려는 결심을 했습니다.

김대리는 '가맹사업'을 하려 합니다.

참고 ◥ 유사 프랜차이즈 형태와의 구분

대리상, 대리점, 위탁매매상, 상표사용권자, 체인사업

겉으로 보기에 프랜차이즈(가맹)의 형태를 하고 있더라도, 가맹사업법이 정하는 요건을 갖추지 않으면 가맹사업법의 적용을 받지 않게 됩니다. 실제 거래에서 가맹사업인지 아닌지를 구분하기는 쉽지 않지만, 유사한 개념과의 비교를 통해서 어느 정도 구별할 수는 있습니다.

---

1) 대리상

'대리상'이란 일정한 상인을 위하여 상업사용인이 아니면서, 상시 그 영업부류에 속하는 거래의 대리 또는 중개를 영업으로 하는 자를 말합니다(상법 제87조). 대리상은 상인 '본인'을 위하여 '자기가 아닌 상인'의 이름으로 사업을 한다는 점에서 가맹사업과 구분됩니다. 즉, 가맹점사업자는 프랜차이즈 브랜드를 사용하여 영업할 뿐, 직접 자기의 명의로 사업을 하며, 그 법률효과 역시 '상인 본인'이 아닌 가맹점사업자 본인에게 귀속된다는 점에서 차이가 있는 것입니다.

2) 위탁매매인

위탁매매인이란, 자기명의로서 타인의 계산으로 물건 또는 유가 증권의 매매를 영업으로 하는 자를 말합니다(상법 제101조). 여기서 계산은 거래로 인한 이익이나 손해가 귀속되는 것을 말합니다.[15] 즉, 자기의 이름으로 사업을 하지만 그 이익이나 손해는 제3자에게 전가 되는 것이죠. 위탁매매에서는 위탁상품이 소비자에게 매도될 때까 지 위탁자가 소유권을 가지는 반면에, 가맹계약에서는 가맹점사업 자가 본부로부터 물건을 인도받는 때부터 소비자에게 팔릴 때까지 가맹점사업자에게 소유권이 있다는 점도 다릅니다.

3) 상표 등의 사용권자

상표·특허·서비스표 기타 무체재산권의 소유자가 이를 일정기간 사용하게 하거나 이를 사용하여 상품이나 서비스를 판매하도록 허 용하는 라이선스계약 등에 의해서 사용권을 얻은 자를 '상표 등의 사용권자'라고 합니다. 상표 등 사용권자는 타인의 영업표지를 자신 의 영업에 사용할 권리를 가진다는 점에서 가맹점사업자와 유사하 지만, 사용을 허락한 자(가맹사업의 가맹본부)로부터 영업지도나 통제 를 받지 않는다는 차이가 있습니다. 하지만 실무상 상표 등의 사용권 자도 사용허락자에게 일정한 지도나 통제를 받는 경우가 있어서 가 맹사업과 구별이 모호한 경우가 많습니다.

---

15 보통 "…의 계산으로"라고 표현하며, "명의"와 대비됩니다. 즉, 법령에서 "…의 명의로 …"라고 하면 그 사람이 법률행위의 당사자가 되는 것을 말하는 반면, "… 의 계산으로 …"라고 하면 당사자가 아니더라도 그 거래로 인한 손익이 그에게 귀 속되는 것을 뜻하는 것입니다(대법원 2013. 1. 24. 선고 2012도7482 판결 참조).

4) 대리점

대리점은 법적 용어로 확립된 개념이 아니라 상거래에서 관례상 많이 사용하고 있는 용어로서, 일반적으로 상품의 제조자나 공급자로부터 제공된 상품을 구입해 일정한 마진을 붙여 다시 판매하는 상인을 말합니다. 대리점 역시 대리판매권 부여자가 대리점에 지시나 규제를 가하는 경우가 많아 가맹사업과 구별이 힘든 경우가 많은데, 대체로 가맹금을 지급하는지 여부가 그 구분기준이 됩니다.

5) 체인사업

체인(연쇄화)사업은 같은 업종의 여러 소매점포를 직영[16]하거나 같은 업종의 여러 소매점포에 대하여 계속적으로 경영을 지도하고 상품·원재료 또는 용역을 공급하는 사업을 말합니다(유통산업발전법 제2조 제6호). 체인사업은 "공동경영"의 개념으로 파악하면 됩니다.

> **• 사례 #1** 헌법재판소 2015. 9. 24. 자 2015헌마149 결정
> - 甲은 ○○ 주식회사와 위탁운영계약을 체결하고 서울 관악구 ○○동에 있는 LPG 충전소를 2004. 1. 1.부터 2006. 5. 31.까지 운영하였다.
> - 그 뒤 甲과 ○○는 위탁운영계약을 임대차계약으로 변경하였고, 甲은 2006. 6. 1.부터 2009. 5. 31.까지는 월 임대료 5,480만 원을 지급하고 충전소를 운영하였다.

---

16 직접운영, 즉 자기가 소유하거나 임차한 매장에서 스스로의 책임과 계산으로 직접 매장을 운영하는 것을 말합니다.

- 甲과 ○○는 2009. 7. 23. 임대차기간을 2012. 5. 31.까지 연장하고 월 임대료는 4,760만 원으로 하는 이 사건 임대차계약을 다시 체결하였다.
- 甲은 위 임대차계약과 별도로 2006. 6. 1. ○○로부터 2006. 6. 1.부터 2009. 5. 31.까지 석유제품을 공급받기로 하는 공급계약을 체결하는 한편 자금대여계약도 체결하였다. 이 공급계약은 기간 종료 뒤에도 자동연장되어 왔는데, ○○는 2012. 4. 17.경 甲에게 계약기간 만료를 이유로 임대차계약 등을 해지한다고 통보하였다.
- 이에 甲은 2014. 11. 17. 공정거래위원회에 ○○가 '가맹사업거래의 공정화에 관한 법률'을 위반하여 계약해지 통보를 하였다고 신고하였다.
- 그러나 공정거래위원회는 2015. 1. 12. '甲과 ○○의 계약관계는 가맹사업법 제2조 제1호에서 정한 가맹사업 요건을 충족하지 아니한다'는 이유로 심의절차종료결정을 하였다.
- 그러자 甲은 위 결정으로 인하여 자신의 평등권 및 재판절차진술권이 침해되었다고 주장하며, 2015. 2. 12. 그 취소를 구하는 이 사건 헌법소원심판을 청구하였다.

'甲'이라는 사람이 '○○주식회사'가 일방적으로 가맹계약을 해지하였다는 이유로 공정거래위원회에 신고를 하였는데, 공정거래위원회에서는 갑과 ○○의 관계가 가맹사업거래의 공정화에 관한 법률에서 정하는 가맹사업에 해당하지 않는다고 결정하였고, 이에 甲이 평등권 등이 침해되었다고 헌법소원 심판[17]을 청구한 사안입니다.

---

17 국가의 공권력의 행사 또는 불행사로 인하여 헌법상 보장된 기본권이 침해된 경우 기본권을 침해받은 국민이 (법원의 재판을 제외하고) 헌법재판소에 침해의 원인이 된 공권력의 행사를 취소하거나 그 불행사가 위헌임을 확인받는 법적 권리구제 방법을 말합니다. 그야말로 국민의 기본권을 보호하기 위한 최후의 보루이자 신문고라 할 수 있습니다.

甲과 ○○이 체결한 계약이 '가맹계약'인지, 甲이 영위한 사업이 '가맹사업'인지 여부가 중요한 쟁점이 되었습니다. 앞서 본 가맹사업의 개념을 염두에 두고 천천히 고민해 봅시다. 우선 甲의 주장입니다.

- 甲은 ○○와 이 사건 임대차계약 및 공급계약, 자금대여계약 등 다수의 개별계약을 체결하였지만, 이는 다음과 같은 사정에 비추어 보면 가맹사업법 제2조에서 규정한 '가맹사업'에 관한 계약에 해당한다.
  ① 甲은 ○○의 상호이자 영업표지를 사용하여 영업하였다.
  ② 甲은 ○○가 공급한 제품만 판매하고, ○○가 요청하는 경우 품질검사에 협조하였다.
  ③ 甲의 경영 및 영업활동을 지원·교육하기 위해 ○○는 이 사건 충전소에 세차기를 설치하고 동절기에 대수선공사를 강행하였으며, 품질 서비스팀과 주유고객 서비스지원팀을 지원하는 등 각종 교육 및 지원 프로그램을 제공하였다.
  ④ ○○는 경영지도, 영업자료 제출요구권, 광고게시물 설치 동의권을 가지고 甲의 경영 및 영업활동에 대한 통제권한을 가지고 있었다.
  ⑤ 2009. 7. 23.에는 甲이 월 570톤 이상의 물량을 판매하고 고객서비스 수준을 일정 수준 이상 유지하며 사업장 운영개선에 노력을 기울이고, ○○가 甲의 사업장 운영 개선활동을 평가하기로 하는 내용의 '합의서'가 작성되었다.
  ⑥ 이 사건 임대차계약에서 정한 임대료는 임차보증금의 1/3 수준에 이르는 금액으로 일반적인 임대료라고 보기에는 고액인 데다가, 통상의 경우 물가상승률 등을 감안하여 임대료가 인상되는 것이 일반적인데 오히려 계약 도중 임대료가 720만 원이나 감액된 점 등에 비추어 보면, 임대료 중 일부는 가맹금으로 보아야 한다.
- 따라서 甲과 ○○의 계약관계에는 가맹사업법이 적용되어야 한다.
- 그렇다면 가맹사업법 제13조 제4항에 따라 계약기간 만료 전 180일부

터 90일까지 사이에 계약갱신 거절통지를 하여야 하는데도, ○○가 2012. 4. 17.경에야 계약해지 통보를 한 것은 가맹사업법 제13조 제4항을 위반한 것으로 무효이다.

- 그런데 공정거래위원회는 甲과 ○○ 사이의 계약관계가 가맹사업 요건을 충족하지 아니한다는 이유로 이 사건 결정을 하였으므로, 이는 취소되어야 한다.

헌법재판소는 갑의 주장에 대해 아래와 같이 판단하였습니다.

- '가맹사업'이라 함은 가맹본부가 가맹점사업자로 하여금 자기의 상표·서비스표·상호·간판 그 밖의 영업표지를 사용하여 일정한 품질기준이나 영업방식에 따라 상품 또는 용역을 판매하도록 함과 아울러 이에 따른 경영 및 영업활동 등에 대한 지원·교육과 통제를 하며, 가맹점사업자는 영업표지의 사용과 경영 및 영업활동 등에 대한 지원·교육의 대가로 가맹본부에 가맹금을 지급하는 계속적인 거래관계를 말한다(가맹사업법 제2조 제1호).
- 이 사건 임대차계약 및 공급계약에 따르면, 甲이 '○○'라는 상호를 사용하여 ○○로부터 공급받은 제품만 판매하고, 甲과 ○○ 사이에 계속적 거래관계가 존재하여, 가맹사업에 해당하는 징표가 존재한다.
- 그러나 **가맹사업법상 가맹사업에 해당하려면 가맹점사업자가 가맹본부에 가맹금을 지급하는 것이 필수적 요소**인데, 甲과 ○○ 사이에 작성된 계약서 등 서류상에는 甲이 ○○에게 가맹금을 지급하기로 하였거나 가맹금을 지급하였다는 취지의 기재는 찾아볼 수 없다.
- 甲은 ○○에게 지급한 월 임대료 중 일부를 가맹금으로 보아야 한다고 주장한다. 하지만 가맹금은 가맹점사업자가 매출액이나 수익의 일정 비율을 가맹본부에 지급하는 방식으로 지급되는 것이 일반적이고, 제품 공

급에 따라 가맹본부가 얻는 이익으로 가맹금을 갈음하는 방식도 이용되지만, 甲 주장과 같이 월 임대료 중 일부를 가맹금으로 삼는 경우는 이례적이다.

- 또한 가맹본부는 가맹금 지급방식을 공개하여야 하는데, ○○가 이 사건 충전소와 관련하여 가맹금 지급방식을 공개한 바도 없다. 이러한 사정을 종합하여 보면, 甲이 ○○에게 지급한 월 임대료가 甲 주장과 같이 시세에 비해 고액이라 하더라도, 그러한 사정이나 월 임대료가 중간에 감액되었다는 사정만으로 월 임대료에 가맹금이 포함되어 있다고 보기는 어렵다.

- 한편, 가맹사업법상 가맹사업에 해당하기 위해서는 **가맹사업의 동일성과 가맹본부의 명성 유지를 위하여 가맹본부가 가맹점사업자에게 가맹본부의 영업전략과 기업문화에 맞는 일정한 지시와 통제를 하고, 가맹점사업자의 이익이 극대화될 수 있도록 영업활동을 도와주는 내용의 합의**가 있어야 한다. 이때 가맹본부의 통제는 가맹점사업자 영업의 주된 부분에 관련된 것이어야 하고, 통제의 정도는 단순한 제의나 암시보다는 강하고 강압적 요구보다는 약한, 상당한 수준의 지시 및 통제를 의미한다.

- 이 사건 임대차계약에 따르면, ○○는 甲에게 경영지도를 하고 영업활동에 대한 자료를 요구할 수 있으며, 이 사건 충전소 내 시설물에 대한 설치·철거·변경에 대한 권한이 있고, 甲이 광고물을 게시하는 데 사전동의권을 갖고 있다. 또 이 사건 공급계약에 따르면, 제품 공급가격 최종결정권이 ○○에게 있고, ○○의 품질검사에 甲은 협조해야 하며, ○○는 이 사건 충전소에 제품의 판매정보를 파악할 수 있는 판매시점정보관리(POS)시스템을 설치할 수 있다. 한편, 甲과 ○○ 사이에 체결된 2009. 7. 23.자 합의서에 따르면, 甲은 ○○로부터 매월 일정량 이상의 제품을 구매하고 사업장 운영개선 활동에 대한 ○○의 평가 및 조치에 대하여 이의를 제기하지 않기로 하였다. 이러한 계약내용을 종합하여 보면, ○○가 甲의 영업활동에 어느 정도 통제를 가하고 있었던 사실은 인정된다.

- 그러나 ○○는 제품공급자로서 제품 공급가격을 결정하고 품질검사를 실시할 수 있으며, 이 사건 충전소의 소유자 및 임대인으로서 충전소 내 시설물에 대한 설치·철거·변경 등에 대한 통제권한을 보유하고, 적정

임대료 산출을 위해 영업자료를 요구할 수 있다. 한편, **甲이 2009. 7. 23.자 합의서에 따른 판매 목표 수치를 달성하지 못하여 어떤 불이익이나 제재조치를 받았다는 자료가 없다.** 고객서비스 수준 유지에 대한 합의도, 판매방식이나 고객 응대 요령 등 사업정책에 따른 서비스 방식을 구체적으로 지시한 것이 아니라 단순히 '고객만족도 조사'라는 일반적 내용에 그치고 있다. 특히, 이 사건 공급계약에 따라 이 사건 충전소에 가맹점 관리에 필수적으로 사용되는 판매시점정보관리시스템이 설치되었는데도 甲의 요구로 그 시스템이 가동되지 아니하였다. 또 통상 가맹사업에서 행해지는 소비자가격 및 직원 복장 지정, 영업시간 및 영업일수 지정 등에 대한 통제는 전혀 이루어지지 않았다. 이런 사정에 비추어 보면, ○○가 甲의 영업 전반에 걸쳐 가맹사업법에서 요구하는 상당한 수준의 통제를 하였다고 보기 어렵다.

- 그렇다면 甲과 ○○의 계약관계는 가맹사업법 제2조 제1호에서 정한 가맹사업 요건을 충족하지 못하므로, 甲과 ○○의 계약관계가 가맹사업법의 적용을 받는 것을 전제로 하는 甲의 주장은 받아들일 수 없다. 따라서 공정거래위원회가 이 사건 결정을 함에 있어서 현저히 정의와 형평에 반하는 조사를 하거나 법률의 적용 또는 증거판단 과정에서 잘못을 하였다고 볼 수 없고, 달리 이 사건 결정이 헌법재판소가 관여할 정도의 자의적인 처분이라고 볼 자료도 없으므로 이로 말미암아 甲 주장의 기본권이 침해되었다고 볼 수 없다.

지금까지 공부한 내용을 곱씹어 봅시다. 가맹희망자는 돈을 벌기 위해 직업으로 가맹점사업자가 되었고, 이를 위해 본사에 돈을 주고 연맹에 가입하여, 본사가 부여한 권리를 행사하고 통제를 받습니다. 이것이 가맹사업입니다. 즉, 가맹사업을 하려면 반드시 본사에 무엇인가 금전적인 대가를 지급해야 하고(가맹금), 본사의 영업방식, 본사가 추구하는 목표를 따르고 교육을 이수해야 하는 등으로 영업활동의 제한을 받아야 하는 것입니다.

프랜차이즈는 '내' 사업이지만 '나만의' 사업은 아니기 때문에 본사의 지시를 '잘 따라해야'하고, 이 과정에서 자연스럽게 본사의 통제가 이루어집니다. 이 통제는 본사가 자신들의 브랜드 가치를 유지하고, 모든 가맹점의 서비스와 품질을 균일하게 만들 수 있게 하는 당연한 조치입니다. 따라서 가맹점사업자가 본사나 다른 가맹점과 달리 혼자만 튀면서, 다른 방식의 영업을 하는데도 본사가 개입하지 않고, 어떠한 불이익도 주지 않는다면 가맹사업이 아닌 것이죠.

그런데 위 사안에서는 ○○주식회사가 甲에게 가맹금을 받지도 않았고, 통상 가맹사업에서 행해지는 소비자가격 및 직원 복장 지정, 영업시간 및 영업일수 지정 등에 대한 통제도 전혀 하지 않았습니다. 그렇다면 갑과 을의 관계를 가맹계약 관계로 보기는 힘들겠죠.

가맹계약관계가 아니면 어떻게 될까요. 당연히 가맹사업법이 적용되지 않고, 공정거래위원회가 개입할 여지도 줄어듭니다. 결국 甲은 자신이 가맹사업법상 가맹점사업자임을 전제로 청구한 헌법소원심판에서 지고 말았습니다(청구 기각[18]).

---

18 법을 통한 재판절차에서 甲나 신청인의 청구를 받아들이지 않는 것을 말합니다. 쉽게 말해 패소이지요. 반대로 승소는 신청한 사람의 청구를 받아들였다고 해서 '인용'이라 표현합니다.

가맹희망자와 가맹점운영권
법 제2조 제4호, 제5호

"가맹희망자"란 가맹계약을 체결하기 위하여 가맹본부나 가맹지역본부와 상담하거나 협의하는 자를 말한다.

"가맹점운영권"이란 가맹점 사업자가 가맹본부의 가맹사업과 관련하여 가맹점을 운영할 수 있는 계약상의 권리를 말한다.

우리 법은 김대리를 '가맹희망자'라 부릅니다. 즉, 김대리처럼 가맹본부(본사)나 가맹지역본부[19]에 전화해 프랜차이즈 지점을 내고 싶다고 상담이나 협의를 요청하는 사람을 가맹희망자라고 하는 것이죠. 그리고 '가맹점운영권'은 본사와의 가맹상담 및 계약 절차를 거쳐 해당 프랜차이즈 소속 회원이 되는 권리 ―가맹점을 운영할 수 있는 권리― 를 지칭합니다.

김대리가 본사의 허락을 얻어 사람들에게 빅먹을 팔 수 있는 권리, 즉 실제로 먹고날드 가게를 운영하고 있는 본사가 가지고 있는 '먹고날드를 계속 운영할 수 있는 권리'가 가맹점운영권인 것입니다.

이제 김대리는 본사와 합의하여 먹고날드 가게를 열 수 있습니다. 반대로 허락이 없다면 어떠한 방식으로도 먹고날드라는 이름을 사용할 수 없습니다. 본사의 허락이 바로 '가맹', 즉 먹고날드(가맹사업본부)에 가입하는 것에 관한 열쇠(key)가 되는 것이죠. 이제 김대리

---

[19] 가맹지역본부는 가맹본부와 계약을 체결하여 일정한 지역 안에서 가맹점사업자를 모집하고, 상품이나 용역의 품질을 유지하며, 가맹점사업자에게 경영이나 영업활동을 지원하고 교육하거나 통제하는 등 가맹본부의 업무의 전부나 일부를 대행하는 사업자를 말합니다(「가맹사업거래의 공정화에 관한 법률」 제2조 제7호).

는 먹고날드 명칭과 로고를 사용할 수 있습니다. 하루 종일 빅먹을 팔 수 있는 '프랜차이즈' 권리를 얻은 것입니다.

그다음 절차는 뭘까요? 먹고날드라는 이름을 쓴다고 했으니 먹고날드를 알아야 하겠죠. 옆 동네에서 파는 빅먹은 동그란 빵을 쓰는데 김대리네는 식빵을 쓰면 안 되나요. 김대리는 이제 본사가 정하는 절차에 따라 교육을 이수하고, 햄버거 만드는 법과 같은 품질 기준이나 손님 대하는 법, 배달하는 방법과 같은 품질기준이나 영업방식도 배울 수 있습니다. 또한 본사에서 제공하는 각종 재료를 사용해서 햄버거를 만들 수 있고, 가게 자재나 인테리어, 직원 교육과 같은 지원도 받게 됩니다. 본사가 신제품을 만들면 또 별도의 교육을 받고 레시피를 전수받습니다. 김대리는 이렇게 먹고날드라는 프랜차이즈에 가입(가맹)신청을 했고, 먹고날드가 허락한다면 자신의 먹고날드를 운영할 수 있습니다.

가맹본부와 가맹점 사업자

법 제2조 제2호

"가맹본부"라 함은 가맹사업과 관련하여 가맹점 사업자에게 가맹점운영권을 부여하는 사업자를 말한다.

법 제2조 제3호

"가맹점 사업자"라 함은 가맹사업과 관련하여 가맹본부로부터 가맹점운영권을 부여받은 사업자를 말한다.

여기서 '가맹본부'는 본사를 지칭합니다. 즉, 가맹점사업자에게 가맹점운영권을 부여하는 사업자를 말하는데, 김대리의 입장에서는 먹고날드 본사가 되지요. 가맹점사업자가 많아 이를 직접관리하기 힘든 경우에는 지역별로 가맹본부를 두기도 합니다. 그리고 '가맹점 사업자'는 곧 프랜차이즈의 회원을 말합니다. 바로 우리의 김대리 되겠습니다. 가맹본부(먹고날드)는 자신만의 아이템(빅먹)을 개발하고 그 아이템을 광고(빅먹송)합니다.

가맹중개인

김대리가 먹고날드 프랜차이즈에 가입했던 방식을 복기해 봅시다. 김대리가 점심시간에 먹고날드에 갔다가, 빅먹을 먹다가, 심장이 두근두근하다가, 손님을 세다가… 네. 핸드폰을 열어 네ㅇ버에서 먹고날드를 검색했고, 본사 전화번호로 전화를 걸어 가맹문의를 했지요.

이렇게 직접 본사와 연결해서 가입할 수도 있지만, 프랜차이즈 규모가 큰 곳, 매장이 한 달에도 수십 곳씩 개설되는 인기 가맹사업이나 급성장 중인 소형 프랜차이즈는 가맹사업의 관리를 위해 속칭 '오더맨(orderman[20])'을 고용하기도 합니다.

최근 이 같은 오더맨을 통해 가맹점사업자를 영입하는 사례가 늘어나고 있습니다. 이 시스템은 본사 입장에서 고정비를 별로 들이지 않고 많은 수의 가맹 영업사원과 영업조직을 확보·운영할 수 있는

---

20 주택분양시장에서 시작된 용어로 오피스텔 등을 분양하면서, 분양 계약 체결(오더)을 따올 때마다 수당을 주는 형태의 직업을 말합니다. 이것이 프랜차이즈 업계에 흘러들어오면서 신규 가맹 체결(오더)을 할 때마다 가맹본부로부터 건당 수수료를 지급받는 가맹영업인력 운용방식으로 사용되고 있습니다.

장점이 있지만, 오더맨에게 전문성이 없다거나 도덕성이 결여되어 무분별한 확장만을 목표로 할 때에는, 부실한 상권 입점이 반복되어 결국 프랜차이즈 사업 전체가 붕괴될 수도 있다는 문제도 제기됩니다.

우리 법은 이들 오더맨을 '가맹중개인'이라고 표현하는데, 여기에 관해서는 법 제2조 제8호에 설명되어 있습니다.

법 제2조 제8호

"가맹중개인"이라 함은 가맹본부 또는 가맹지역본부로부터 가맹점 사업자를 모집하거나 가맹계약을 준비 또는 체결하는 업무를 위탁받은 자를 말한다.

다시 말해, 집을 사고 파는 사람을 연결해주는 공인중개사처럼 가맹본부와 가맹점 사업자, 즉 가맹희망자를 연결해주고 중개해주는 사람을 말하는 것이죠. 가맹점희망자가 가맹중개사를 통해 가맹계약을 체결하는 것은 여러모로 편리한 점이 있지만, 가맹중개사의 컨설팅이나 영업 제안, 매출 예상 등을 지나치게 신뢰하는 것은 위험할 수 있습니다. 가맹중개사는 가맹계약을 중개해줄 뿐, 가맹계약의 당사자가 아니기에 가맹 계약에 문제가 있더라도 책임을 물을 수 없는 경우가 많기 때문이죠. 중요한 점은 가맹중개사가 있더라도, 가맹본사와의 계약 관계에 상당한 주의를 기울여야 한다는 것입니다.

가맹점 희망자는 계약 체결 전에 가맹중개사가 가져온 계약서에 실제로 본사에서 계약 내용에 포함시키려는 내용이 들어가 있는지, 해당 가맹중개사가 본사의 허락을 받아 가맹중개를 할 권한이 있는 것인지, 가맹중개사가 가맹사업과 관련된 내용을 과장하거나 왜곡한 부분은 없는지 반드시! 꼼꼼히! 살펴보아야 합니다.

가맹거래사 제도

김대리가 먹고날드에서 빅먹을 먹고 이성을 잃은 지 한 시간이 지났습니다. 핸드폰엔 먹고날드의 검색 흔적이, 통화목록엔 1588-로 시작하는 낯선 번호가 남아 있습니다. 마음을 추스르고 집으로 돌아가 먹고날드를 공부합니다. 먹고날드가 실제로 어느 정도의 규모인지, 매출은 얼마인지, 종업원은 몇 명인지, 프랜차이즈 지점은 몇 개인지 대략적인 정보를 얻었습니다. 하지만 빅먹을 처음 먹어본 김대리에게는 이런 정보들은 어지러운 글자와 숫자로만 보일 뿐입니다. 가맹신청을 하기는 했지만 김대리가 먹고날드를 하면서 얼마나 돈을 벌 수 있을지, 실제로 빅먹을 매일 팔 수 있을지, 김대리가 정말 먹고날드를 해도 되는지 아리송하기만 합니다.

이런 김대리에게 전화가 울립니다. 이팀장의 등장입니다.

"김대리님, 내일 오후 1시 수타벅스에서 봅시다"

이 팀장 손에는 먹고날드의 정보공개서가 들려 있습니다. 정보공개서를 펴고 먹고날드의 설립일, 대표자, 본사 주소를 말해줍니다. 가맹사업 개시일과 연도별·지역별 가맹점수, 직영점수도 이야기합니다. 가맹점사업자가 되려면 얼마를 줘야 하는지, 가입비, 교육비, 보증금, 기타 비용으로 나누어 설명해줍니다. 인테리어 비용과 가맹계약기간은 어떻게 되는지도 덧붙입니다. 김대리는 머리가 멍해졌습니다. "아니 그래서 얼마를 벌 수 있는 건가요????"

이팀장처럼 가맹사업거래와 관련한 전문적인 서비스를 제공하는 사람을 '가맹거래사'라고 합니다. 가맹거래사 제도는 가맹사업이라는 특수한 영역에 능력과 자질 있는 전문가를 양성하여 가맹사업 회망자의 무경험·전문지식 부족 등으로 인한 피해를 막고, 저렴한 비용을 통하여 가맹희망자에게 법률서비스를 제공하기 위해 도입한 제도입니다. 말하자면 법을 다루는 전문가(실무가)가 변호사라면, 가맹사업 전반의 전문가는 가맹거래사가 되는 것이지요.

가맹거래사는 공정거래위원회가 실시하는 가맹거래사 자격시험을 합격한 후 실무수습을 거쳐 자격을 취득합니다(제27조 제1항). 가맹거래사는 다음의 업무를 수행합니다(제28조).

- 가맹사업의 사업성에 관한 검토
- 정보공개서와 가맹계약서의 작성·수정이나 이에 관한 자문
- 가맹점사업자의 부담, 가맹사업 영업활동의 조건 등에 관한 자문
- 가맹사업당사자에 대한 교육·훈련이나 이에 대한 자문
- 가맹사업거래 분쟁조정 신청의 대행 및 의견의 진술
- 정보공개서 등록의 대행

가맹희망자는 김대리처럼 해당 가맹사업의 구조를 이해하고 정보공개서를 바르게 이해하기 위해 가맹거래사의 도움을 받습니다. 이뿐 아니라 본사가 제시한 가맹계약이 어떤 의미를 담고 있는지에 대해서도 자문을 받을 수 있죠. 가맹본부의 입장에서도 가맹계약이나 정보공개서 업무 전반에 조력을 받을 수 있어 유용합니다. 또한 가맹본부는 정보공개서 등을 가맹점희망자에게 제공해야 하는데, 원칙적으로 이걸 보내주지 않거나 보여준 날로부터 14일이 지나지 않으면 가맹금을 수령하거나 가맹계약을 체결할 수 없습니다. 하지만 변

호사나 가맹거래사의 자문을 받은 경우에는 위 14일이 절반으로 줄어듭니다(제7조 3항). 즉, 정보공개서를 제공하고 7일만 지나면 가맹금을 수령하거나 계약을 체결할 수 있게 되는 이점이 생기는 것이죠.

2. 가맹금

가맹금 제도(1)

- 가맹금

세상에 공짜는 없지요. 김대리는 본사가 가진 운영 노하우를 전수받는 대가로 먹고날드에 돈을 줘야 합니다. 이것을 '가맹금'이라고 합니다. 정의규정 6호에 나와 있네요.

> 6. "가맹금"이란 명칭이나 지급형태가 어떻든 간에 다음 각 목의 어느 하나에 해당하는 대가를 말한다. 다만, 가맹본부에 귀속되지 아니하는 것으로서 대통령령으로 정하는 대가를 제외한다.
> 가.[21] 가입비·입회비·가맹비·교육비 또는 계약금 등 가맹점사업자가 영업표지의 사용허락 등 가맹점운영권이나 영업활동에 대한 지원·교육 등을 받기 위하여 가맹본부에 지급하는 대가
> 나. 가맹점사업자가 가맹본부로부터 공급받는 상품의 대금 등에 관한 채무액이나 손해배상액의 지급을 담보하기 위하여 가맹본부에 지급하는 대가

---

21 법조문 읽는 법: 숫자로 표시된 6. 아래에 나열된 가.~마. 까지는 '목'이라고 읽습니다. 가. 가입비~의 경우 제2조 제6호 가목이라고 읽으면 됩니다.

다. 가맹점사업자가 가맹점운영권을 부여받을 당시에 가맹사업을 착수하기 위하여 가맹본부로부터 공급받는 정착물·설비·상품의 가격 또는 부동산의 임차료 명목으로 가맹본부에 지급하는 대가

라. 가맹점사업자가 가맹본부와의 계약에 의하여 허락받은 영업표지의 사용과 영업활동 등에 관한 지원·교육, 그 밖의 사항에 대하여 가맹본부에 정기적으로 또는 비정기적으로 지급하는 대가로서 대통령령으로 정하는 것

마. 그 밖에 가맹희망자나 가맹점사업자가 가맹점운영권을 취득하거나 유지하기 위하여 가맹본부에 지급하는 모든 대가

'가맹금'은 말 그대로 가맹의 대가, 즉 먹고날드라는 가게를 운영하는 대가로 먹고날드 본사에 지급하는 돈이라고 생각하면 편합니다(반대로 가맹본부의 입장에서는 가맹사업과 관련하여 가맹점사업자로부터 수령하는 일체의 '수익'이 됩니다).

가맹금 = 가입비·입회비·가맹비·교육비 또는 계약금 등 가맹점 사업자가 영업표지의 사용허락 등 가맹점운영권이나 영업활동에 대한 지원·교육 등을 받기 위하여 가맹본부에 지급하는 대가

가목부터 살펴봅시다.

가. 가입비·입회비·가맹비·교육비 또는 계약금 등 가맹점사업자가 영업표지의 사용허락 등 가맹점운영권이나 영업활동에 대한 지원·교육 등을 받기 위하여 가맹본부에 지급하는 대가

그 명목이 '가입비'든 '입회비'든 묻지 않고, 영업표지 등을 사용하거나(김대리가 먹고날드라는 간판, 먹고날드, M자가 표시된 마크를 원 없이 사용하는 대신 주는 돈), 영업활동을 위해 지원이나 교육을 받는(햄버거 만드는 법, 패티 굽는 법, 모자 쓰는 법, 인사하는 법, 청소하는 법까지) 대가로 지급하는 돈을 말합니다. 다시 말해 먹고날드 김대리점을 먹고날드답게 운영할 수 있게 만드는 돈이지요. 가맹금 하면 떠오르는 일반적인 의미의 뜻풀이입니다. 이를 '개시지급금'이라고 부르기도 합니다.

긴장하세요. 나목부터는 조금 까다로워집니다.

나. 가맹점 사업자가 가맹본부로부터 공급받는 상품의 대금 등에 관한 채무액이나 손해배상액의 지급을 담보하기 위하여 가맹본부에 지급하는 대가

보통 프랜차이즈 본사에서는 프랜차이즈 가입을 희망하는 사람(가맹희망자)에게 일정 금액의 돈을 예치하라고 요구합니다. 본사는 가맹회원들에게 원료·자재를 공급해 본사가 납득할 만한 수준의 통일된 제품을 만들도록 다그칩니다. 옆동네 불고기버거는 한국인의 불고기 맛인데 김대리점에서는 돼지갈비 맛이 나면 안 되니까요. 역시 본사가 뭔가를 줬으니 돈을 받아야 할 겁니다.

하지만 매일같이 납품되는 빵과 고깃값을 그때그때 받아내는 건 여간 어려운 일이 아니죠. 혹시라도 장사가 안 되면 김대리가 빵값(채무)을 들고 고향으로 돌아가 버릴지도 모릅니다. 그렇다고 검은 정장에 넥타이를 맨 형님들을 매일같이 보낼 수도 없는 일이지요. 이

렇듯 본사는 회원들에게 받아야 할 돈이 생기게 마련인데, 이걸 떼일 염려를 대비해서 미리 돈을 받아두기도 하고(계약이행보증금), 가맹회원이 본사나 프랜차이즈 사업에 손해를 끼쳤을 때 그 손해를 보전하기 위해 예치를 요청하기도 합니다(손해담보금). 이때 내는 예치금 혹은 보증금 역시 가맹금에 포함됩니다.

다목으로 넘어갑시다.

다. 가맹점 사업자가 가맹점운영권을 부여받을 당시에 가맹사업을 착수하기 위하여 가맹본부로부터 공급받는 정착물·설비·상품의 가격 또는 부동산의 임차료 명목으로 가맹본부에 지급하는 대가

가맹희망자가 가맹점을 열려면, 장사 준비를 해야죠. 이들(가맹사업점주)이 가맹본부로부터 구매하는 장비나 기계 역시 그중 하나입니다. 우리가 보통 '프랜차이즈 본사'라고 부르는 사업자들은 대개 자신만의 장사 아이템을 가지고 있는데, 이것을 수월하게 제작·판매하기 위한 특수한 장치나 장비를 함께 개발하는 경우가 많습니다.

가맹점주로서는 물건이나 음식을 제대로 만들기 위한 제조법(레시피)을 전수받는 것도 중요하지만 이들을 제대로 만들 수 있는 장비도 함께 전달받는 것이 필요합니다. 이것을 통하지 않으면 본사가 세운 기준의 품질, 맛, 서비스를 유지하기 어렵기 때문이죠. 그러면 프랜차이즈 가맹점으로서 가치가 없어질 겁니다. 장사는 장사의 기본을 지켜야 하는 것이니까요.

먹고날드 역시 마찬가지입니다. 어디서나 같은 맛의 짭조름한 M자 감자튀김을 튀겨낼 수 있는 튀김기계나, 햄버거 패티를 적당한 온

도로 구워낼 수 있는 판이 여기에 해당합니다. 이러한 기계나 장치들은 겉보기에 별것 아닌 것 같이 보여도 대개 가맹 본사의 영업비밀이나 노하우가 녹아들어가 있습니다. 본사는 이들을 회원들에게 팔아 자신의 노하우를 전수함과 동시에 일정 수익을 얻게 됩니다. 가맹회원의 입장에서는 본사가 고심해서 고안한 장치들을 통해 손쉽게 제품을 생산하고 판매할 수 있는 대가로 돈을 내는 것이죠. 이걸 '초도물품비'라고 말하기도 하는데, 가맹점을 개설할 때 가맹본부에 지급하는 대가라는 점에서 가맹점 운영 중 가맹본부에 지급하는 금전과는 구별됩니다.

이쯤에서 '특수한 장치나 기계'에 밑줄을 그으셔야 합니다. 가맹 사업을 해보고 싶어서 이 책을 펴신 분들이라면, 자신만의 레시피, 장치, 기계가 프랜차이즈 경쟁력을 만든다는 것. 명심하셔야 합니다.

여하튼, 이러한 맥락의 기계나 장치를 사용하는 데 들어가는 돈 역시 '가맹금'이라고 부릅니다.

라. 가맹점 사업자가 가맹본부와의 계약에 의하여 허락받은 영업표지의 사용과 영업활동 등에 관한 지원·교육, 그 밖의 사항에 대하여 가맹본부에 정기적으로 또는 비정기적으로 지급하는 대가로서 대통령령으로 정하는 것

라목에서 특이한 내용이 보이네요. "그 밖의 사항에 대하여 대통령령으로 정하는 것." 그 밖의 사항이라고 하면 일단 법에서 적어주지 않은 내용을 말하는 걸 테고… 대통령령? 무슨 라임도 아니고 어떤 뜻이지? 라고 생각하시는 분들 잠깐 스톱. 우선 법의 구조부터 잠깐 살펴보고 갑시다.

법의 우열관계, 법의 서열관계라고도 표현하는데, 우리가 보통 법이라고 표현하는 사회 규범의 본래 이름은 '법령(法令)'이고, 이는 최상위법인 헌법, 국회의 의결을 거쳐 제정되는 법인 법률, 국회의 의결을 거치지 않고 각 부에서 제정하는 명령(시행령, 시행규칙), 지방의회나 지방자치단체의 장이 제정하는 자치법규(조례, 규칙)로 구분됩니다.

대통령령은 위에서 말한 '시행령'에 해당하는데, 법규범의 구체적인 내용을 법률에서 직접 다루지 않고 하위규범인 대통령령으로 정하도록 위임한 것을 말합니다.[22] 아시다시피 우리 사회는 하루가 다르게 달라지는데, 구체적이고 지엽적인 내용들까지 일일이 법률로 규정을 해버리면, 법이 변화를 따라가지 못해 오히려 법의 보호를 받지 못하는 경우가 생길 수도 있습니다.[23] 그래서 법적 안정성보다는 능동적인 대처와 효율성을 노리는 분야에서는, 법률이 행정각부(대통령령, 부령, 총리령)에 필요한 사항을 구체적으로 범위를 정해 위임하도록 미리 정하고 있습니다.

우리 법 역시 '대통령령으로 정하는 것'이라고 표현하고 있지요? 그럼 시행령을 찾으면 됩니다. 같이 훈련해 봅시다. 가맹사업거래의 공정화에 관한 법률 시행령 제3조 제2항에 나와 있습니다.

---

22 대한민국 헌법 제75조 대통령은 법률에서 구체적으로 범위를 정하여 위임받은 사항과 법률을 집행하기 위하여 필요한 사항에 관하여 대통령령을 발할 수 있다.
23 법률을 다시 개정하기 위해서는
① 국회의원 10인 이상의 찬성으로 법률안 발의 → ② 소관 상임위의 심사 → ③ 국회 본회의 표결 → ④ 정부 이송 → ⑤ 공포의 단계를 거쳐야 합니다. 빨라도 몇 달은 걸리고, 길어질 경우 몇 년이 걸릴 수도 있습니다.

법 제2조제6호라목에서 "대통령령으로 정하는 것"이란 다음 각 호의 어느 하나에 해당하는 대가를 말한다.

1. 가맹점사업자가 상표 사용료, 리스료, 광고 분담금, 지도훈련비, 간판류 임차료·영업지역 보장금 등의 명목으로 정액 또는 매출액·영업이익 등의 일정 비율로 가맹본부에 정기적으로 또는 비정기적으로 지급하는 대가

2. 가맹점사업자가 가맹본부로부터 공급받는 상품·원재료·부재료·정착물·설비 및 원자재의 가격 또는 부동산의 임차료에 대하여 가맹본부에 정기적으로 또는 비정기적으로 지급하는 대가 중 적정한 도매가격을 넘는 대가. 다만 가맹본부가 취득한 자신의 상품 등에 관한 「특허법」에 따른 권리에 대한 대가는 제외한다.

가맹희망자가 프랜차이즈에 가입해서 가게를 열면 처음에 들어가는 가맹금(개시지급금, 계약이행보증금, 초도물품비) 외에도 추가로 정기적·비정기적으로 본부에 돈을 냅니다. 위 시행령에서 보듯 그 명목은 상표 사용료, 리스료, 광고 분담금, 지도훈련비, 간판류 임차료·영업지역 보장금 등 다양하죠. 프랜차이즈 전체를 광고하는 분담금의 명목으로 돈을 받아가기도 하고, 가맹점의 총매출액 대해 일정 비율을 정해(예를 들어 전체 매출의 1%) 매달 받아가기도 합니다. 그 명칭이 어떻게 되었든지 이러한 돈들도 모두 가맹금에 해당합니다.

마. 그 밖에 가맹희망자나 가맹점 사업자가 가맹점운영권을 취득하거나 유지하기 위하여 가맹본부에 지급하는 모든 대가

때때로 가맹본부가 "우리가 가진 기술을 전수해주겠다"며 '기술이전비'를 요구하는 경우가 있습니다. 이 또한 결국 가맹회원으로서

가맹점사업자가 프랜차이즈 영업을 위해 본사에 지급하는 돈이므로 가맹금에 포함됩니다.

지금까지 공부한 가맹금을 유형별로 정리해보면 다음과 같습니다.

구분		형태	예시
유형①	개시지급금 (가)	가맹점사업자가 영업표지의 사용 허락 등 가맹점운영권이나 영업활 동에 대한 지원·교육 등을 받기 위하여 가맹본부에 지급하는 대가	가입비, 입회비, 가맹 비, 교육비, 계약금 등
유형②	계약이행보증 금(나)	가맹점사업자가 가맹본부로부터 공급받는 상품의 대금 등에 관한 채무액이나 손해배상액의 지급을 담보하기 위하여 가맹본부에 지급 하는 대가	보증금, 계약이행보증 금, 물품이행보증금, 담보제공 등
유형③	정착물, 설비, 초도상품 공급에 따른 초과이윤(다)	가맹점사업자가 가맹점운영권을 부여받을 당시에 가맹사업을 착수 하기 위하여 가맹본부로부터 공급 받는 정착물·설비·상품의 가격 또는 부동산의 임차료 명목으로 가맹본부에 지급하는 대가	인테리어비용, 최초 공급 상품비용(초도 물품비) 등
유형④	로열티(라)	가맹점사업자가 가맹본부와의 계 약에 의하여 허락받은 영업표지의 사용과 영업활동 등에 관한 지원· 교육, 그 밖의 사항에 대하여 가맹 본부에 정기적으로 또는 비정기적 으로 지급하는 대가	로열티, 상품사용료, 광고분담금, 물품대 금의 유통이익, 정기지 급금 등
유형⑤	그 밖의 대가(마)	그 밖에 가맹희망자나 가맹점사업 자가 가맹점운영권을 취득하거나 유지하기 위하여 가맹본부에 지급 하는 모든 대가	

가맹사업법은 정보공개서와 가맹계약서에 가맹금에 관한 사항을 명시하도록 규정하고 있습니다. 가맹금은 정보공개서의 '중요사항'이기 때문에 허위로 제공하거나 누락하는 경우에는 벌금이나 과징금이 부과되는 등 제재를 받습니다. 정보공개서와 가맹계약서에 대해서는 조금 뒤에 살펴보도록 하죠.

김대리는 본사의 방침에 따라 가입비를 냈고, 먹고날드가 제공하는 장비, 기계, 설비를 산 뒤 인테리어를 했습니다. 김대리가 어떻게 레스토랑을 열 만한 건물을 마련할 수 있었지는 묻지 않기로 합시다. 그 밖에 정기적·부정기적으로 본사로부터 재료를 구입하고, 본사의 교육을 받습니다.

김대리는 가맹금을 냅니다.

가맹금 제도(2)
- 가맹금에서 제외되는 대가

앞서 살펴본 가맹금의 정의규정인 법 제2조 제6호는 가맹금에 대해서 명칭이나 지급형태를 불문하고 본부에 지급하는 각종 대가로 규정하면서 "다만, 가맹본부에 귀속되지 아니하는 것으로서 대통령령으로 정하는 대가를 제외한다."고 단서를 달아놓았습니다. 본부에 주는 돈이라고 해서 모두가 가맹금은 아니라는 뜻이죠. 뭐가 안 되는지는 대통령령으로 정한다고 하고 있네요. 이제는 자신 있게 시행령을 찾아봅시다.

제3조【가맹금의 정의】① 「가맹사업거래의 공정화에 관한 법률」(이하 "법"이라 한다) 제2조제6호 각 목 외의 부분 단서에서 "대통령령으로 정하는 대가"란 다음 각 호의 어느 하나에 해당하는 대가를 말한다.

1. 소비자가 신용카드를 사용하여 가맹점사업자의 상품이나 용역을 구매한 경우에 가맹점사업자가 신용카드사에 지불하는 수수료
2. 소비자가 상품권을 사용하여 가맹점사업자의 상품이나 용역을 구매한 경우에 가맹점사업자가 상품권 발행회사에 지급하는 수수료나 할인금
3. 소비자가 「전자금융거래법」 제2조제11호에 따른 직불전자지급수단·선불전자지급수단 또는 전자화폐를 사용하거나 「전자금융거래법」 제2조제19호에 따른 전자지급결제대행 서비스를 이용하여 가맹점사업자의 상품이나 용역을 구매한 경우에 가맹점사업자가 지급수단 발행회사나 지급결제 대행회사에 지급하는 수수료나 할인금
4. 법 제2조제6호다목에 따라 가맹본부에 지급하는 대가 중 적정한 도매가격(도매가격이 형성되지 아니하는 경우에는 가맹점사업자가 정상적인 거래관계를 통하여 해당 물품이나 용역을 구입·임차 또는 교환할 수 있는 가격을 말하며 가맹본부가 해당 물품이나 용역을 다른 사업자로부터 구입하여 공급하는 경우에는 그 구입가격을 말한다. 이하 같다)
5. 그 밖에 가맹본부에 귀속되지 아니하는 금전으로서 소비자가 제3의 기관에 지불하는 것을 가맹본부가 대행하는 것

특별히 설명할 게 없이, 자세하게 규정되어 있습니다. 이게 시행령의 매력입니다. 법이 흉내내지 못하는 세심함. 한번 따라가 보면, ① 신용카드 수수료, ② 상품권 수수료(할인금), ③ 전자지급결제대행수단 수수료(할인금), ④ 정착물, 설비, 상품의 가격, 부동산의 임차료로 지급하는 대가 중 적정한 도매가격, ⑤ 소비자가 제3의 기관

에 지불하는 것을 가맹본부가 대행하는 것.이라고 합니다.

우리가 앞에서 가맹금을 뭐라고 정의했었죠? '가맹점을 운영하는 대가로 가맹본부에 지급하는 금전'이라고 했었습니다. 위 예외규정들 모두 '가맹본부에 직접 지급'하거나 '가맹본부에 귀속'되지 않는다는 특징을 가지고 있네요. 프랜차이즈를 위해 가맹본부에 직접 내는 게 아니면 가맹금이 아니다. 어때요. 쉽죠?

가맹금 제도(3)
– 가맹금 예치제도

제6조의5【가맹금 예치 등】① 가맹본부는 가맹점사업자(가맹희망자를 포함한다. 이하 이 조, 제15조의2 및 제41조제3항제1호에서 같다)로 하여금 가맹금(제2조제6호가목 및 나목에 해당하는 대가로서 금전으로 지급하는 경우에 한하며, 계약체결 전에 가맹금을 지급한 경우에는 그 가맹금을 포함한다. 이하 "예치가맹금"이라 한다)을 대통령령으로 정하는 기관(이하 "예치기관"이라 한다)에 예치하도록 하여야 한다. 다만, 가맹본부가 제15조의2에 따른 가맹점사업자피해보상보험계약 등을 체결한 경우에는 그러하지 아니하다.
② 예치기관의 장은 가맹점사업자가 예치가맹금을 예치한 경우에는 예치일부터 7일 이내에 그 사실을 가맹본부에 통지하여야 한다.
③ 가맹본부는 다음 각 호의 어느 하나에 해당하는 경우에는 예치기관의 장에게 대통령령으로 정하는 바에 따라 예치가맹금의 지급을 요청할 수 있다. 이 경우 예치기관의 장은 10일 이내에 예치가맹금을 가맹본부에 지급하여야 한다.

1. 가맹점사업자가 영업을 개시한 경우

2. 가맹계약 체결일부터 2개월이 경과한 경우. 다만, 2개월이 경과하기 전에 가맹점사업자가 제5항제1호부터 제3호까지의 규정 중 어느 하나에 해당하는 조치를 취한 사실을 예치기관의 장에게 서면으로 통보한 경우에는 그러하지 아니하다.

④ 가맹본부는 거짓이나 그 밖의 부정한 방법으로 예치가맹금의 지급을 요청하여서는 아니 된다.

⑤ 예치기관의 장은 제1호부터 제3호까지의 규정 중 어느 하나에 해당하는 경우에는 제24조에 따른 가맹사업거래분쟁조정협의회의 조정이나 그 밖의 분쟁해결의 결과(이하 "분쟁조정 등의 결과"라 한다) 또는 제33조에 따른 공정거래위원회의 시정조치가 확정될 때(공정거래위원회의 시정조치에 대하여 이의신청이 제기된 경우에는 재결이, 시정조치나 재결에 대하여 소가 제기된 경우에는 확정판결이 각각 확정된 때를 말한다. 이하 이 조에서 같다)까지 예치가맹금의 지급을 보류하여야 하고, 제4호에 해당하는 경우에는 예치가맹금의 지급요청을 거부하거나 가맹본부에 그 내용의 변경을 요구하여야 한다.

1. 가맹점사업자가 예치가맹금을 반환받기 위하여 소를 제기한 경우

2. 가맹점사업자가 예치가맹금을 반환받기 위하여 알선, 조정, 중재 등을 신청한 경우

3. 가맹점사업자가 제10조의 위반을 이유로 가맹본부를 공정거래위원회에 신고한 경우

4. 가맹본부가 제4항을 위반하여 거짓이나 그 밖의 부정한 방법으로 예치가맹금의 지급을 요청한 경우

⑥ 예치기관의 장은 가맹본부 또는 가맹점사업자가 분쟁조정 등의 결과나 시정조치 결과를 첨부하여 예치가맹금의 지급 또는 반환을 요청하는 경우 요청일부터 30일 이내에 그 결과에 따라 예치가맹금을 가맹본부에 지급하거나 가맹점사업자에게 반환하여야 한다.

⑦ 예치기관의 장은 가맹점사업자가 가맹본부의 동의를 받아 예치가맹금의 반환을 요청하는 경우에는 제5항 및 제6항에도 불구하고 요청일부터 10일 이내에 예치가맹금을 가맹점사업자에게 반환하여야 한다.
⑧ 그 밖에 가맹금의 예치 등에 관하여 필요한 사항은 대통령령으로 정한다.

가맹희망자나 가맹점사업자는 가맹금 중에서 개시지급금(가목)이나 계약이행보증금(나목)에 해당하는 대가를 현금으로 지급하는 경우에는 반드시 예치가맹금 명목으로 예치기관에 예치해야 합니다(제6조의 5 제1항). 이처럼 가맹본부와 가맹점사업자(가맹희망자)가 가맹계약 체결 시 일정금액의 가맹금을 가맹본부가 아닌 제3의 독립적인 기관에 예치하도록 함으로써 가맹본부가 직접 가맹금을 수령하는 행위를 금지하는 제도를 '가맹금 예치제도'라고 합니다.

다만, 2008년 8월 4일 이후 가맹본부가 가맹점사업자피해보상보험에 가입한 경우나 공제조합과 공제계약을 체결한 경우 등에는 가맹희망자나 가맹점사업자는 예치기관에 가맹금을 예치하지 않고 가맹본부에 직접 지급해야 합니다(제6조의 5 제1항 단서). 앞서 말한 영세사업자(6개월 동안 가맹본부에 지급한 가맹금 총액이 100만 원을 초과하지 않는 경우나 연간매출액이 5천만 원 미만인 경우 등)에게도 가맹금 예치제도가 적용되지 않습니다.

가맹금 예치제도는 가맹본부가 가맹희망자 등으로부터 가맹금만 받고 영업을 시작하기도 전에 가맹점 개설에 필요한 지원을 하지 않는 사고를 방지하고, 분쟁이 발생한 경우 가맹점 사업자가 가맹금을 쉽게 돌려받을 수 있도록 마련된 제도입니다.

　만약, 먹고날드 가맹본부와 가맹점사업자 김대리 사이에 가맹계약을 체결하고, 가맹금까지 지급하였음에도 먹고날드가 가맹본부로서 가맹계약상 각종 지원의무를 이행하지 않는다면(장비, 설비의 제공, 재료 납품 등), 김대리는 당연히 먹고날드의 계약의무불이행(채무불이행, 민법 390조)을 이유로 먹고날드에 지급한 가맹금의 반환을 요구할 수 있습니다. 그러나 정당한 권리가 있는 것과 실제로 법적 구제를 받는 것은 또 다른 이야기로, 김대리가 소송을 통해 가맹금을 돌려받기까지는 상당한 비용과 시간이 소요됩니다. 이런 경우를 대비해 별도의 예치기관을 두어 보다 신속하고 안전하게 가맹금을 돌려받을 수 있도록 조치한 것이죠.

　이렇게 가맹희망자 등으로부터 가맹금을 예치 받을 수 있는 예치기관은 다음과 같습니다(시행령 제5조의 7).

「은행법」에 따른 은행 및 금융회사
「우체국 예금·보험에 관한 법률」에 따른 체신관서
「보험업법」에 따른 보험회사
「자본시장과 금융투자업에 관한 법률」에 따른 신탁업자

　가맹희망자나 가맹점사업자는 가맹본부로부터 가맹금예치신청서를 받아(가맹금 예치계약 체결) 가맹본부가 지정하는 은행 등에 가맹금을 예치해야 하고, 가맹본부는 가맹희망자나 가맹점사업자에게 가맹금 예치신청서를 교부할 때 ① 가맹점사업자가 영업을 개시한 경우, ② 가맹계약 체결일부터 2개월이 경과한 경우에는 예치가맹금이 가맹본부에 귀속된다는 사실을 알려주어야 합니다(법 제6조의 5 제3항, 시행령 제5조의 8 제3항). 즉, 가맹본부는 가맹점사업자가 예치한 가맹금을 영업을 시작하거나, 가맹계약 체결일로부터 2개월이 지나면 예치기관으로부터 수령할 수 있는 것이죠.

가맹희망자(가맹점사업자)가 예치가맹금을 예치하면 예치기관의 장으로부터 가맹금 예치증서를 교부받습니다(시행령 제5조의 8 제5항). 이 제도를 위반해 가맹본부가 예치가맹금을 직접 수령하는 경우에는 2년 이하의 징역 또는 5천만 원 이하의 벌금에 처해집니다(법 제41조 제3항 제1호).

가맹점사업자는 ① 예치가맹금을 반환받기 위하여 소를 제기한 경우, ② 예치가맹금을 반환받기 위하여 알선·조정·중재 등을 신청한 경우, ③ 제10조(가맹금 반환규정)의 위반을 이유로 가맹본부를 공정거래위원회에 신고한 경우, ④ 가맹본부가 거짓이나 그 밖의 부정한 방법으로 예치가맹금의 지급을 요청한 경우에는 그 사실을 증명하는 서류를 첨부해 예치가맹금 지급보류를 요청할 수 있습니다. 분쟁이 발생한 경우에도 원칙적으로 가맹금 예치일로부터 2개월이 지나면 본부가 이를 수령해가는 데에 아무런 장애가 없기 때문에, 분쟁에 휘말린 가맹회원이라면 하루라도 빨리 지급보류를 요청해놓는 것이 중요합니다. 싸움이 생긴 것도 속상한데, 가만히 있다가 돈 떼이는 건 속 터지겠죠?

이처럼 분쟁이 발생한 경우에는 가맹금을 예치한 당사자라 하더라도 임의로 가맹금을 받아갈 수 없으며, 확정판결이나 분쟁조정 등의 결과, 시정조치의 결과를 첨부해야 지급(가맹본부) 또는 반환(가맹점사업자)을 요청할 수 있습니다(법 제6조의 5 제6항). 물론, 가맹점사업자가 가맹본부의 동의를 얻어 반환을 요청하는 경우에는 제한 없이 반환받을 수 있습니다(10일 이내, 제7항).

가맹금 제도(4)
– 가맹금의 반환

야심차게 프랜차이즈 사업을 시작했지만, 사업이 어디 쉽나요. 생각대로 안 될 때가 있지요. 이렇게 더이상 가맹사업을 유지하는 것이 어렵다고 판단되는 경우에는 가맹점사업자나 가맹희망자로 하여금 신속하게 가맹금을 반환받을 수 있도록 제도적 장치가 마련되어 있습니다(제10조 제1항).

제10조【가맹금의 반환】① 가맹본부는 다음 각 호의 어느 하나에 해당하는 경우에는 가맹희망자나 가맹점사업자가 대통령령으로 정하는 사항이 적힌 서면으로 요구하는 날부터 1개월 이내에 가맹금을 반환하여야 한다.

1. 가맹본부가 제7조제3항을 위반한 경우로서 가맹희망자 또는 가맹점사업자가 가맹계약 체결 전 또는 가맹계약의 체결일부터 4개월 이내에 가맹금의 반환을 요구하는 경우

2. 가맹본부가 제9조제1항을 위반한 경우로서 가맹희망자가 가맹계약 체결 전에 가맹금의 반환을 요구하는 경우

3. 가맹본부가 제9조제1항을 위반한 경우로서 허위 또는 과장된 정보나 중요사항의 누락된 내용이 계약 체결에 중대한 영향을 준 것으로 인정되어 가맹점사업자가 가맹계약의 체결일부터 4개월 이내에 가맹금

의 반환을 요구하는 경우

4. 가맹본부가 정당한 사유 없이 가맹사업을 일방적으로 중단하고 가맹
점사업자가 대통령령으로 정하는 가맹사업의 중단일부터 4개월 이내
에 가맹금의 반환을 요구하는 경우

② 제1항의 규정에 의하여 반환하는 가맹금의 금액을 정함에 있어서는
가맹계약의 체결경위, 금전이나 그 밖에 지급된 대가의 성격, 가맹계약
기간, 계약이행기간, 가맹사업당사자의 귀책정도 등을 고려하여야 한다.

위 규정에 나열된 사유가 발생하는 경우 가맹희망자(가맹계약 체결
전)나 가맹점 사업자(가맹계약 체결 후)는 가맹본부에 가맹금의 반환
을 요구할 수 있고, 본사는 반환 요구일로부터 1개월 이내에 가맹금
을 돌려주어야 합니다.

반환 사유는 ① 정보공개서 제공의무위반(제7조 3항 위반),[24] ② 허
위·과장 정보의 제공 또는 중요사항의 누락(제9조 1항 위반),[25] ③ 가

---

[24] 제7조【정보공개서의 제공의무 등】③ 가맹본부는 등록된 정보공개서 및 인근가
맹점 현황문서(이하 "정보공개서등"이라 한다)를 제1항의 방법에 따라 제공하
지 아니하였거나 정보공개서등을 제공한 날부터 14일(가맹희망자가 정보공개
서에 대하여 변호사 또는 제27조에 따른 가맹거래사의 자문을 받은 경우에는 7일
로 한다)이 지나지 아니한 경우에는 다음 각 호의 어느 하나에 해당하는 행위를
하여서는 아니 된다.
　1. 가맹희망자로부터 가맹금을 수령하는 행위. 이 경우 가맹희망자가 예치
　　기관에 예치가맹금을 예치하는 때에는 최초로 예치한 날(가맹본부가 가
　　맹희망자와 최초로 가맹금을 예치하기로 합의한 때에는 그 날)에 가맹금
　　을 수령한 것으로 본다.
　2. 가맹희망자와 가맹계약을 체결하는 행위
[25] 제9조【허위·과장된 정보제공 등의 금지】① 가맹본부는 가맹희망자나 가맹점
사업자에게 정보를 제공함에 있어서 다음 각 호의 행위를 하여서는 아니 된다.
　1. 사실과 다르게 정보를 제공하거나 사실을 부풀려 정보를 제공하는 행위
　　(이하 "허위·과장의 정보제공행위"라 한다)

맹사업의 일방적 중단 등입니다.

　가맹금의 반환을 원하는 가맹점사업자나 가맹희망자는 아래 사항이 기재된 서면을 통해 가맹본부에 그 반환을 요구할 수 있습니다.

① 가맹점사업자 또는 가맹희망자의 주소·성명
② 가맹본부가 허위 또는 과장된 정보를 제공하거나 중요사항을 누락한 사실
③ 가맹본부가 허위 또는 과장된 정보를 제공하거나 중요사항을 누락하여 계약체결에 중대한 영향을 준 것으로 인정되는 사실
④ 가맹본부가 정당한 이유없이 가맹사업을 일방적으로 중단한 사실과 그 일자
⑤ 반환대상이 되는 가맹금의 금액
⑥ 가맹본부가 정보공개서를 제공하지 아니한 사실 또는 정보공개서를 제공한 날부터 14일(가맹희망자가 정보공개서에 대하여 변호사 또는 가맹거래사의 자문을 받은 경우에는 7일)이 지나지 아니한 상태에서 가맹희망자로부터 가맹금을 수령하거나 가맹희망자와 가맹계약을 체결한 사실과 그 날짜

　가맹금을 반환받을 수 있는 권리가 있더라도, 지급한 가맹금 전부를 언제나 돌려받을 수 있는 것은 아닙니다. 본부가 가맹금의 상환을 거절하거나 일부만 돌려줄 경우에는 결국 법원의 판단을 받을 수밖에 없는데, 이때 판사들은 반환을 요구하는 가맹희망자(가맹점사업자)나 본사의 귀책사유, 귀책비율의 정도 등을 면밀히 따져 반환액의

---

2. 계약의 체결·유지에 중대한 영향을 미치는 사실을 은폐하거나 축소하는 방법으로 정보를 제공하는 행위(이하 "기만적인 정보제공행위"라 한다)

범위를 정합니다.

우리 법 제10조 2항 역시 반환하는 가맹금의 금액을 정함에 있어서, 가맹계약의 체결경위, 금전이나 그 밖에 지급된 대가의 성격, 가맹계약기간, 계약이행기간, 가맹사업당사자의 귀책정도 등을 고려하여야 한다고 명시하고 있습니다.

여기에 대해서 우리 판례(수원지방법원 2002가단13668)는 가맹계약 체결 시에 가맹본부가 받은 가입비, 교육비, 가맹비 등 소위 "개시지급금"성격의 가맹금을 가맹계약기간, 즉 전체 기간에 비례하여 존속하는 돈으로 보았고, 가맹계약이 계약기간 중간에 해지되었을 때에는 가맹본부가 받은 가맹금 중 해지 이후 남은 기간에 해당하는 부분만 가맹점사업자에게 반환할 책임이 있다고 보았습니다.

> "프랜차이즈계약이 계약기간의 중간에 해지되었을 경우에 계약 체결 시에 가맹본부(franchisor)가 받은 금전 중에 일부를 가맹점(franchisee)에게 반환하여야 하는가 하는 문제는, 가맹점이 가맹본부에게 지급한 금전이 어떤 이름으로 지급하였는가를 가지고만 볼 것이 아니라 무엇에 대한 대가로 지급한 것이고, 프랜차이즈 계약의 해지 경위와 그에 있어서 당사자의 귀책사유 유무 등을 종합적으로 고려하여 판단하여야 한다."

> "햄버거의 영업표지를 사용하는 것에 대한 대가로 지급한 프랜차이즈 수수료는 가맹금의 성격을 가지는 금전으로 봄이 상당하고, 영업표지의 사용에 대한 이익은 기간에 따라 균등의 비율로 귀속되는 것이 원칙이므로, 가맹본부가 가맹점으로부터 점포를 인수(또는 우선매수)하여 직영하는 방법으로 가맹점이 투하자본을 회수하기로 프랜차이즈 계약이 합의해지된 경우라면, 가맹본부가 지급받은 가맹금 중 프랜차이즈 계약의 합의해지 후 잔여기간에 해당하는 부분은 가맹점에게 반환함이 상당하다."

같은 논리로, 이행보증금성격의 가맹금은 손해를 담보하고 남은 금액을, 정착물, 설비, 임차료 성격의 가맹금은 순수한 물품공급대가(도매가격)를 초과한 금액을,[26] 로열티 성격의 가맹금에 대해서는 적어도 장래의 기간에 대해 수취한 가맹금은 부당이득[27]으로서 반환할 의무가 있습니다.

3. 정보공개제도

정보공개서

김대리가 먹고날드를 하고 싶어서 인터넷으로 검색한 정보(일반현황, 임원, 매출액 규모 등)들은 해당 프랜차이즈 사업과 관련한 개략적인 이야기들입니다. 이러한 정보는 대부분 먹고날드가 직접 등록한 '정보공개서'를 기반으로 합니다. 정보공개서란 가맹본부의 사업현황, 임원의 경력, 가맹점사업자의 부담, 영업활동의 조건, 가맹점사

---

26 여기에 대해서는 의견이 분분합니다. 도매가격 초과분은 실질적으로 개시지급금과 같으므로 반환대상이 될 수 있다고 하기도 하고, 본부가 해당 가맹금을 지급받을 때 초과이윤과 순수한 물품공급대가를 구분하지 않고 한꺼번에 수수하여 구분이 어렵고 정착물이나 설비 등을 제공하는 대가로 지급받은 이상 반환할 필요가 없다고 하기도 합니다(이한무, 가맹사업법 해설, 2009, 176면). 개인적으로는 적정한 대가 이상의 금액은 개시지급금과 같은 가맹금의 성격을 가지므로 당연히 반환의 대상이 되며, 다만 남은 기간에 따라 차등하여 반환할 수 있다고 봅니다. 중요한 것은 분쟁이 발생했을 때 서로 다른 주장이 대립할 수 있다는 것, 그리고 법원은 언급한 여러 고려사항(10조 2항)을 감안하여 사안에 따라 달리 판단할 수 있다는 것입니다.

27 법률상 원인 없이 타인의 재산 또는 노무로 인하여 이익을 얻고 이로 인하여 타인에게 손해를 가한 자는 그 이익을 반환하여야 합니다. 즉, 이득을 얻은 당사자에게 법률상 부여된 자격이 없는 것을 부당이득이라 하고 이를 다시 돌려줘야 하는 것을 부당이득반환이라 합니다.

업자에 대한 교육·훈련, 가맹계약의 해제·해지 및 갱신 등과 같은 가맹사업에 관한 사항을 수록한 문서를 말합니다(제2조 제10호).

　정보공개서는 가맹희망자가 가맹본부와 계약을 체결하기 전에 알아두어야 할 중요한 사항을 수록한 문서로서, 가맹사업거래에서 가맹본부와 가맹희망자 또는 가맹점사업자 간 정보의 불균형으로 인하여 발생할 수 있는 부작용을 예방하고 상대적으로 불리한 지위에 있는 가맹희망자와 가맹점사업자의 권익을 보호하기 위해 공정거래위원회에 등록할 것을 그 요건으로 하고 있습니다.

　조문 한번 보고 옵시다.

10. "정보공개서"란 다음 각 목에 관하여 대통령령으로 정하는 사항을 수록한 문서를 말한다.

　가. 가맹본부의 일반 현황

　나. 가맹본부의 가맹사업 현황(가맹점사업자의 매출에 관한 사항을 포함한다)

　다. 가맹본부와 그 임원(「독점규제 및 공정거래에 관한 법률」 제2조 제5호에 따른 임원을 말한다. 이하 같다)이 다음의 어느 하나에 해당하는 경우에는 해당 사실

　　1) 이 법, 「독점규제 및 공정거래에 관한 법률」 또는 「약관의 규제에 관한 법률」을 위반한 경우

　　2) 사기·횡령·배임 등 타인의 재산을 영득하거나 편취하는 죄에 관련된 민사소송에서 패소의 확정판결을 받았거나 민사상 화해를 한 경우

　　3) 사기·횡령·배임 등 타인의 재산을 영득하거나 편취하는 죄를 범하여 형을 선고받은 경우

라. 가맹점사업자의 부담

마. 영업활동에 관한 조건과 제한

바. 가맹사업의 영업 개시에 관한 상세한 절차와 소요기간

사. 가맹본부의 경영 및 영업활동 등에 대한 지원과 교육·훈련에 대한 설명

법 내용대로라면 정보공개서를 문자 그대로 '(가맹사업)의 정보를 공개하는 문서'라고 이해해도 괜찮을 것 같습니다.

프랜차이즈 본부가 공개하는 일반적인 정보공개서에는 위 가. 내지 사. 목에 있는 것처럼 가맹본부의 일반적인 사항, 가맹본부의 매출과 관련된 사업현황, 누가 가맹본부를 운영하고 있는지, 특히 가맹본부 임원이 특정한 형사 처벌을 받은 전력이 있다고 한다면 그 내용, 가맹회원이 되는 데 소요되는 비용, 영업활동에 대한 부분, 가맹회원에 대한 교육 방법 등 해당 가맹사업 전반에 관한 내용이 모두 포함되어 있습니다.

가맹계약을 체결하려는 계약당사자, 즉 가맹희망자와 가맹본부가 법적으로는 각자 동등한 지위를 가지고 있다고 하지만, 정말 그런가요. 가맹사업거래가 기본적으로 가지고 있는 본질적인 속성(본부-지점)상 가맹사업을 시작하고자 하는 사람들과 가맹점사업자는 자신의 영업활동을 가맹본부의 브랜드 영향력하에서 그들의 각종 영업지원에 의존할 수밖에 없습니다. 필연적으로 서로가 지배구조, 상하구조에 놓여 있고, 서로 간에 정보의 불균형이 생길 수밖에 없는 것이죠. 이런 상황에서 가맹본부가 자신의 사업에 대한 정보를 공개하지 않는다면 가맹희망자로서는 사업시작 여부(투자 여부)를 제대로

결정할 수 없을 겁니다. 설령 가맹본부가 임의의 정보를 제공한다고 하더라도 그 객관성을 의심해 봐야 할 겁니다. 내 돈을 가져가야 되니까. 자기에게 유리한 정보만 적극적으로 주려고 할 테니까요.

이러한 이유로 가맹사업법은 정보공개제도를 만들었습니다. 크게 ① 정보공개서의 등록 의무(제6조의 2 ①), 등록된 정보공개서의 제공 의무(제7조 ①)로 나누어지는데, 이렇게 함으로써 가맹희망자와 본사 간 정보력의 불균형을 최소화하고, 가맹희망자로 하여금 객관적인 정보를 취득할 수 있게 하며 안심하고 가맹사업을 시작할 수 있게 되었습니다. 김대리가 먹고날드의 실체를 알 수 있도록, 가맹가입 여부를 판단할 수 있도록 구체적인 근거를 제공하는 것이 '정보공개서'가 되는 것이죠.

이처럼 정보공개서에 가맹본부가 스스로 공개한 내용과 다른 사실이 있거나 저촉되는 행위를 하는 경우에는 가맹사업법상 허위·과장정보 제공금지규정(제9조)에 따라 처벌받을 수 있으며, 가맹희망자나 가맹점사업자에게 채무불이행, 불법행위,[28] 계약체결상의 과실 책임[29]을 부담하게 됩니다. 또한 가맹희망자는 가맹사업을 시작하려고 하는 업종과 비슷하거나 동일한 사업자의 정보공개서를 자

---

[28] 고의 또는 과실로 타인에게 손해를 가하는 위법한 행위를 말합니다. 이로 인해 제3자가 손해를 입었다면 당연히 그 손해를 배상해줄 책임이 생기죠(민법 제750조). 가맹본부가 정보공개서에 거짓 내용을 공개한 것은 당연히 위법하므로 이로 인해 손해가 발생했다면 불법행위책임이 성립될 수 있습니다.

[29] 계약체결을 위한 준비단계나 계약의 성립과정에서 당사자 일방이 책임 있는 사유로(즉 체결상 과실로) 상대방에게 손해를 준 때에 이를 배상해야 할 책임을 말합니다. 가맹희망자가 가맹계약을 체결하는 데에 정보공개서에 제공된 정보가 결정적인 동기로 작용하였다면, 이것이 거짓으로 제공한 가맹본부에게 계약 체결상의 과실 책임이 인정될 수 있습니다.

유롭게 비교, 검토할 수 있기 때문에 가맹희망자로 하여금 다양한 선택지를 제공하고 가맹본부에게는 이들 간의 자유로운 경쟁을 통해 질적 향상의 동기를 제공하기도 합니다. 가맹본부에서도 정보공개서에 미리 공개한 내용은 일종의 '통지'가 되므로, 가맹희망자가 가맹금을 주지 않는다거나 인테리어를 개인적으로 한다든지 하는 분쟁이 생길 경우 유리한 증거로 사용할 수 있습니다.

정보공개서의 내용

정보공개서는 아래와 같은 원칙으로 작성되어야 합니다(시행령 제4조 제2항).

- 정보공개서는 표지·목차 및 정보공개사항으로 구성되어야 한다.
- 그 내용이 명확하고 구체적이어야 한다.
- 가맹희망자가 이해하기 쉽도록 영업표지별로 별도의 문서로 작성되어야 한다.

한편, 7조 4항은 "공정거래위원회는 대통령령이 정하는 바에 따라 정보공개서의 표준양식을 정하여 가맹본부 또는 가맹본부로 구성된 사업자단체에게 그 사용을 권장할 수 있다."고 해서 정보공개서의 양식을 제공하고 있습니다. 정보공개서에 수록되는 내용을 정리하면 아래와 같습니다(법 제2조 제10호, 시행령, 제4조 제1항, 별표1).

구분	세부 내용
정보공개서의 표지	1. 정보공개서라는 한글 표시 2. 정보공개서 표지에 수록하도록 정해진 문장 3. 가맹본부의 상호, 영업표지, 주된 사무소의 소재지, 가맹사업과 관련하여 가맹본부가 운영하는 인터넷 홈페이지 주소, 가맹사업 담당부서, 가맹사업 안내 전화번호 4. 정보공개서의 등록번호 및 최초 등록일 5. 정보공개서의 최종 등록일
가맹본부의 일반 현황	1. 가맹본부의 설립일, 법인등록번호 및 사업자등록번호 2. 가맹본부 및 가맹본부의 특수관계인의 명칭, 상호, 영업표지, 주된 사무소의 소재지, 대표자의 이름, 대표전화번호 3. 가맹본부가 외국기업인 경우에는 가맹본부 및 국내에서 영업 중인 특수관계인의 명칭, 상호, 영업표지, 국내의 주된 사무소의 소재지, 대표자의 이름, 대표전화번호, 국내에서 영업을 허락받은 기간 4. 가맹본부가 정보공개 바로 전 3년간 다른 기업을 인수·합병하거나 다른 기업에 인수·합병된 경우 해당 기업의 명칭, 상호, 주된 사무소의 소재지, 대표자의 이름 5. 가맹희망자가 앞으로 경영할 가맹사업(이하 "해당 가맹사업"이라 한다)의 명칭, 상호, 서비스표, 광고, 그 밖의 영업표지 6. 가맹본부의 정보공개 바로 전 3개 사업연도의 재무상황에 관한 정보 7. 가맹본부의 현 임원의 명단 및 정보공개일 현재 최근 3년 동안의 개인별 사업경력 8. 가맹본부의 정보공개 바로 전 사업연도 말 현재 임직원 수 9. 가맹본부 및 가맹본부의 특수관계인이 정보공개일 현재 최근 3년 동안 가맹사업을 경영했거나 경영하고 있는 경우 그러한 사실 10. 가맹본부가 가맹점사업자에게 사용을 허용하는 지식재산권에 관한 정보
가맹본부의 가맹사업 현황 (가맹점 사업자 의 매출에 관한 사항 포함)	1. 해당 가맹사업을 시작한 날 2. 해당 가맹사업의 연혁 3. 정보공개 바로 전 3개 사업연도 말 현재 영업 중인 해당 가맹사업의 전국 및 광역지방자치단체별 가맹점 및 직영점 총 수 4. 해당 가맹사업과 관련하여 정보공개 바로 전 3년간 신규 개점, 계약 종료, 계약 해지, 명의 변경의 사정이 있는 가맹점의 수

	5. 해당 가맹사업 외에 가맹본부 및 가맹본부의 특수관계인이 경영하는 가맹사업의 업종, 영업표지 및 사업 시작일과 정보공개 바로 전 3개 사업연도 말 현재 영업 중인 가맹점 및 직영점의 총 수 6. 직전 사업연도에 영업한 가맹점사업자당 지역별 연간 평균 매출액과 구체적인 산정기준 7. 해당 가맹사업을 경영하는 가맹지역본부에 관한 정보 8. 해당 가맹사업과 관련하여 가맹본부가 정보공개 바로 전 사업연도에 지출한 광고비 및 판촉비 9. 가맹금 예치에 관한 사항 10. 피해보상보험계약 등의 체결 내역
가맹본부와 그 임원의 법 위반 사실 등	1. 정보공개일 현재 최근 3년 동안 가맹사업거래와 관련하여 「가맹사업거래의 공정화에 관한 법률」, 「독점규제 및 공정거래에 관한 법률」 또는 「약관의 규제에 관한 법률」을 위반하여 공정거래위원회로부터 시정권고 이상의 조치를 받은 사실 2. 정보공개일 현재 최근 3년 동안 가맹사업거래와 관련하여 「가맹사업거래의 공정화에 관한 법률」 또는 「독점규제 및 공정거래에 관한 법률」을 위반하거나, 사기·횡령·배임 등 타인의 재물이나 재산상 이익을 영득 또는 이득하는 죄로 받은 유죄의 확정판결과 관련된 민사소송에서 패소의 확정판결을 받았거나, 민사상 화해를 한 사실 3. 정보공개일 현재 최근 3년 동안 사기·횡령·배임 등 타인의 재물이나 재산상 이익을 영득 또는 이득하는 죄를 범하여 형의 선고를 받은 사실
가맹점사업자의 부담	1. 영업개시 이전의 부담 2. 영업 중의 부담 3. 계약 종료 후의 부담
영업활동에 관한 조건과 제한	1. 가맹점사업자가 해당 가맹사업을 시작하거나 경영하기 위해 필요한 모든 부동산·용역·설비·상품·원재료 또는 부재료의 구입 또는 임차와 관련하여, 가맹본부가 가맹점사업자에게 특정한 거래상대방과 거래할 것을 요구 또는 권장할 경우 그 특정한 거래상대방과 거래하는 거래대상물의 품목 2. 가맹본부가 가맹점사업자에게 특정한 거래상대방과 거래하도록 요구 또는 권장하고 이와 관련하여 그 특정한 거래상대방이나 가맹점사업자로부터 대가를 받는 경우에는 그 대가의 산정기준 및 금액

3. 상품 또는 용역, 거래상대방 및 가맹점사업자의 가격 결정을 제한하는 경우 이에 관한 상세한 내용
4. 가맹점사업자의 영업지역을 보호하기 위한 구체적인 내용
    1) 가맹계약 체결 시 가맹점사업자의 영업지역을 설정하여 가맹계약서에 적는다는 사실과 가맹계약기간 중에는 정당한 사유 없이 가맹점사업자의 영업지역에서 동일한 업종의 직영점·가맹점(가맹본부 또는 그 계열회사가 운영하는 직영점·가맹점으로 한정)을 설치하지 않는다는 사실(가맹본부 또는 그 계열회사가 보유하고 있는 영업표지 중 해당 가맹사업과 동일한 업종의 영업표지가 존재하는 경우 그 영업표지도 함께 적음)
    2) 영업지역의 설정 기준
    3) 가맹계약 갱신과정에서 영업지역을 재조정할 수 있는 사유 및 영업지역을 재조정하는 경우에 가맹점사업자에게 미리 알리는 절차와 동의를 받는 방법
    4) 가맹점사업자가 가맹본부로부터 보장받는 영업지역 밖의 고객에게 상품 및 용역을 판매하는 데 따르는 제한
    5) 그 밖에 영업지역에 관한 내용
5. 계약기간, 계약의 갱신·연장·종료·해지 및 수정에 관한 상세한 내용
6. 가맹점운영권의 환매·양도·상속 및 대리행사, 경업금지, 영업시간 제한, 가맹본부의 관리·감독 등에 관한 상세한 내용
7. 광고 및 판촉 활동
8. 해당 가맹사업의 영업비밀 보호 등에 관한 내용
9. 가맹계약 위반으로 인한 손해배상에 관한 사항

가맹사업의 영업 개시에 관한 상세한 절차와 소요기간	1. 가맹계약 체결을 위한 상담·협의 과정에서부터 가맹점 영업 개시까지 필요한 절차 2. 각 절차에 걸리는 기간 3. 각 절차에 드는 비용 4. 가맹계약 체결 이후 일어날 수 있는 분쟁의 해결 절차
가맹본부의 경영 및 영업활동 등에 대한 지원	1. 가맹점사업자의 점포환경개선 시 가맹본부의 비용지원에 관한 사항(의무적으로 지급해야 하는 최소한의 비용을 지급하는 경우라도 해당 내용 기재) 2. 판매촉진행사 시 인력지원 등 가맹본부가 지원하는 사항이 있는 경우 그 구체적 내용

(지원사항이 없는 경우에는 그 사실을 적음)	3. 가맹본부가 가맹점사업자의 경영활동에 대한 자문을 하는 경우 그 구체적 방식 및 내용 4. 가맹본부가 가맹희망자 또는 가맹점사업자에게 직접 신용 을 제공하거나 각종 금융기관의 신용 제공을 주선하는 경우 에는 신용 제공에 대한 구체적 조건 및 신용 제공 금액
교육·훈련에 대한 설명 (교육·훈련 계획이 있는 경우에 한함)	1. 교육·훈련의 주요 내용 및 필수적 사항인지 여부 2. 가맹점사업자에게 제공되는 교육·훈련의 최소시간 3. 가맹점사업자가 부담하는 교육·훈련비용 4. 교육·훈련을 받아야 하는 주체 5. 정기적이고 의무적으로 실시되는 교육·훈련에 가맹점사업 자가 불참할 경우에 가맹본부로부터 받을 수 있는 불이익

위에서 언급한 내용 이외에도 가맹본부는 가맹사업 경영 등에 필
요한 내용을 정보공개서에 기재할 수 있습니다(제4조 제3항).

정보공개서 수록사항(가맹사업거래의 공정화에 관한 법률 시행령 별표 1)

---

1. 정보공개서의 표지

  가. 정보공개서라는 한글 표시

  나. 다음의 문장

   이 정보공개서는 귀하께서 체결하려는 가맹계약 및 해당 가맹사업
   에 대한 전반적인 정보를 담고 있으므로 그 내용을 정확하게 파악한
   후에 계약체결 여부를 결정하시기 바랍니다.

   「가맹사업거래의 공정화에 관한 법률」에 따라 가맹희망자에게는 정
   보공개서의 내용을 충분히 검토하고 판단할 수 있도록 일정한 기간
   이 주어집니다. 따라서 이 정보공개서를 제공받은 날부터 14일(변
   호사나 가맹거래사의 자문을 받은 경우에는 7일)이 지날 때까지는
   가맹본부가 귀하로부터 가맹금을 받거나 귀하와 가맹계약을 체결할
   수 없습니다.

이 정보공개서는 법령에서 정한 기재사항을 담고 있는 것에 불과하
며 그 내용의 사실 여부를 한국공정거래조정원이나 가맹사업 분야
의 전문성을 갖춘 법인·단체 중 해당 업무를 수행할 수 있다고 공정
거래위원회가 인정하여 고시하는 기관에서 모두 확인한 것은 아닙
니다. 또한, 귀하께서는 어디까지나 가맹계약서의 내용에 따라 가맹
사업을 운영하게 되므로 정보공개서의 내용에만 의존하여서는 아니
됩니다.

다. 가맹본부의 상호, 영업표지, 주된 사무소의 소재지, 가맹사업과 관
련하여 가맹본부가 운영하는 인터넷 홈페이지 주소, 가맹사업 담당
부서, 가맹사업 안내 전화번호

라. 정보공개서의 등록번호 및 최초 등록일

마. 정보공개서의 최종 등록일

2. 가맹본부의 일반 현황

가. 가맹본부의 설립일(법인인 경우 법인설립등기일, 개인인 경우 최초
사업자등록일을 말한다), 법인등록번호(법인인 경우만 해당한다)
및 사업자등록번호

나. 가맹본부 및 가맹본부의 특수관계인[「독점규제 및 공정거래에 관한
법률 시행령」 제3조제1호에 따른 동일인관련자(가맹본부가 아닌
자의 사용인은 제외한다) 및 「독점규제 및 공정거래에 관한 법률 시
행령」 제11조제1호에 따른 특수관계인을 말한다. 이하 같다] 중 정
보공개일 현재 최근 3년 동안 가맹사업을 경영한 적이 있거나 경영
하고 있는 특수관계인의 명칭, 상호, 영업표지, 주된 사무소의 소재
지, 대표자의 이름, 대표전화번호(회사인 경우에는 회사의 대표번
호를, 개인인 경우에는 주된 사무소의 대표번호를 기재한다. 이하
같다)

다. 가맹본부가 외국기업인 경우에는 가맹본부 및 가맹본부의 특수관
계인 중 정보공개일 현재 최근 3년 동안 국내에서 가맹사업을 경영

한 적이 있거나 경영하고 있는 특수관계인의 명칭, 상호, 영업표지, 국내의 주된 사무소의 소재지, 대표자의 이름, 대표전화번호, 국내에서 영업을 허락받은 기간(가맹본부가 다른 사업자에게 국내에서 가맹사업운영권을 부여한 경우에만 기재한다)

라. 가맹본부가 정보공개 바로 전 3년간 다른 기업(정보공개일 현재 최근 3년 동안 가맹사업을 경영한 적이 있거나 경영하고 있는 경우만 해당한다)을 인수·합병(다른 기업의 가맹사업 관련 사업을 양수 또는 양도한 경우도 포함한다. 이하 같다)하거나 다른 기업에 인수·합병된 경우 해당 기업의 명칭, 상호, 주된 사무소의 소재지, 대표자의 이름

마. 가맹희망자가 앞으로 경영할 가맹사업(이하 "해당 가맹사업"이라 한다)의 명칭, 상호, 서비스표, 광고, 그 밖의 영업표지

바. 가맹본부의 정보공개 바로 전 3개 사업연도의 재무상황에 관한 다음의 정보

1) 연도별 대차대조표 및 손익계산서. 다만, 가맹본부가 재무제표를 작성하지 아니하는 경우에는 매출액을 확인할 수 있는 「부가가치세법」에 따른 부가가치세신고서 등의 증명서류로 대신할 수 있다.

2) 연도별 가맹사업 관련 매출액(영업표지별로 나누어 기재하되, 분류가 어려운 경우에는 그 합계를 기재할 수 있다. 또한 관련 매출액 산정이 곤란한 경우 추정된 매출액임을 밝히고 상한과 하한을 표시한다)과 구체적인 산정기준

3) 개인사업자가 법인사업자로 전환한 경우 종전 개인사업자의 1)의 정보(정보공개 바로 전 3개 사업연도 정보만 해당한다)

사. 가맹본부의 현 임원(「독점규제 및 공정거래에 관한 법률」 제2조제5호에 따른 임원을 말한다. 이하 같다)의 명단(가맹사업 관련 임원과 관련되지 아니하는 임원을 나누어 기재한다) 및 정보공개일 현

재 최근 3년 동안의 개인별 사업경력(재직했던 직위 및 사업기간을 포함한다)

아. 가맹본부의 정보공개 바로 전 사업연도 말 현재 임직원 수(상근ㆍ비상근 임원과 직원을 나누어 기재한다)

자. 가맹본부 및 가맹본부의 특수관계인이 정보공개일 현재 최근 3년 동안 가맹사업을 경영하였거나 경영하고 있는 경우 그러한 사실(영업표지별로 나누어 기재한다)

차. 가맹본부가 가맹점사업자에게 사용을 허용하는 지식재산권에 관한 다음의 정보

　　1) 등록 및 등록신청 여부(산업재산권의 경우 특허청 등록ㆍ등록신청 여부, 등록이 거부된 경우 그 사실, 등록ㆍ출원번호 및 등록일ㆍ출원일을 포함한다)

　　2) 지식재산권 소유자 및 등록신청자의 이름

　　3) 사용이 허용되는 지식재산권의 등록 만료일

　　4) 가맹본부가 지식재산권의 사용을 허용받은 기간 및 사용 범위

3. 가맹본부의 가맹사업 현황

가. 해당 가맹사업을 시작한 날

나. 해당 가맹사업의 연혁(해당 가맹사업을 시작한 날 이후 해당 가맹사업을 경영한 가맹본부의 상호, 주된 사무소의 소재지, 대표자의 이름, 가맹사업 경영 기간)

다. 해당 가맹사업의 업종

라. 정보공개 바로 전 3개 사업연도 말 현재 영업 중인 해당 가맹사업의 전국 및 광역지방자치단체별 가맹점 및 직영점 총 수(가맹점과 직영점을 나누어 기재한다)

마. 해당 가맹사업과 관련하여 정보공개 바로 전 3년간 신규 개점, 계약 종료, 계약 해지, 명의 변경의 사정이 있는 가맹점의 수(연도별로 나누어 기재한다)

바. 해당 가맹사업 외에 가맹본부 및 가맹본부의 특수관계인이 경영하는 가맹사업의 업종, 영업표지 및 사업 시작일과 정보공개 바로 전 3개 사업연도 말 현재 영업 중인 가맹점 및 직영점의 총 수

사. 직전 사업연도에 영업한 가맹점사업자(전국 및 광역지방자치단체별로 나누어 기재하되, 바로 전 사업연도 말 현재 5명 미만의 가맹점사업자가 영업 중인 지역은 기재를 생략할 수 있다)당 지역별 연간 평균 매출액(정확한 매출액이 산정되지 아니하는 경우에는 추정된 매출액임을 밝히고, 상한과 하한을 표시하며, 매장 전용 면적 3.3m²당 연간 평균 매출액을 함께 적는다)과 구체적인 산정기준

아. 해당 가맹사업을 경영하는 가맹지역본부(가맹본부가 직접 운영하는 지역사무소 등을 포함한다. 이하 이 목에서 같다)에 관한 다음의 정보
1) 가맹지역본부의 상호, 주된 사무소의 소재지, 대표자의 이름, 대표전화번호, 관리지역, 가맹본부와 맺은 계약기간
2) 가맹지역본부가 가맹계약 체결의 상대방인지 여부
3) 가맹지역본부가 관리하는 바로 전 사업연도 말 현재 영업 중인 가맹점 수)

자. 해당 가맹사업과 관련하여 가맹본부가 정보공개 바로 전 사업연도에 지출한 광고비 및 판촉비(광고 및 판촉 수단별로 나누어 기재하되, 분류가 어려운 경우에는 총액만 기재한다)

차. 가맹금 예치에 관한 사항
1) 해당 업무를 수행하는 기관의 상호, 담당 지점이나 부서의 이름과 소재지, 안내 전화번호
2) 가맹금 예치절차
3) 가맹희망자 또는 가맹점사업자의 소재지에 따라 예치기관이 달라지는 경우 관련된 정보

카. 피해보상보험계약 등의 체결 내역(해당 사실이 있는 경우만 기재한다)

    1) 보험금액

    2) 보장범위 및 지급조건

    3) 보험금의 수령절차

    4) 그 밖에 필요한 사항

4. 가맹본부와 그 임원의 법 위반 사실 등

가. 정보공개일 현재 최근 3년 동안 가맹사업거래와 관련하여 법, 「독점규제 및 공정거래에 관한 법률」 또는 「약관의 규제에 관한 법률」을 위반하여 공정거래위원회로부터 시정권고 이상의 조치를 받은 사실

나. 정보공개일 현재 최근 3년 동안 가맹사업거래와 관련하여 「가맹사업거래의 공정화에 관한 법률」 또는 「독점규제 및 공정거래에 관한 법률」을 위반하거나, 사기·횡령·배임 등 타인의 재물이나 재산상 이익을 영득 또는 이득하는 죄로 받은 유죄의 확정판결과 관련된 민사소송에서 패소의 확정판결을 받았거나, 민사상 화해를 한 사실

다. 정보공개일 현재 최근 3년 동안 사기·횡령·배임 등 타인의 재물이나 재산상 이익을 영득 또는 이득하는 죄를 범하여 형의 선고를 받은 사실

5. 가맹점사업자의 부담

가. 영업개시 이전의 부담

    1) 가맹점사업자가 해당 가맹사업을 시작하기 위하여 가맹본부에게 지급하여야 하는 대가의 내역과 그 반환조건 및 반환할 수 없는 경우에는 그 사유(계약금, 가입비, 할부금의 첫 지불액, 선급임차료, 교육비, 개점행사비 등 대가에 포함되는 구체적인 내용을 나누어 기재한다)

    2) 보증금·담보목적물 등 계약 종료 시 가맹점사업자에게 반환되

는 대가(가맹점사업자의 귀책사유 등으로 반환되지 아니하는 경우에는 그 사유를 기재한다)

3) 예치가맹금의 범위와 그 금액(가맹본부가 피해보상보험계약 등에 가입한 경우에도 법 제6조의5제1항에 따라 예치대상이 되는 가맹금의 액수를 기재한다)

4) 1)과 2) 외에 가맹점사업자 사업을 시작하는 데에 필요한 다른 대가(위치나 점포 크기 등에 따른 비용의 차이를 예시하되, 정확한 금액이 산정되지 않는 경우에는 추정된 금액임을 밝히고 상한과 하한을 표시하며, 매장 전용 면적 3.3m^{2}당 비용을 함께 적는다)의 내역, 지급대상과 그 반환조건 및 반환될 수 없는 경우에는 그 사유

　　가) 필수설비·정착물·인테리어 비용(가맹사업의 통일성을 위하여 가맹본부가 강제 또는 권장하는 경우만 해당한다)

　　나) 최초로 공급되는 상품의 비용 또는 용역의 비용

　　다) 설계 및 감리 비용

　　라) 그 밖의 필요 비용

5) 가맹점 입지 선정 주체 및 선정 기준

6) 가맹점사업자와 그 종업원의 채용 및 교육에 대한 기준

7) 가맹점 운영에 필요한 설비, 장비, 정착물 등의 물품 내역 및 공급 방법·공급 업체(가맹본부 또는 가맹본부가 지정한 자가 공급하는 경우만 해당한다)

나. 영업 중의 부담

1) 상표 사용료, 리스료, 광고·판촉료, 교육훈련비, 간판류 임차료, 영업표지 변경에 따른 비용, 리모델링(remodeling) 비용, 재고 관리 및 회계처리 비용, 판매시점 관리 시스템(POS)을 포함한 운영 시스템 유지 비용 등 가맹점사업자가 해당 가맹사업을 경영하기 위하여 가맹본부 또는 가맹본부가 지정한 자에게 정기적으

로 또는 비정기적으로 지급하여야 하는 모든 대가의 내역과 그 반환조건 및 반환될 수 없는 경우에는 그 사유(각각의 내역을 나누어 기재한다)

2) 가맹점사업자가 해당 가맹사업을 운영하는 과정에서 가맹본부가 가맹점사업자에게 가맹본부 또는 가맹본부가 지정한 자와 거래할 것을 강제 또는 권장하여 공급받는 품목에 대하여 가맹본부에 지급하는 대가 중 적정한 도매가격을 넘는 대가(이하 "차액가맹금"이라 한다)와 관련한 다음의 사항(부동산 임차료가 포함된 경우와 포함되지 않은 경우를 나누어 기재하며, 가맹본부가 직접 제조하거나 생산하여 가맹점사업자에게 공급하는 품목에 대한 정보는 기재하지 않을 수 있다)

　　가) 직전 사업연도의 가맹점당 평균 차액가맹금 지급금액[직전 사업연도 영업기간이 6개월 이상인 가맹점이 가맹본부에 지급한 차액가맹금의 합계액(직전 사업연도의 영업기간이 1년 미만인 가맹점의 경우 지급한 차액가맹금을 1년치로 환산한 금액을 반영한다)/직전 사업연도 영업기간이 6개월 이상인 가맹점 수]

　　나) 직전 사업연도의 가맹점당 매출액 대비 차액가맹금 지급금액의 비율[직전 사업연도 영업기간이 6개월 이상인 가맹점이 가맹본부에 지급한 차액가맹금의 합계액/직전 사업연도 영업기간이 6개월 이상인 가맹점 매출액의 합계액]

3) 가맹본부가 재고관리·회계처리 등에 관하여 가맹점사업자를 감독하는 내역

다. 계약 종료 후의 부담(부담이 없는 경우에는 그 사실을 기재한다)

1) 계약 연장이나 재계약 과정에서 가맹점사업자가 추가로 부담하여야 할 비용(점포 이전이 필요할 경우 그 비용도 포함한다)

2) 가맹본부의 사정에 의한 계약 등의 종료 시 조치사항

가) 가맹본부가 가맹사업을 다른 사업자에게 양도하는 경우 기존 가맹점사업자와의 계약승계 여부

나) 가맹본부가 사용을 허락한 지식재산권의 유효기간이 만료되는 경우 조치사항

다) 가맹본부가 해당 가맹사업을 중단하는 경우 조치사항

3) 가맹점사업자가 다른 사업자에게 가맹점운영권을 이전하려는 경우, 가맹점사업자 또는 다른 사업자가 가맹본부에 부담하여야 할 대가

4) 계약종료 후 조치사항(가맹본부 또는 가맹본부가 지정한 자가 공급한 물품의 반품조건 등 재고물품 처리 방안을 포함한다)

6. 영업활동에 대한 조건 및 제한

가. 가맹점사업자가 해당 가맹사업을 시작하거나 경영하기 위하여 필요한 모든 부동산·용역·설비·상품·원재료 또는 부재료의 구입 또는 임차에 관한 다음의 사항

1) 가맹본부가 가맹점사업자에게 가맹본부 또는 가맹본부가 지정한 자와 거래할 것을 강제 또는 권장할 경우 그 강제 또는 권장의 대상이 되는 품목, 품목별 차액가맹금 수취 여부 및 공정거래위원회 고시로 정하는 주요 품목별 직전 사업연도 공급가격의 상·하한[가맹본부가 직접 공급하는 품목과 가맹본부가 지정한 자가 공급하는 품목을 구분하여 기재한다. 다만, 가맹사업이 소매업(편의점 등 소비자에 대해 각종 잡화를 종합적으로 판매하는 업종을 의미한다)에 해당하거나 차액가맹금을 수취하지 않는 경우에는 해당 정보의 기재를 생략할 수 있다]

2) 가맹본부가 가맹점사업자에게 가맹본부 또는 가맹본부가 지정한 자로부터 구입하도록 강제한 것과 관련하여 가맹본부의 특수관계인이 경제적 이익을 취하고 있는 경우 해당 특수관계인의 명칭, 가맹본부와 특수관계인 간 관계의 내용, 경제적 이익의 대

상이 되는 상품 또는 용역의 명칭, 그 직전 사업연도에 해당 특수관계인에게 귀속된 경제적 이익의 내용(매출액, 임대수익 등을 의미하며, 정확한 금액이 산정되지 않는 경우에는 추정된 금액임을 밝히고 상한과 하한을 표시한다)

3) 가맹본부가 가맹점사업자에게 가맹본부 또는 가맹본부가 지정한 자와 거래할 것을 강제 또는 권장한 품목과 관련하여 가맹본부가 직전 사업연도에 납품업체, 용역업체 등으로부터 금전, 물품, 용역, 그 밖의 경제적 이익을 얻는 경우 해당 납품업체, 용역업체 등의 명칭, 그 경제적 이익의 내용[금전인 경우 판매장려금, 리베이트(rebate) 등 그 명칭에 관계없이 그 합계액을 기재하되, 정확한 금액이 산정되지 않는 경우에는 추정된 금액임을 밝혀 상한과 하한을 표시하고, 금전이 아닌 경우에는 해당 상품이나 용역의 명칭·수량 등을 기재한다. 이하 4)에서도 같다]

4) 가맹본부가 가맹점사업자에게 가맹본부의 특수관계인과 거래(특수관계인의 상품 또는 용역이 가맹점사업자에게 직접 공급되거나 제3의 업체를 매개로 공급되는 경우를 포함한다)할 것을 강제한 품목과 관련하여 특수관계인이 직전 사업연도에 납품업체, 용역업체 등으로부터 경제적 이익을 얻는 경우 해당 납품업체, 용역업체 등의 명칭, 그 경제적 이익의 내용

나. 삭제 <2018.4.3.>

다. 삭제 <2014.2.11.>

라. 상품 또는 용역, 거래상대방 및 가맹점사업자의 가격 결정을 제한하는 경우 이에 관한 상세한 내용

1) 가맹점사업자에게 지정된 상품 또는 용역만을 판매하도록 제한할 필요가 있는 경우에는 그 제한내용

2) 가맹점사업자의 거래상대방에 따라 상품 또는 용역의 판매를 제한할 필요가 있는 경우에는 그 제한내용

3) 가맹점사업자가 판매하는 상품 또는 용역의 가격을 정하여 이에 따르도록 권장하거나, 가맹점사업자가 판매가격을 결정·변경하기 전에 가맹본부와 협의할 필요가 있는 경우에는 그 제한내용

마. 가맹점사업자의 영업지역을 보호하기 위한 구체적인 내용

1) 법 제12조의4에 따라 가맹계약 체결 시 가맹점사업자의 영업지역을 설정하여 가맹계약서에 적는다는 사실과 가맹계약기간 중에는 정당한 사유 없이 가맹점사업자의 영업지역에서 동일한 업종의 직영점·가맹점(가맹본부 또는 그 계열회사가 운영하는 직영점·가맹점으로 한정한다)을 설치하지 아니한다는 사실(가맹본부 또는 그 계열회사가 보유하고 있는 영업표지 중 해당 가맹사업과 동일한 업종의 영업표지가 존재하는 경우 그 영업표지도 함께 적는다)

2) 영업지역의 설정 기준

3) 가맹계약 갱신과정에서 영업지역을 재조정할 수 있는 사유 및 영업지역을 재조정하는 경우에 가맹점사업자에게 미리 알리는 절차와 동의를 받는 방법

4) 가맹점사업자가 가맹본부로부터 보장받는 영업지역 밖의 고객에게 상품 및 용역을 판매하는 데 따르는 제한

5) 가맹본부가 가맹점사업자의 영업지역 내에서 대리점, 다른 영업표지를 사용한 가맹점 등을 통하여 가맹점사업자가 거래하는 상품이나 용역과 동일하거나 유사하여 대체재 관계에 놓일 수 있는 상품이나 용역을 거래하고 있는 경우 이에 관한 내용

6) 가맹본부가 온라인, 홈쇼핑, 전화권유판매 등을 통하여 가맹점사업자가 거래하는 상품이나 용역과 동일하거나 유사하여 대체재 관계에 놓일 수 있는 상품이나 용역을 거래하고 있는 경우 이에 관한 내용

7) 그 밖에 영업지역에 관한 내용

바. 계약기간, 계약의 갱신·연장·종료·해지 및 수정에 관한 상세한 내용

   1) 가맹계약의 기간(계약 갱신 기간을 포함하며, 여러 가지의 기간 이 있으면 모두 기재한다)

   2) 계약 갱신 거절 사유

   3) 계약 연장이나 재계약에 필요한 절차

   4) 계약 종료, 해지 사유 및 그 절차(가맹본부 및 가맹점사업자의 권리를 각각 기재한다)

   5) 계약 수정의 사유, 사전 통보 여부 및 동의 절차

사. 가맹점운영권의 환매·양도·상속 및 대리행사, 경업금지, 영업시간 제한, 가맹본부의 관리·감독 등에 관한 상세한 내용

   1) 가맹점운영권의 환매 및 양도에 필요한 절차

   2) 가맹점운영을 대행하거나 위탁할 수 있는지와 그에 필요한 요건

   3) 가맹점사업자의 경업금지 범위(경업금지 기간, 업종, 지역을 기 재한다)

   4) 영업시간 및 영업일수 등의 제한에 대한 내용

   5) 가맹점사업자가 고용하도록 권장되는 종업원 수 및 가맹점사업 자가 직접 영업장에서 근무해야 하는지 여부

   6) 가맹본부가 가맹점사업자의 영업장을 관리·감독하는지와 관리· 감독하는 항목

아. 광고 및 판촉 활동

   1) 광고의 목적(상품광고인지 가맹점 모집광고인지 등)에 따른 가 맹본부와 가맹점사업자의 비용분담 기준

   2) 가맹점사업자가 가맹본부와 별개로 광고 및 판촉을 하려는 경우 에 필요한 조건 및 절차

자. 해당 가맹사업의 영업비밀 보호 등에 관한 내용(가맹점사업자가 누 설하지 아니하여야 할 영업비밀의 범위 및 그 기간을 포함한다)

차. 가맹계약 위반으로 인한 손해배상에 관한 사항

7. 가맹사업의 영업 개시에 관한 상세한 절차와 소요기간

　가. 가맹계약 체결을 위한 상담·협의 과정에서부터 가맹점 영업 개시까지 필요한 절차(시간 순서대로 기재하되 변호사나 가맹거래사의 자문을 받는 방법을 포함한다)

　나. 각 절차에 걸리는 기간(기간이 늘어날 수 있다는 점과 그 사유를 기재하되, 정확한 기간이 산정되지 아니하는 경우에는 추정된 기간임을 밝히고 상한과 하한을 포함한 구간으로 표시한다)

　다. 각 절차에 드는 비용(절차별로 구체적으로 기재하되, 정확한 비용이 산정되지 아니하는 경우에는 추정된 비용임을 밝히고 상한과 하한을 포함한 구간으로 표시한다)

　라. 가맹계약 체결 이후 일어날 수 있는 분쟁의 해결 절차

8. 가맹본부의 경영 및 영업활동 등에 대한 지원(지원사항이 없는 경우에는 그 사실을 적는다)

　가. 가맹점사업자의 점포환경개선 시 가맹본부의 비용지원에 관한 사항(법 제12조의2제2항에 따라 의무적으로 지급하여야 하는 최소한의 비용을 지급하는 경우라도 해당 내용을 적는다)

　나. 판매촉진행사 시 인력지원 등 가맹본부가 지원하는 사항이 있는 경우 그 구체적 내용

　다. 가맹본부가 가맹점사업자의 경영활동에 대한 자문을 하는 경우 그 구체적 방식 및 내용

　라. 가맹본부가 가맹희망자 또는 가맹점사업자에게 직접 신용을 제공하거나 각종 금융기관의 신용 제공을 주선하는 경우에는 신용 제공에 대한 구체적 조건 및 신용 제공 금액

9. 교육·훈련에 대한 설명(교육·훈련 계획이 없는 경우에는 그 사실을 기재한다)

　가. 교육·훈련의 주요내용(집단 강의 및 실습 교육을 구분한다) 및 필수적 사항인지 여부

나. 가맹점사업자에게 제공되는 교육·훈련의 최소시간

다. 가맹점사업자가 부담하는 교육·훈련비용

라. 교육·훈련을 받아야 하는 주체(가맹점사업자가 자기 대신에 지정한 자도 교육·훈련을 받을 수 있는 경우에는 이를 기재한다)

마. 정기적이고 의무적으로 실시되는 교육·훈련에 가맹점사업자가 불참할 경우에 가맹본부로부터 받을 수 있는 불이익

정보공개서의 등록

가맹본부는 가맹희망자에게 제공할 정보공개서를 공정거래위원회에 등록해야 합니다(제6조의2 제1항). 또한 이미 등록한 정보공개서를 변경하려는 경우에도 다시 등록해야 합니다.

제6조의2【정보공개서의 등록 등】 ① 가맹본부는 가맹희망자에게 제공할 정보공개서를 대통령령으로 정하는 바에 따라 공정거래위원회 또는 특별시장·광역시장·특별자치시장·도지사·특별자치도지사(이하 "시·도지사"라 한다)에게 등록하여야 한다.

② 가맹본부는 제1항에 따라 등록한 정보공개서의 기재사항 중 대통령령으로 정하는 사항을 변경하려는 경우에는 대통령령으로 정하는 기한 이내에 공정거래위원회 또는 시·도지사에게 기재사항의 변경등록을 하여야 한다. 다만, 대통령령으로 정하는 경미한 사항을 변경하려는 경우에는 신고하여야 한다.

③ 공정거래위원회 및 시·도지사는 제1항 또는 제2항에 따라 등록·변경등록하거나 신고한 정보공개서를 공개하여야 한다. 다만, 「개인정보보호법」 제2조제1호에 따른 개인정보와 「부정경쟁방지 및 영업비밀보호에 관한 법률」 제2조제2호에 따른 영업비밀은 제외한다.

④ 공정거래위원회 및 시·도지사는 제3항에 따라 정보공개서를 공개하는 경우 해당 가맹본부에 공개하는 내용과 방법을 미리 통지하여야 하고, 사실과 다른 내용을 정정할 수 있는 기회를 주어야 한다.

⑤ 공정거래위원회는 제3항에 따른 정보공개서의 공개(시·도지사가 공개하는 경우를 포함한다)를 위하여 예산의 범위 안에서 가맹사업정보제공시스템을 구축·운용할 수 있다.

⑥ 그 밖에 정보공개서의 등록, 변경등록, 신고 및 공개의 방법과 절차는 대통령령으로 정한다.

가맹본부가 정보공개서를 신규등록하기 위해 필요한 서류와 절차는 법 시행령 제5조의2 제2항에 자세히 정해져 있습니다. 신규등록 신청서와 각종 서류들을 공정거래위원회에 제출함으로써 정보공개서를 등록하는 것이죠. 공정거래위원회 및 시·도지사는 가맹본부가 등록하거나 신고한 정보공개서를 공개해야 합니다. 다만 공공기관의 개인정보보호에 관한 법률사의 "개인정보[30]"와 부정경쟁방지 및 영업비밀보호에 관한 법률에 따른 "영업비밀[31]"은 제외합니다.

---

30 "개인정보"란 살아 있는 개인에 관한 정보로서 성명, 주민등록번호 및 영상 등을 통하여 개인을 알아볼 수 있는 정보(해당 정보만으로는 특정 개인을 알아볼 수 없더라도 다른 정보와 쉽게 결합하여 알아볼 수 있는 것을 포함한다)를 말한다.
31 "영업비밀"이란 공공연히 알려져 있지 아니하고 독립된 경제적 가치를 가지는 것으로서, 비밀로 관리된 생산방법, 판매방법, 그 밖에 영업활동에 유용한 기술상 또는 경영상의 정보를 말한다.

① 정보공개서[문서 형태의 정보공개서와 함께 정보통신망을 이용하여 전자적 파일을 제출하여야 한다]
② 바로 전 3개 사업연도의 재무상태표 및 손익계산서(가맹본부가 재무제표를 작성하지 아니하는 경우에는 바로 전 3개 사업연도의 매출액을 확인할 수 있는 서류)
③ 바로 전 사업연도 말 현재 운영 중인 직영점 및 가맹점 목록(대표자, 소재지, 가맹계약 체결일 및 전화번호를 기재하여야 한다)
④ 가맹계약서 양식 사본
⑤ 바로 전 사업연도 말 현재 근무 중인 임직원 수를 확인할 수 있는 서류
⑥ 그 밖에 정보공개서 내용과 관련 있는 서류로서 공정거래위원회 또는 시·도지사가 제출하도록 요구하는 서류

공정거래위원회는 정보공개서의 등록신청이 있으면 등록신청일로부터 30일 이내에 가맹본부에 정보공개서 등록증을 내주어야 합니다. 하지만 신청만 한다고 무조건 등록이 되는 것은 아니겠죠. 가맹본부가 허위정보를 제공하거나 중요한 정보를 누락시키는 경우 가맹희망자가 그 진위를 판가름하기 어렵기 때문에 등록제도를 통해 허위정보 제공 등 일정한 사유가 있을 경우 그 등록을 거부하도록 함으로써 정보공개제도의 실효성을 확보하도록 했습니다. 이 제도는 부실한 가맹본부의 난립으로 인한 가맹희망자, 가맹점사업자의 피해를 방지하는 기능을 합니다(제6조의 3).

제6조의3【정보공개서 등록의 거부 등】① 공정거래위원회 및 시·도지사는 제6조의2에 따른 정보공개서 등록 신청이 다음 각 호의 어느 하나에 해당하는 경우에는 정보공개서의 등록을 거부하거나 그 내용의 변경을 요구할 수 있다.

1. 정보공개서나 그 밖의 신청서류에 거짓이 있거나 필요한 내용을 적지 아니한 경우
2. 정보공개서에 기재된 가맹사업의 내용에 다른 법률에서 금지하고 있는 사항이 포함되어 있는 경우

② 공정거래위원회 및 시·도지사는 정보공개서의 등록을 하였을 때에는 가맹본부에게 등록증을 내주어야 한다.

일정한 경우에는 공정거래위원회 및 시·도지사가 가맹본부의 정보공개서의 등록을 취소할 수 있는데, 본사가 거짓이나 부정한 방법으로 정보공개서를 등록한 경우, 법률에서 금지한 사항을 포함시킨 경우, 중요사항이 누락된 경우, 폐업신고를 한 경우 등이 이에 해당합니다.

제6조의4【정보공개서 등록의 취소】① 공정거래위원회 및 시·도지사는 정보공개서가 다음 각 호의 어느 하나에 해당하는 경우에는 그 등록을 취소할 수 있다. 다만, 제1호 및 제2호에 해당하는 경우에는 등록을 취소하여야 한다.

1. 거짓이나 그 밖의 부정한 방법으로 정보공개서가 등록된 경우
2. 제6조의3제1항제2호에 해당하는 경우
3. 제2조제10호 각 목의 기재사항 중 대통령령으로 정하는 중요한 사항 (이하 "중요사항"이라 한다)이 누락된 경우

4. 가맹본부가 폐업 신고를 한 경우

5. 가맹본부가 정보공개서 등록취소를 요청하는 경우

② 공정거래위원회 및 시·도지사는 정보공개서 등록이 취소된 가맹본부의 명단을 공개할 수 있다.

가맹본부나 가맹중개인이 가맹희망제에게 정보공개서를 제공할 때에는 ① 가맹희망자에게 정보공개서를 직접 전달하거나, ② 내용증명[32] 우편으로 제공하거나, ③ 온라인(정보통신망)을 통해 공개하거나, ④ 이메일(전자우편)을 통해 전달하는 방법을 사용할 수 있습니다. 변경등록을 한 때에도 마찬가지입니다(시행령 제6조).

제6조【정보공개서의 제공 등】① 가맹본부(가맹지역본부 또는 가맹중개인이 가맹점사업자를 모집하는 경우를 포함한다. 이하 같다)는 법 제7조제1항에 따라 가맹희망자에게 정보공개서를 제공할 경우에는 다음 각 호의 어느 하나에 해당하는 방법에 따라야 한다. 다만, 제3호 및 제4호의 경우에는 문서의 형태로 인쇄 또는 출력이 가능하도록 하는 조치를 취하여야 한다.

1. 가맹희망자에게 정보공개서를 직접 전달하는 방법. 이 경우 다음 각

---

32 발송인이 작성한 등본에 의하여 우체국에 '어떤' 내용의 문서를 '언제', '누구에게' 발송하였는지를 우체국장이 증명하는 제도를 합니다(우편법 시행규칙 제46조). 내용증명 우편을 보내기 위해서는 똑같은 내용의 문서 3통이 필요합니다. 3통 중 1통은 우체국이, 1통은 발신자가, 나머지 1통을 수신자에게 발송함으로써 해당 내용의 문서가 발송되었음을 증명합니다. 내용증명은 해당 내용의 문서를 해당 날짜에 보냈다는 것만 증명할 수 있을 뿐, 우편 안에 담긴 내용이 진실인지 여부는 담보하지 않습니다.

목의 모든 사항을 적은 서면을 작성(가목부터 다목까지의 사항은 가맹희망자가 자필로 작성하는 것을 말한다)하여 가맹희망자에게 주어야 한다.

　가. 정보공개서를 제공받았다는 사실, 제공받은 일시 및 장소

　나. 가맹희망자의 성명·주소 및 전화번호

　다. 가맹희망자의 서명 또는 기명날인

　라. 가맹본부의 서명 또는 기명날인

2. 가맹희망자에게 정보공개서의 제공시점을 확인할 수 있는 내용증명 우편으로 제공하는 방법

3. 정보통신망을 이용하여 정보공개서의 내용을 게시한 후 게시사실을 가맹희망자에게 알리는 방법. 이 경우 가맹본부는 특정 가맹희망자가 정보공개서의 내용을 읽어 본 시간을 그 가맹희망자 및 가맹본부가 확인할 수 있는 시스템을 마련하여야 한다.

4. 가맹희망자의 전자우편 주소로 정보공개서의 내용이 포함된 전자적 파일을 보내는 방법. 이 경우 가맹본부는 전자우편의 발송시간과 수신시간의 확인이 가능한 방법으로 하여야 한다.

② 가맹본부는 제1항의 규정에 불구하고 가맹희망자의 편의를 위하여 필요하다고 인정하는 때에는 정보공개사항의 일부에 관하여 별도의 문서(이하 "설명서"라 한다)를 작성하여 이를 제공할 수 있다. 이 경우 설명서에 수록되는 정보공개사항의 목차는 정보공개서에 수록하여야 한다.

③ 가맹본부는 정보공개서를 제공한 후 가맹계약 체결 전에 중요사항이 변경된 경우에는 변경된 내용을 제1항 각 호의 어느 하나에 해당하는 방법으로 가맹희망자에게 지체 없이 알려야 한다.

　가맹본부는 등록된 정보공개서를 가맹희망자에게 제공하지 못했거나, 정보공개서를 제공한 날부터 14일(가맹희망자가 정보공개서에 대해 변호사나 가맹거래사의 자문을 받은 경우에는 7일)이 지나지 않은 경우

에는 가맹희망자로부터 가맹금을 수령하거나 가맹계약을 체결하는 행위를 할 수 없습니다(제7조 제3항).

여기서 "가맹금을 수령하는 행위"로 보는 날은 가맹희망자가 가맹금을 예치기관에 최초로 예치한 날 또는 최초로 예치하기로 가맹본부와 합의한 날입니다(제7조 제3항). 이를 위반하여 가맹본부가 가맹금을 수령하거나 가맹계약을 체결한 경우에는 시정조치 및 과징금처분을 받을 수 있고, 2년 이하의 징역 또는 5천만 원 이하의 벌금에 처해집니다(제33조 제1항, 제35조 및 제41조 제3항 제2호).

금지되는 정보 제공행위
– 허위 · 과장된 정보 등의 제공금지

가맹본부는 가맹희망자에게 정보를 제공할 때 허위 · 과장의 정보제공행위나 기만적인 정보제공행위를 해서는 안 됩니다. 허위 · 과장의 정보제공행위는 사실과 다르게 정보를 제공하거나 사실을 부풀려 정보를 제공하는 행위를 말하고, 기만적 정보 제공행위는 계약의 체결 · 유지에 중대한 영향을 미치는 사실을 은폐하거나 축소하는 방법으로 정보를 제공하는 행위를 뜻합니다(제9조 제1항, 제2항, 시행령 제8조). 쉽게 말하면, 거짓말하면 안 돼. 과장하면 안 돼. 축소하면 안 돼. 의도적으로 정보를 알려주지 않아도 안 돼. 라는 것이죠.

금지되는 허위 · 과장 정보제공행위의 유형은 아래와 같습니다.

① 객관적인 근거 없이 가맹희망자의 예상수익상황을 과장하여 제공하거나 사실과 다르게 가맹본부가 최저수익 등을 보장하는 것처럼 정보를 제공하는 행위
② 가맹희망자의 점포 예정지 상권의 분석 등과 관련하여 사실 여부가 확인되지 않은 정보를 제공하는 행위
③ 가맹본부가 취득하지 않은 지식재산권을 취득한 것처럼 정보를 제공하는 행위
④ 위의 행위와 같이 사실과 다르게 또는 사실을 부풀려 정보를 제공하는 행위로서 공정거래위원회가 정하여 고시하는 행위

이어서 기만 정보제공행위의 유형입니다.

① 중요사항을 적지 않은 정보공개서를 가맹희망자에게 제공하는 행위
② 가맹본부가 가맹점사업자에게 지원하는 금전, 상품 또는 용역 등이 일정 요건이 충족되는 경우에만 지원됨에도 불구하고 마치 모든 경우에 지원되는 것처럼 정보를 제공하는 행위
③ 위의 행위와 같이 계약의 체결·유지에 중대한 영향을 미치는 사실을 은폐하거나 축소하는 방법으로 정보를 제공하는 행위로서 공정거래위원회가 정하여 고시하는 행위

가맹본부가 가맹희망자에게 허위·과장의 정보제공행위나 기만적인 정보제공행위를 한 경우에는 5년 이하의 징역 또는 3억 원 이하의 벌금에 처해집니다(제41조 제1항).
사례를 통해 좀 더 자세히 알아보겠습니다.

- 학원의 설립·운영 및 과외교습에 관한 법률(학원법)상 등록절차 없이 평생교육시설로 신고하는 등의 방법으로 개설된 유아 대상 교육기관들은 2007. 3. 23. 개정된 학원법 시행령에 의하여 소정의 유예기간이 경과한 후에는 학원으로 등록하여 운영하여야 한다.
- 甲은 유아 대상 교육기관인 교육원을 평생교육원으로 신고하고, 수익사업을 하지 않는 비영리법인에 대한 고유번호증 또는 면세법인사업자에 대한 사업자등록증을 받아 교육원을 운영하였다.
- 乙은 甲과 가맹계약을 체결하고 ××교육원을 운영하였다.
- 甲은 가맹계약 체결 당시 및 당사의 운영방식과 이러한 운영방식은 현행 관련 법령 및 교육청 방침에 위배되는 것이어서 발각될 경우 행정적 제재나 형사처벌을 받을 수 있다는 사정 등을 고의로 고지하지 않았다.
- 乙은 교육원이 적법하게 운영될 것이라고 믿고 이 사건 가맹계약을 체결하였다.
- 乙은 교육원을 운영하던 중 위와 같은 사실을 알았고, 해당 행위가 가맹사업의 '중요사항을 누락한 경우'에 해당한다고 하여 甲에게 불법행위로 인한 손해배상 청구를 하였다.

이 사안은 가맹본부가 가맹희망자에게 불법적인 방법으로 해당 가맹사업을 운영하고 있다는 사실을 전혀 고지하지 않은 사례입니다. 가맹희망자는 본사가 현행 운영방식에 문제가 있고, 행정적 제재나 형상처벌을 받을 가능성이 있다는 사실을 전혀 고지하지 않았기 때문에 아무런 문제 없이 가맹사업을 할 수 있을 것으로 신뢰하였지요. 추후 이런 사실을 알게 되어 민사상 손해배상을 청구하였는데, 사실 이것은 형사상 처벌이 가능한 사기죄도 성립할 수 있는 매우 잘못된 행위입니다. 반드시 알아야 할 것을 일부러 알려주지 않거나, 의도적으로 속이는 경우에는 사기죄의 요건인 기망행위가 될 수 있습니다.[33] 지금은 형법시간이 아니니 甲을 사기로 고소하는 건 잠시 제쳐두고, 甲의 행위가 가맹사업법상 허위·과장정보제공행위가 될 수 있는지만 보도록 하지요. 법원은 본 사안을 이렇게 판단했습니다.

- 가맹사업법의 내용을 종합하면, 가맹사업법 제9조 제1항의 중요사항을 누락한 경우라 함은 가맹계약의 체결과 유지 등 가맹희망자의 의사결정에 중대한 영향을 줄 수 있는 사실 또는 가맹희망자가 일정한 사정에 관하여 고지를 받았더라면 가맹계약을 체결하지 않았을 것임이 경험칙상 명백한 경우 그와 같은 사정 등을 가맹계약을 체결하기 위하여 상담하거나 협의하는 단계에서 가맹희망자에게 고지하지 아니한 경우를 의미한다.
- 그리고 이러한 행위는 가맹사업법 제9조 제1항에 따른 정보제공의무 내지 고지의무를 위반한 것으로서, 가맹본부는 가맹희망자에 대하여 가맹사업법 및 공정거래에 관한법률에 의한 손해배상책임을 부담한다.
- 불법행위로 인한 손해배상사건에서 피해자에게 손해의 발생이나 확대에 관하여 과실이 있거나 가해자의 책임을 제한할 사유가 있는 경우에는 배상책임의 범위를 정할 때 당연히 이를 참작하여야 할 것이나, 과실상계 또는 책임제한사유에 관한 사실인정이나 그 비율을 정하는 것은 그것이 형평의 원칙에 비추어 현저히 불합리하다고 인정되지 아니하는 한 사실심의 전권사항에 속한다(대법원 2012.10.11.선고 2010다42532판결 등 참조).

---

33 사실을 고지하지 아니함으로써 상대방이 착오에 빠진 상태를 계속시키고 이것을 이용하는 경우에 부작위에 의한 기망이 성립합니다. 또한 거래상 중요한 사항에 관하여 구체적 사실을 거래상의 신의와 성실의 의무에 비추어 비난받을 정도의 방법으로 허위로 고지하였을 경우에는 기망행위로 인정될 수 있습니다(대법원 2004. 1. 15. 선고 2003도5728 판결, 대법원 2007. 1. 25. 선고 2004도45 판결).

- 원심[34]판결 이유를 위 법리와 기록에 비추어 살펴보면, 원심이 乙의 손해의 발생이나 그 확대에 乙의 과실도 어느 정도 인정된다는 등의 이유로 甲의 乙에 대한 손해배상책임을 70%로 제한한 것은 정당하다.

법원은 가맹사업법이 금지하는 허위·과장 정보제공행위의 하나로 인정되는 '중요사항을 누락한 경우'를 ① 가맹계약의 체결과 유지와 같이 가맹희망자의 의사결정에 중대한 영향을 줄 수 있는 사실이나, ② 가맹희망자가 일정한 사정에 관하여 고지를 받았더라면 가맹계약을 체결하지 않았을 것임이 명백한 경우에 이러한 사정을 가맹계약을 체결하기 위하여 상담하거나 협의하는 단계에서 가맹희망자에게 고지하지 아니한 경우를 의미한다고 보았습니다.

그리고 이러한 행위는 가맹사업법상의 정보제공의무를 위반한 것으로서 손해배상책임을 부담한다고 판단했지요. 하지만 乙에게도 가맹계약을 체결하면서 운영방식에 불법이 존재하고, 형사처벌 등 제재를 받을 수도 있다는 점을 제대로 잘 알아보지 않은 과실이 인정된다고 하였습니다.

내용이 많지요. 정보공개서는 그만큼 중요합니다. 조금 힘들어도 허투루 넘기지 말고 집중하자구요. 저도 잠시 숨 좀 고르고 오겠습니다.

---

34 우리나라는 3심의 심급제도를 채택하고 있습니다. 다시 말해, 3번의 재판받을 기회를 보장해 주는 것인데, 1심(지방법원의 단독판사)-2심(지방법원의 합의부)-3심(대법원) 혹은 1심(지방법원의 합의부)-2심(고등법원)-3심(대법원)으로 구성됩니다. 이때 2심 법원인 고등법원이나 지방법원 합의부는 1심에 대해서 상급심이 되고, 3심 법원인 대법원은 2심 법원의 상급심이 됩니다. 이 같은 상급심은 하급심의 재판에 대한 불복이 있어야 진행되므로 판결을 선고할 때 원 판결내용을 다루게 되는데, 이를 보통 '원심'이라 표현합니다. 사안은 대법원 판결문이므로, '원심'이라 함은 2심의 판결 내용을 말하는 것이지요.

정보의 서면제공의무

계속 갑시다. 가맹본부는 가맹희망자나 가맹점사업자에게 가맹사업의 중요한 정보를 서면으로 제공할 의무가 있습니다(제9조 제3항).

① 가맹희망자의 예상매출액·수익·매출총이익·순이익 등 장래의 예상수익상황에 관한 정보
② 가맹점사업자의 매출액·수익·매출총이익·순이익 등 과거의 수익상황이나 장래의 예상수익상황에 관한 정보

또한 중소기업이 아니거나, 가맹점사업자의 수가 100 이상인 가맹본부는 가맹계약을 체결할 때 가맹희망자에게 예상매출액의 범위 및 그 산출 근거를 서면으로 보여주어야 합니다. 이를 '예상매출액 산정서'라고 합니다(제9조 제5항, 시행령 제9조 제5항).

이때, 예상매출액의 범위는 가맹희망자의 점포 예정지에서 영업 개시일부터 1년간 발생할 것으로 예상되는 매출액의 최저액과 최고액으로 획정된 범위를 말합니다. 이 경우 그 매출액의 최고액은 그 매출액의 최저액의 1.7배를 초과할 수 없습니다(시행령 제9조 제3항). 가맹본부에게는 위 예산매출액 산정서를 가맹계약 체결일로부터 5년간 보관해야 할 의무가 주어집니다(제9조 제6항).

가맹본부가 가맹희망자에게 해당 정보를 제공하는 경우에는 그 정보의 산출근거가 되는 아래 자료를 가맹본부의 사무소에 비치해야 합니다(제9조 제4항, 시행령 제9조 제1항).

① 현재수익 또는 예상수익의 산출에 사용된 사실적인 근거와 예측에 관한 자료
② 현재수익 또는 예상수익의 산출근거가 되는 가맹사업의 점포(직영점과 가맹점을 포함)의 수와 그 비율
③ 최근의 일정기간 동안에 가맹본부나 가맹중개인이 표시 또는 설명하는 현재수익 또는 예상수익과 같은 수준의 수익을 올리는 가맹점사업자의 수와 그 비율(최근의 일정기간에 대하여는 시작하는 날짜와 끝나는 날짜를 표시해야 함)

가맹희망자나 가맹점사업자는 가맹본부의 영업시간 중에 언제든지 비치된 자료를 열람할 수 있습니다(제9조 제4항).

가맹본부가 가맹희망자나 가맹점사업자에게 서면으로 일정한 정보를 제공하지 않은 경우 및 열람할 수 있는 자료를 비치하지 않거나 자료요구에 응하지 아니한 경우에는 1천만 원 이하의 과태료가 부과됩니다(제43조 제6항 제2호 및 제3호).

우리 법은 이처럼 정보공개서를 가맹계약을 체결하기 전에 미리 제공하도록 하고 있습니다. 이건 가맹희망자에게 "가맹계약을 체결하기 전에 잠깐 스톱. 계약을 하더라도 프랜차이즈 사업과 본사에 대한 최소한의 정보는 좀 알고 가야 하지 않겠니"라는 채근이지요.

김대리 역시 마찬가지입니다. 무턱대고 먹고날드에 가맹신청을 했지만 우청황심원 덕분에 잠시 숨을 고를 기회를 얻었습니다. 그리고 이팀장을 만나 정보공개서를 확인했지요. 하지만 이팀장은 "정보공개서도 안 보고 가입신청을 했다구요?"라고 나무라지 않습니다. 착하니까요. 이제부터라도 알고 가면 됩니다. 최대한 자세히 설명해 줍니다.

김대리가 이팀장의 말을 끊었습니다. 사춘기는 이미 지났는데 별 안간 삐딱선을 탑니다. "정보공개서에 가맹사업에 중요한 내용을 기재하고 이를 등록하도록 하며 경우에 따라 등록을 거부하거나 취소할 수 있다는 것은 알겠는데, 그래도 마음만 먹으면 거짓말할 수 있는 거 아닌가요?"

물론 그렇습니다. 정보공개서의 등록, 취소제도를 통해 정보공개서의 기재내용을 확인하고, 사실과 다를 경우 등록을 거부하거나 사후에 취소하도록 하고 있지만, 공정거래위원회의 정보공개서 심사는 형식심사이기 때문에 가맹본부가 정보공개사항을 모두 기재한 경우에는 원칙적으로 등록이 이루어집니다. 즉, 공정거래위원회의 심사는 그 등록된 내용의 진실성을 심사하고 담보하는 것은 아니므로 정보공개서의 내용을 전적으로 믿고 계약을 체결한 가맹희망자의 피해가능성은 여전히 병존하는 것입니다.

이팀장은 대답합니다. "김대리님처럼 정보공개서의 내용을 신뢰할 수 없거나 의심쩍어 하는 사람이 많습니다. 새로운 사업을 시작하는 건데 당연히 그래야지요. 이 경우에는 주의의 가맹점이나 장래의 지점 예정지에서 가까운 지점, 본사 직영점 등을 직접 방문하셔서 실사를 해볼 필요가 있습니다. 가맹본부는 가맹희망자에게 정보공개서와 함께 장래 점포 예정지에서 가장 가까운 체인점 10개의 상호, 대표자의 이름, 소재지 및 전화번호가 적힌 문서를 제공해야 합니다.[35] 여기 제가 그 리스트를 가져 왔습니다. 먼저 창업을 한 사람에

---

[35] 가맹본부는 가맹희망자에게 정보공개서를 제공할 경우에는 가맹희망자의 장래 점포 예정지에서 가장 인접한 가맹점 10개(정보공개서를 제공하는 시점에 가맹희망

게 가맹본부가 약속한 대로 사업이 진행되고 있는지, 수익은 어떤지, 손님은 많은지 꼬치꼬치 물어보십시오. 많은 돈이 왔다갔다하는 마당에 얼굴 팔리는 게 두려운 일은 아니지요. 물론 안 가르쳐 줄 수도 있습니다. 그래도 끈질기게 들이대보세요. 김대리님이 이런 걸 무서워할 사람처럼 보이지 않습니다만…… 그래도 불안하다구요? 그래서 전문가인 제가 오지 않았습니까. 가맹본부의 신뢰도, 점포입지, 사업전망, 수익성을 이제 막 말씀드릴 참이었습니다."

참고 **정보공개서의 열람**

정보공개서는 공정거래위원회 가맹사업거래 홈페이지(http://franchise.ftc.go.kr)에서 확인할 수 있습니다. (정보공개서 > 정보공개서열람)

* 공정거래위원회 가맹사업거래 사이트 - 메인화면

자의 장래 점포 예정지가 속한 광역지방자치단체에서 영업 중인 가맹점의 수가 10개 미만인 경우에는 해당 광역지방자치단체 내의 가맹점 전체)의 상호, 소재지 및 전화번호가 적힌 문서를 함께 제공해야 합니다(제7조 제2항 본문). 다만, 가맹본부가 가맹희망자에게 정보공개서를 제공할 때 장래 점포예정지가 확정되지 않은 경우에는 확정되는 즉시 제공해야 합니다(제7조 제2항 단서).

정보공개서 메뉴에 마우스를 대면 '정보공개서 열람'이라는 항목이 나타납니다. 이걸 클릭해 봅시다.

* 공정거래위원회 가맹사업거래 사이트 – 정보공개서 열람페이지

위 화면을 보면 검색조건이라고 되어 있는 상자가 있습니다. 여기에서 영업표지, 상호, 대표자명, 등록번호 등으로 검색조건을 선택할 수 있고 업종도 외식, 도소매, 서비스(대분류)로 한정하거나 한식, 중식, 편의점, 교육 등으로 세분화(중분류)할 수 있습니다.

갑자기 배가 고파지네요. 밤에는 치맥이죠? '치킨'이라는 상호를 쓰는 프랜차이즈를 한번 검색해 보겠습니다.

* 공정거래위원회 가맹사업거래 사이트 – 상호검색 '치킨'

상호에 '치킨'이 포함된 프랜차이즈들이 나열됩니다. 세상에 우리나라에 이렇게나 많은 치킨 가맹이 있었네요. 경쟁에 뒤처지지 않으려면 평소에 치킨 튀기는 법 연습 좀 해놔야겠습니다. 컴퓨터를 켠 김에 하나 클릭해 봅시다. 저는 '삼통치킨'을 선택했습니다.

- 가맹본부의 일반 현황

· 가맹본부 일반 현황

상호	영업표지	대표자	업종
(주)삼통치킨	삼통치킨	김병곤	치킨
법인설립등기일	**사업자등록일**	**대표번호**	**대표팩스 번호**
2009.08.21	2009.08.21	02 - 927 - 3322	02 - 927 - 3328
등록번호	**최초등록일**	**최종등록일**	
20090100369	2009.08.12	2019.09.27	

주소	우 11903 경기도 구리시 갈매길 125 2층 (갈매동)				
사업자유형	법인	법인등록번호	110111 - 4163989	사업자등록번호	209 - 81 - 49443

· 가맹본부 재무상황
단위: (천원)

연도	자산	부채	자본	매출액	영업이익	당기순이익
2018	56,822	39,852	16,970	121,606	-3,702	-1,144
2017	55,840	37,727	18,113	143,904	7,241	7,239
2016	56,515	45,641	10,874	116,737	-9,031	-9,054

· 가맹사업 임직원수
단위 (명)

연도	임원수	직원수
2018	3	3

· 가맹본부 브랜드 및 가맹사업 계열사 수
단위 (개)

브랜드 수	가맹사업 계열사 수
1	0

* 공정거래위원회 가맹사업거래 사이트 – '삼통치킨' 가맹본부의 일반 현황

가맹본부의 일반현황이라는 표제로 상호와 영업표지, 대표자, 업종, 법인설립등기일, 사업자등록일, 대표번호나 등록번호가 기재되어 있네요. 본사 주소와 가맹사업을 전담하는 임직원의 수도 알 수 있습니다. 하지만 우리가 좀 더 주목해야 할 것은 돈은 잘 벌고 있는지, 장사는 잘 되고 있는지에 관한 것이겠죠. 재무상황을 보면 직전 3개연도의 자산, 부채, 자본, 매출액, 영업이익, 당기순이익을 확인할 수 있습니다. 저는 숫자에 약하니 재무건전성이나 사업성에 관한 분석은 이팀장에게 맡기고 일단 좀 더 내려보겠습니다. 이런 걸 업무분장이라고 하지요?

─ 가맹본부의 가맹사업 현황

· 가맹사업 개시일

가맹사업 개시일	1998.07.20

· 가맹점 및 직영점 현황

단위 (개)

지역	2018년			2017년			2016년		
	전체	가맹점수	직영점수	전체	가맹점수	직영점수	전체	가맹점수	직영점수
전체	28	28	0	28	28	0	33	33	0
서울	18	18	0	17	17	0	19	19	0
부산	0	0	0	0	0	0	0	0	0
대구	0	0	0	0	0	0	0	0	0
인천	0	0	0	0	0	0	0	0	0
광주	0	0	0	0	0	0	0	0	0
대전	0	0	0	0	0	0	0	0	0
울산	0	0	0	0	0	0	0	0	0
세종	0	0	0	0	0	0	0	0	0
경기	7	7	0	7	7	0	10	10	0
강원	0	0	0	1	1	0	1	1	0
충북	2	2	0	2	2	0	2	2	0
충남	0	0	0	0	0	0	0	0	0
전북	1	1	0	1	1	0	1	1	0
전남	0	0	0	0	0	0	0	0	0
경북	0	0	0	0	0	0	0	0	0
경남	0	0	0	0	0	0	0	0	0
제주	0	0	0	0	0	0	0	0	0

* 공정거래위원회 가맹사업거래 사이트 – '삼통치킨' 가맹본부의 가맹사업 현황(1)〉

· 가맹점 변동 현황

단위 (개)

연도	신규개점	계약종료	계약해지	명의변경
2018	1	1	0	0
2017	2	0	7	1
2016	2	0	7	1

· 가맹점사업자의 평균 매출액 및 면적(3.3㎡)당 매출액

단위 (개, 천원)

지역	2018년		
	가맹점수	평균매출액	면적(3.3㎡)당 평균매출액
전체	28	354,865	11,260
서울	18	373,127	10,524
부산	0		
대구	0		
인천	0		
광주	0		
대전	0		
울산	0		
세종	0		
경기	7	307,906	14,637
강원	0		
충북	2		
충남	0		
전북	1		
전남	0		
경북	0		

* 공정거래위원회 가맹사업거래 사이트 – '삼통치킨' 가맹본부의 가맹사업 현황(2)

· 가맹지역본부 수

가맹지역본부(지사,지역총괄)수	0 개

· 광고·판촉비 내역

단위 (천원)

연도	광고비	판촉비
2018	0	0

· 가맹금사업자의 부담금

형태	예치제, 보험
예치 가맹금	9,700

− 가맹본부와 그 임원의 법 위반 사실

· 최근 3년간 법 위반 사실

단위 (건)

공정거래위원회의 시정조치	민사소송 패소 및 민사상 화해	형의 선고	
0	0	0	

− 가맹점사업자의 부담

· 가맹점사업자의 부담금

단위 (천원)

가입비(가맹비)	교육비	보증금	기타비용	합계
5,500	2,200	2,000	67,100	76,800

· 인테리어 비용

단위 (천원)

단위면적(3.3㎡)당 인테리어 비용	기준점포면적(㎡)	인테리어 비용
1,650	66	33,000

* 공정거래위원회 가맹사업거래 사이트 − '삼통치킨' 가맹본부의 가맹사업 현황(3)

보시는 것처럼, 가맹사업을 언제 시작했는지, 현재 가맹점과 직영점은 몇 개나 있는지, 가맹점사업자의 평균 매출액 및 면적($3.3m^2$)당 매출액은 어떠한지, 가맹사업의 광고, 판촉비로 얼마를 사용했는지, 가맹금은 얼마나 내는지, 인테리어 비용은 얼마인지, 가맹본부와 임원의 법 위반 사실은 있는지의 여부까지. 생각보다 광범위하고 구체적인 내용들까지 자세히 나와 있지요.

이처럼 정보공개서는 가맹본부의 사업현황, 임원경력, 가맹점사업자의 부담, 영업활동의 조건, 가맹점사업자에 대한 교육·지도, 가맹계약의 해제·갱신 기타 해당 가맹사업에 관한 정보를 문서로 제공함으로써 가맹희망자로 하여금 해당 사업이나 투자정보에 관한 객관적인 판단을 할 수 있도록 합니다. 말씀드린 것처럼 가맹희망자들은 태생적으로 가맹본부에 비해 정보력이 미약하고, 획득한 정보의 공신력이나 양에서도 의문을 가질 수밖에 없는데, 이런 상황에서 정보공개서는 가맹 점주들이 더욱더 합리적인 판단을 할 수 있도록 선택의 폭을 넓혀주는 역할을 합니다.

가령, 가맹 본사가 설립된 이후 얼마나 오래 사업을 지속하고 있고, 얼마나 많은 수의 가맹점을 유치해 왔으며, 또 얼마만큼의 가맹점들이 폐업(가맹해지)을 하였는지 여부는 가맹계약 체결에서 중요한 요인이 됩니다. 만약 프랜차이즈의 가맹점 수가 그리 많지 않더라도, 가맹계약 해지 건수가 거의 없고, 가맹 사업이 오랜 기간 유지되고 있다면 해당 프랜차이즈가 시장에서 어느 정도 인정을 받고 있다고 봐도 무방하겠죠. 그 말은 곧 실패할 확률이 상대적으로 작다는 의미가 됩니다. 반대로 정보공개서상 가맹 계약해지의 건수가 동종업계의 수준보다 많다면 가맹본부의 브랜드가 대외적으로 인기가 많고 가맹사업이 확장되고 있다고 하더라도 보다 신중하게 가맹계약을 검토해야 합니다. 장사가 잘 되고 앞으로도 돈을 잘 벌 수 있는데 가맹계약을 해지할 가맹점사업자는 별로 없을 테니까요. 이런 의문이 생긴다면 그 즉시 가맹본부에 질문하고 확인하는 과정을 거쳐야 합니다. 다시 말하지만, 하려면 제대로 해야 하니까요.

여기까지가 우리 공부의 시작입니다. 시작이 반이라는 말이 있죠? 정말입니다. 우리 수업은 이제 출발선을 지났는데, 우리 책은 벌써 반환점을 향해 갑니다. 모든 사업이 그렇지만 프랜차이즈는 특히나 기초가 중요합니다. 가맹사업의 뜻과 가맹금의 의미, 정보공개서의 역할에 대해서 알았다면 이제 실전에 들어갈 차례입니다. 이제 책을 펼치며 던졌던 질문에 답을 달아볼까요.

> ☑ **형님하고, 저하고 둘이서 '맛이 좋아서 고깃집' 1, 2호점을 운영하고 있습니다. 이런 경우도 프랜차이즈라고 할 수 있나요?**

어떤가요? '맛이 좋아서 고깃집'은 1호점과 2호점이 있다는 사실만으로 가맹사업, 즉 프랜차이즈라고 볼 수는 없습니다. 제시된 사실관계만으로는 '형님하고 나하고'의 관계를 '가맹 본사(가맹본부)와 가맹회원(가맹점사업자) 간의 관계'로 볼 수 있는 징표가 없기 때문입니다. 앞서 우리는 가맹사업을 이렇게 정의했습니다.

"본사가 구축한 연맹에 돈을 주고 가입하여, 본사가 부여한 권리를 행사하고 통제를 받는다."

이걸 가맹사업법은 아래와 같이 표현하고 있었죠.

"가맹본부가 가맹점 사업자로 하여금 자기의 상표·서비스 표·상호·간판 그 밖의 영업표지를 사용하여 일정한 품질기준이나 영업방식에 따라 상품(원재료 및 부재료를 포함) 또는 용역을 판매하도록 함과 아울러 이에 따른 경영 및 영업활동 등에 대한 지원·교육과 통제를 하며, 가맹점 사업자는 영업표지의 사용과 경영 및 영업활동 등에 대한 지원·교육의 대가로 가맹본부에 가맹금을 지급하는 계속적인 거래관계"

저와 형님은 서로 가맹금을 주고받지도, 가맹 계약을 체결하지도, 가맹 본사가 가맹지점의 경영이나 영업활동을 통제하는 지표도 전혀 보이지 않습니다. 사실 누가 본부인지 누가 가맹점사업자인지도 알 수 없는 그냥 이름만 같은 두 개의 가게일 뿐이지요. 따라서 '맛이 좋아서 고깃집'은 가맹사업 법상 가맹사업이 아닙니다.

하지만 이 경우도 프랜차이즈, 가맹사업으로 발전할 수 있습니다. 형과 동생이 합심하여 '맛이 좋아서'를 독립적인 영업징표, 혹은 상표로 만들고, 자신들만의 영업 노하우를 접목해 영업방식, 메뉴를 개발하며, 이들을 판매하고자 마음먹는다면 함께 가맹본부를 차린 다음 가맹회원들을 모집할 수 있을 겁니다. 이런 사안에서는 형이 프랜차이즈 본부가 되고, 동생이 가맹점 1호가 되는 경우도 상정해볼 수 있습니다.

우리는 '장사하는 법'을 배우기 위한 긴 여정에 있습니다. 그러기 위해서 많은 장사치들이 선택한 프랜차이즈라는 사업의 의미와 제도, 이를 규율하는 법률에 대해 공부하고 있습니다. 지피지기면 백전백승. 적을 알아야 제대로 할 수 있으니까요.

또 우리가 굳이 프랜차이즈를 주제로 삼은 이유는, 자영업의 창업 형태 중 프랜차이즈 방식이 최근 성행하고 있는 유형이기 때문입니다. 가맹본부가 등록한 정보공개서를 토대로 분석해 보면, 2018년 전체 가맹사업 브랜드 수는 6,052개로 최초로 6천 개를 넘었으며, 가맹본부는 4,882개, 가맹점은 243,454개로, 각각 전년 대비 5.4% 증가했습니다.[36] 지난 5년간(2013년부터 2018년까지) 가맹본부·브랜

---

36 같은 기간 미국이 가맹본부 약 3,000개, 가맹점 745,290개, 일본이 가맹본부 1,339개, 가맹점 263,490개를 가지고 있다는 것과 비교하면 시장의 규모, 경제 인구 등을 감안할 때 괄목할 만한 수치와 증가세라고 할 수 있습니다(창업 프랜차이

드·가맹점 수는 지속적으로 증가해 가맹본부·브랜드는 1.64배, 가맹점은 1.27배 증가했습니다.[37]

맨땅에 헤딩하며 어렵게 장사를 시작하던 시대가 저물고, 프랜차이즈 본사와 전문가의 도움을 받아 자신의 가게를 열 수 있게 된 것이죠. 하지만 그럴수록 제대로 알고 준비해야 합니다. 시작이 쉬운 만큼 실패하기도 쉽습니다. 이제는 장사하려면 프랜차이즈 공부는 필수입니다.

즈 신문, 2019. 3. 12. '공정위, 2018년 말 기준 가맹산업현황', 임나경 참조). 바꿔 말하면 그만큼 경쟁이 치열하다는 의미도 됩니다.

37 스타트업투데이(http://www.startuptoday.kr), 2019. 2. 21. '[프랜차이즈 현황] 경제 어렵다는데…백종원 웃었다! 더본코리아, '국내 최다' 브랜드 보유', 임효정 참조.

2

CHAPTER 02

끝

끝

가맹계약 # 가맹사업 시 준수사항 #가맹거래의 기본원칙
불공정거래행위 # 분쟁의 해결 # 공정거래위원회

4. 가맹계약

 김대리는 이팀장으로부터 먹고날드 프랜차이즈의 가맹점 현황, 총매출, 가맹금의 규모를 들었고, 현재의 시장상황, 업계의 시장성, 먹고날드의 경쟁력, 장래 예상수익에 관한 나름대로의 분석도 전달받았습니다. 수타벅스를 떠나 집에 돌아와 이팀장이 전해준 정보공개서와 컨설팅 자료를 펼쳐놓습니다. 몇 번이나 다시 봤지만 사실 잘 이해되지 않습니다. 하지만 꼭 해야 할 것만 같습니다. '하루 종일 빅먹을 먹을 거야'라는 생각이 떠나지 않습니다. 전화가 울립니다. 먹고날드 본사네요. 숨 한 번 고르고 핸드폰을 듭니다. "아 예… 제가 전화를 드리려 했는데…" 전화기 너머에서 아리따운 목소리가 들립니다. 김대리는 다시 굳어버렸습니다.

"김대리님~ 계약은 언제 할까요?"

가맹희망자는 가맹본부와 가맹계약[1]을 체결함으로써 가맹점사업자가 됩니다. 가맹계약서에 도장을 찍는 순간부터 가맹본부의 상표, 서비스표, 상호, 간판을 사용하고 본사가 만든 제품이나 서비스, 용역을 판매할 권리를 얻게 되는 것이지요. 또 동시에 가맹본부에 가맹금을 지급할 의무도 생깁니다.

가맹계약자는 보통 가맹본부가 미리 만들어 온 가맹계약서[2]를 가지고 가맹계약을 체결하게 되는데, 가맹본부는 이러한 가맹계약서를 작성할 때 가맹계약자의 정당한 이익이나 합리적인 기대에 반하지 않고 형평에 맞도록 계약의 내용을 정해야 합니다(대법원 1994. 12. 9. 선고 93다43873 판결 참조).

우선 우리 법이 가맹계약을 어떻게 규율하고 있는지 한번 훑어봅시다.

---

1 둘 이상의 서로 대립하는 의사표시가 일치(합의)해 성립하는 법률행위를 말합니다. 서로 한 약속 중에 법적 구속력이 있는 것을 뜻한다고 보면 됩니다. 계약은 청약(Offer)과 승낙(Acceptance)으로 이루어지는 게 일반적입니다.

2 계약서와 같은 문서를 '처분문서'라고 부릅니다. 원칙적으로 계약은 의사표시의 합치만 있으면 성립하기 때문에, 계약서가 없더라도 그 계약은 효력이 있습니다. 따라서 말로만 한 계약(구두계약)도 계약이 됩니다. 그런데 분쟁이 생겼을 때 그 계약을 체결했다는 증거(녹취나 문자 등)가 없다면 계약의 효력이 사라질 수도 있습니다. 반면, 처분문서는 증명하고자 하는 행위(법률행위)가 문서 그 자체에 의해서 이루어지는 문서이기 때문에, 계약당사자가 서명, 날인을 했다면 그 자체로 해당 문서에 기재된 내용을 당사자들이 합의한 내용이라고 추정합니다. 계약서의 내용이 분쟁해결의 기준이 되는 것이죠. 어때요. 어떤 계약을 하든 계약서를 꼭 써야하겠죠?

제2조【정의】

9. "가맹계약서"라 함은 가맹사업의 구체적 내용과 조건 등에 있어 가맹본부 또는 가맹점사업자(이하 "가맹사업당사자"라 한다)의 권리와 의무에 관한 사항(특수한 거래조건이나 유의사항이 있는 경우에는 이를 포함한다)을 기재한 문서를 말한다.

제11조【가맹계약서의 기재사항 등】 ① 가맹본부는 가맹희망자가 가맹계약의 내용을 미리 이해할 수 있도록 제2항 각 호의 사항이 적힌 문서를 가맹희망자에게 제공한 날부터 14일이 지나지 아니한 경우에는 다음 각 호의 어느 하나에 해당하는 행위를 하여서는 아니 된다.

1. 가맹희망자로부터 가맹금을 수령하는 행위. 이 경우 가맹희망자가 예치기관에 예치가맹금을 예치하는 때에는 최초로 예치한 날(가맹희망자가 최초로 가맹금을 예치하기로 가맹본부와 합의한 날이 있는 경우에는 그 날)에 가맹금을 수령한 것으로 본다.

2. 가맹희망자와 가맹계약을 체결하는 행위

② 가맹계약서는 다음 각 호의 사항을 포함하여야 한다.

1. 영업표지의 사용권 부여에 관한 사항

2. 가맹점사업자의 영업활동 조건에 관한 사항

3. 가맹점사업자에 대한 교육·훈련, 경영지도에 관한 사항

4. 가맹금 등의 지급에 관한 사항

5. 영업지역의 설정에 관한 사항

6. 계약기간에 관한 사항

7. 영업의 양도에 관한 사항

8. 계약해지의 사유에 관한 사항

9. 가맹희망자 또는 가맹점사업자가 가맹계약을 체결한 날부터 2개월(가맹점사업자가 2개월 이전에 가맹사업을 개시하는 경우에는 가맹사업개시일)까지의 기간 동안 예치가맹금을 예치기관에 예치하여야 한다는 사항. 다만, 가맹본부가 제15조의2에 따른 가맹점사업자피해

보상보험계약 등을 체결한 경우에는 그에 관한 사항으로 한다.

10. 가맹희망자가 정보공개서에 대하여 변호사 또는 제27조에 따른 가맹거래사의 자문을 받은 경우 이에 관한 사항

11. 가맹본부 또는 가맹본부 임원의 위법행위 또는 가맹사업의 명성이나 신용을 훼손하는 등 사회상규에 반하는 행위로 인하여 가맹점사업자에게 발생한 손해에 대한 배상의무에 관한 사항

12. 그 밖에 가맹사업당사자의 권리·의무에 관한 사항으로서 대통령령이 정하는 사항

③ 가맹본부는 가맹계약서를 가맹사업의 거래가 종료된 날부터 3년간 보관하여야 한다.

④ 공정거래위원회는 가맹본부에게 건전한 가맹사업거래질서를 확립하고 불공정한 내용의 가맹계약이 통용되는 것을 방지하기 위하여 일정한 가맹사업거래에서 표준이 되는 가맹계약서의 작성 및 사용을 권장할 수 있다.

제13조【가맹계약의 갱신 등】 ① 가맹본부는 가맹점사업자가 가맹계약기간 만료 전 180일부터 90일까지 사이에 가맹계약의 갱신을 요구하는 경우 정당한 사유 없이 이를 거절하지 못한다. 다만, 다음 각 호의 어느 하나에 해당하는 경우에는 그러하지 아니하다.

1. 가맹점사업자가 가맹계약상의 가맹금 등의 지급의무를 지키지 아니한 경우

2. 다른 가맹점사업자에게 통상적으로 적용되는 계약조건이나 영업방침을 가맹점사업자가 수락하지 아니한 경우

3. 가맹사업의 유지를 위하여 필요하다고 인정되는 것으로서 다음 각 목의 어느 하나에 해당하는 가맹본부의 중요한 영업방침을 가맹점사업자가 지키지 아니한 경우

　가. 가맹점의 운영에 필요한 점포·설비의 확보나 법령상 필요한 자격·면허·허가의 취득에 관한 사항

나. 판매하는 상품이나 용역의 품질을 유지하기 위하여 필요한 제조
　　 공법 또는 서비스기법의 준수에 관한 사항
　다. 그 밖에 가맹점사업자가 가맹사업을 정상적으로 유지하기 위하
　　 여 필요하다고 인정되는 것으로서 대통령령으로 정하는 사항
② 가맹점사업자의 계약갱신요구권은 최초 가맹계약기간을 포함한 전
체 가맹계약기간이 10년을 초과하지 아니하는 범위 내에서만 행사할 수
있다.
③ 가맹본부가 제1항에 따른 갱신 요구를 거절하는 경우에는 그 요구를
받은 날부터 15일 이내에 가맹점사업자에게 거절 사유를 적어 서면으로
통지하여야 한다.
④ 가맹본부가 제3항의 거절 통지를 하지 아니하거나 가맹계약기간 만
료 전 180일부터 90일까지 사이에 가맹점사업자에게 조건의 변경에 대
한 통지나 가맹계약을 갱신하지 아니한다는 사실의 통지를 서면으로 하
지 아니하는 경우에는 계약 만료 전의 가맹계약과 같은 조건으로 다시
가맹계약을 체결한 것으로 본다. 다만, 가맹점사업자가 계약이 만료되는
날부터 60일 전까지 이의를 제기하거나 가맹본부나 가맹점사업자에게
천재지변이나 그 밖에 대통령령으로 정하는 부득이한 사유가 있는 경우
에는 그러하지 아니하다.

제14조【가맹계약해지의 제한】 ① 가맹본부는 가맹계약을 해지하려는 경
우에는 가맹점사업자에게 2개월 이상의 유예기간을 두고 계약의 위반 사
실을 구체적으로 밝히고 이를 시정하지 아니하면 그 계약을 해지한다는
사실을 서면으로 2회 이상 통지하여야 한다. 다만, 가맹사업의 거래를 지속
하기 어려운 경우로서 대통령령이 정하는 경우에는 그러하지 아니하다.
② 제1항의 규정에 의한 절차를 거치지 아니한 가맹계약의 해지는 그 효
력이 없다.

가맹계약서

우리 법은 '가맹계약서'를 아래와 같이 정의하고 있습니다.

제2조 제9호

"가맹계약서"라 함은 가맹사업의 구체적 내용과 조건 등에 있어 가맹본부 또는 가맹점 사업자(이하 "가맹사업당사자"라 한다)의 권리와 의무에 관한 사항(특수한 거래조건이나 유의사항이 있는 경우에는 이를 포함한다)을 기재한 문서를 말한다.

말하자면 가맹사업에 대해 가맹점사업자와 가맹본부가 서로 부담하여야 할 권리와 의무를 기재한 문서가 되는 것이죠. 본사와 가맹점주 간에 다툼이 있을 만한 사항을 미리 정리해 둔 양 당사자 사이의 약속이라고 볼 수도 있습니다.

공정거래위원회는 가맹 본사가 불공정한 내용으로 가맹 점주와 계약을 하지 못하도록 가맹사업에 관한 '표준계약서'를 제공하고 있습니다.[3] 이 책을 보는 독자님께서도 가맹계약을 체결하기 전에 이 표준계약서를 최대한 참고하고 가시길 권유드립니다.

다만 한 가지, 표준가맹계약서의 사용이 강제는 아니라는 점은 아셔야 합니다. 본사가 표준가맹계약서를 가지고 나오지 않거나, 표준가맹계약서에 없는 내용을 추가하거나 있던 내용을 삭제한다고 해도 불법은 아닌 것이죠. 그러나 표준가맹계약서는 가맹사업거래의

---

3 11조 ④ 공정거래위원회는 가맹본부에게 건전한 가맹사업거래질서를 확립하고 불공정한 내용의 가맹계약이 통용되는 것을 방지하기 위하여 일정한 가맹사업거래에서 표준이 되는 가맹계약서의 작성 및 사용을 권장할 수 있다.

공정화를 위한 법률의 제정 목적을 고려하고, 양 당사자의 입장을 감안하여 장래의 분쟁을 최소화할 수 있도록, 즉 거래의 모델이 될 수 있게 만들어졌습니다. 이처럼 정형적 가맹관계에 대한 일반적이고 표준적인 내용이 담긴 만큼, 가맹본부가 제시한 계약서의 내용이 표준가맹계약서의 내용보다 불공정할 경우에는 공정위원회의 제재 대상이 되거나 무효를 다툴 수 있는 계약이 될 수도 있습니다. 표준가맹계약서는 그 자체로 가맹본부나 가맹점사업자의 무리한 요구(이른바 갑질과 을질)를 사전에 차단할 수 있는 강력한 무기가 될 수 있는 것이죠.

표준계약서 샘플(외식업)은 책 끝에 부록으로 수록하였으니 꼭 한 번 읽어보세요.

가맹계약의 무효
– 약관의 규제에 관한 법률

앞서 가맹계약이 대개 가맹본부가 가져온 가맹계약서를 통해 체결된다고 말씀드렸죠. 이처럼 계약을 맺는 당사자(가맹본부)가 다수의 상대(가맹희망자)와 계약을 체결하기 위해 미리 만들어놓은 정형적인 계약조건을 '약관(約款)[4·5]'이라고 합니다. 이 약관은 약관 작성자에 의해 많은 시간과 노력, 비용을 들여 작성되는 데 반해, 약관

---

4 본래 독일 용어 'allgemeine Geschäftsbedingungen'(독일 민법 제305조)를 번역하여 '보통거래약관'이라고 불렸는데, 국회에서 이를 규제하는 법률을 만들면서 부르기 쉽게 '약관'이라고 축약했습니다.
5 약관의 규제에 관한 법률 제2조 【정의】 1. "약관"이란 그 명칭이나 형태 또는 범위에 상관없이 계약의 한쪽 당사자가 여러 명의 상대방과 계약을 체결하기 위하여 일정한 형식으로 미리 마련한 계약의 내용을 말한다.

을 제시받는 입장에서는 약관을 제대로 검토할 여유가 없을뿐더러 실질적으로 수정이나 추가·삭제를 제안하기 어려워 고객에게 불리한 조건으로 계약이 체결될 위험이 있습니다.

이런 문제를 해결하기 위해 우리 법은 '약관의 규제에 관한 법률 (약관규제법)'을 제정해 약관을 만드는 사람이 함부로 자신의 지위를 이용해 불공정한 내용의 계약을 체결할 수 없도록 보호하고 있습니다.[6] 가맹계약 역시 가맹본부가 미리 준비한 문서로 계약을 체결하는 경우라면 이 법이 적용되어 규제를 받습니다.

이 법에 따르면, 신의성실의 원칙[7]을 위반해 공정성을 잃은 조항은 무효[8]가 되며, 가맹계약서가 다음의 내용을 정하고 있는 때에는 공정성을 잃은 것으로 추정[9]됩니다(약관규제법 제6조).

---

6 제1조 【목적】 이 법은 사업자가 그 거래상의 지위를 남용하여 불공정한 내용의 약관(約款)을 작성하여 거래에 사용하는 것을 방지하고 불공정한 내용의 약관을 규제함으로써 건전한 거래질서를 확립하고, 이를 통하여 소비자를 보호하고 국민생활을 균형 있게 향상시키는 것을 목적으로 한다.

7 사람이 사회공동생활의 일원으로서 서로 상대방의 신뢰를 헛되이 하지 않도록 성의 있게 행동하여야 한다는 원칙을 말합니다(헌재 2015. 7. 30. 2013헌바120 결정). 신의성실의 원칙은 계약법뿐 아니라 모든 법률관계를 규제, 지배하는 법의 일반원칙이 됩니다(대법원 1993. 5. 14. 선고 92다21760 판결).

8 당사자가 의욕한 법률효과가 발생하지 않는 것을 말합니다. 흔히 말하는 '취소'와는 다른 개념인데, 무효는 언제나 무효이고, 취소할 수 있는 법률행위는 취소되기 전까지는 유효하지만 취소된 이후부터 처음으로 돌아가 무효가 되는 것으로 본다는 차이가 있습니다. 가맹계약이 무효가 되면 가맹계약의 법률효과, 즉 당사자의 권리·의무가 모두 없던 것으로 됩니다.

9 명확하지 않는 사실을 일단 있는 것으로 정해 법률효과를 발생시키는 것을 말합니다. 이 경우에는 명문화된 법률에 근거한 추정이므로 이를 깨뜨리려면 그 추정이 틀리다는 본증이 있어야 합니다. 말하자면 가맹계약자에 대해서 부당하게 불리한 내용이 있는 경우에는 불공정한 것으로 추정되어 무효가 되는데, 이를 깨뜨려 무효를 막으려면 부당하게 불리하지 않은 것이라는 '증거'를 제출해야 하는 것이지요.

- 가맹계약자에 대하여 부당하게 불리한 경우
- 가맹계약자가 보통의 가맹계약의 영업이나 거래의 형태 등에 비추어 예상하기 어려운 경우
- 가맹계약의 목적을 달성할 수 없을 정도로 가맹계약에 따른 가맹계약자의 본질적인 권리를 제한하는 경우

이와 유사한 내용이 '독점규제 및 공정거래에 관한 법률(공정거래법)'에도 규정되어 있는데, 여기서는 "자기의 거래상의 지위를 부당하게 이용하여 상대방과 거래하는 행위"나 "거래의 상대방의 사업활동을 부당하게 구속하는 조건으로 거래하거나 다른 사업자의 사업활동을 방해하는 행위"로 표현하고 있습니다.[10] 공정거래법에 위반되는 불공정거래행위를 할 경우에는 공정거래위원회로부터 시정조치를 받거나 과징금을 부과 받을 수 있습니다.[11]

한편, 이러한 불공정거래행위에 관한 규제는 우리 가맹사업법에

비슷한 개념으로 '간주'가 있는데, 이는 간주된 사실이 진정한 사실인지 따지지 않고 법률효과를 부여해버립니다. 따라서 간주를 깨뜨리려면 정식으로 재판을 청구해 확정판결을 받아야하지요.

10 제23조【불공정거래행위의 금지】① 사업자는 다음 각 호의 어느 하나에 해당하는 행위로서 공정한 거래를 저해할 우려가 있는 행위(이하 "不公正去來行爲"라 한다)를 하거나, 계열회사 또는 다른 사업자로 하여금 이를 행하도록 하여서는 아니 된다.

　4. 자기의 거래상의 지위를 부당하게 이용하여 상대방과 거래하는 행위

　5. 거래의 상대방의 사업활동을 부당하게 구속하는 조건으로 거래하거나 다른 사업자의 사업활동을 방해하는 행위

11 약관규제법과 공정거래법은 약관규제법이 약관, 즉 계약의 내용을 규율하고 공정거래법은 거래행위를 다룬다는 점에서 차이가 있습니다.

도 그대로 반영되어 있습니다.[12] 여기에 대해서는 장을 달리해서 자세히 보도록 하지요.

가맹계약서의 내용 중 가맹본부의 책임을 배제하거나 면책하도록 정하고 있는 조항도 무효로 봅니다(면책조항 금지, 약관규제법 제7조).

① 가맹본부, 이행 보조자 또는 乙용자의 고의 또는 중대한 과실로 인한 법률상의 책임을 배제하는 조항
② 상당한 이유 없이 가맹본부의 손해배상 범위를 제한하거나 가맹본부가 부담해야 할 위험을 가맹계약자에게 떠넘기는 조항
③ 상당한 이유 없이 사업자의 담보책임을 배제 또는 제한하거나 그 담보책임에 따르는 가맹계약자의 권리행사의 요건을 가중하는 조항
④ 계약목적물에 관한 견본이나 품질·성능 등에 관한 표시가 있는 경우 정당한 이유 없이 그 보장된 내용에 대한 책임을 배제 또는 제한하는 조항

---

12 제12조【불공정거래행위의 금지】① 가맹본부는 다음 각 호의 어느 하나에 해당하는 행위로서 가맹사업의 공정한 거래를 저해할 우려가 있는 행위를 하거나 다른 사업자로 하여금 이를 행하도록 하여서는 아니 된다.
  1. 가맹점사업자에 대하여 상품이나 용역의 공급 또는 영업의 지원 등을 부당하게 중단 또는 거절하거나 그 내용을 현저히 제한하는 행위
  2. 가맹점사업자가 취급하는 상품 또는 용역의 가격, 거래상대방, 거래지역이나 가맹점사업자의 사업활동을 부당하게 구속하거나 제한하는 행위
  3. 거래상의 지위를 이용하여 부당하게 가맹점사업자에게 불이익을 주는 행위
  4. 삭제 <2013.8.13.>
  5. 계약의 목적과 내용, 발생할 손해 등 대통령령으로 정하는 기준에 비하여 과중한 위약금을 부과하는 등 가맹점사업자에게 부당하게 손해배상 의무를 부담시키는 행위
  6. 제1호부터 제3호까지 및 제5호 외의 행위로서 부당하게 경쟁가맹본부의 가맹점사업자를 자기와 거래하도록 유인하는 행위 등 가맹사업의 공정한 거래를 저해할 우려가 있는 행위

가맹본부는 가맹계약자에게 부당하게 과다한 손해배상 의무를 부담시켜서는 안 되고(손해배상액의 예정금지, 약관규제법 제8조), 계약의 해제·해지에 관해 지나치게 유리한 내용을 정해서도 안 됩니다(약관규제법 제9조).

- 법률에 따른 가맹계약자의 해제권 또는 해지권을 배제하거나 그 행사를 제한하는 조항
- 법률에서 규정하고 있지 않은 해제권 또는 해지권을 가맹본부에게 부여하여 가맹계약자에게 부당하게 불이익을 줄 우려가 있는 조항
- 법률에 따른 가맹본부의 해제권 또는 해지권의 행사 요건을 완화하여 가맹계약자에게 부당하게 불이익을 줄 우려가 있는 조항
- 계약의 해제 또는 해지로 인한 원상회복의무를 상당한 이유 없이 가맹계약자에게 과중하게 부담시키거나 가맹계약자의 원상회복 청구권을 부당하게 포기하도록 하는 조항
- 계약의 해제 또는 해지로 인한 가맹본부의 원상회복의무나 손해배상의무를 부당하게 경감하는 조항
- 계속적인 채권관계의 발생을 목적으로 하는 계약에서 그 존속기간을 부당하게 단기 또는 장기로 하거나 묵시적인 기간의 연장 또는 갱신이 가능하도록 정하여 가맹계약자에게 부당하게 불이익을 줄 우려가 있는 조항

가맹계약서의 내용 중 가맹본부나 가맹점사업자의 채무의 내용을 일방적으로 결정하는 내용은 무효가 됩니다(채무의 이행, 약관규제법 제10조).

- 상당한 이유 없이 급부(給付)[13]의 내용을 가맹본부가 일방적으로 결정하거나 변경할 수 있도록 권한을 부여하는 조항
- 상당한 이유 없이 가맹본부가 행하여야 할 급부를 일방적으로 중지할 수 있게 하거나 제3자에게 대행할 수 있게 하는 조항

가맹계약자의 권익을 부당하게 박탈하거나 제한하는 조항은 무효입니다(가맹계약자의 권익 보호, 약관규제법 제11조).

- 법률에 따른 가맹계약자의 항변권, 상계권 등의 권리를 상당한 이유 없이 배제하거나 제한하는 조항
- 가맹계약자에게 주어진 기한의 이익을 상당한 이유 없이 박탈하는 조항
- 가맹계약자가 제3자와 계약을 체결하는 것을 부당하게 제한하는 조항
- 가맹본부가 업무상 알게 된 가맹계약자의 비밀을 정당한 이유 없이 누설하는 것을 허용하는 조항

가맹계약자의 의사표시를 불공정하게 제한하는 경우도 무효입니다(약관규제법 제12조).

---

13 채권의 내용이 되는 채무자의 특정한 행위를 말합니다. 채권은 채권자가 채무자에 대하여 일정한 행위를 청구할 수 있는 권리인데, 이때의 채권자가 요구할 수 있는 채무자의 행위를 급부라고 하는 것이죠.

- 일정한 행위를 했거나 하지 않은 경우 이를 이유로 가맹계약자의 의사표시가 표명되거나 표명되지 않은 것으로 보는 조항[14]
- 가맹계약자의 의사표시의 형식이나 요건에 대하여 부당하게 엄격한 제한을 두는 조항
- 가맹계약자의 이익에 중대한 영향을 미치는 사업자의 의사표시가 상당한 이유 없이 가맹계약자에게 도달된 것으로 보는 조항
- 가맹계약자의 이익에 중대한 영향을 미치는 가맹본부의 의사표시 기한을 부당하게 길게 정하거나 불확정하게 정하는 조항

가맹계약자의 대리인[15]이 계약을 체결한 경우, 가맹계약자가 그 의무를 이행하지 않은 경우에 대리인이 대신 그 의무의 전부 또는 일부를 이행하도록 하는 내용의 가맹계약서 조항이 있다면 무효라고 봅니다(약관규제법 제13조). 또한 가맹계약자에게 부당하게 불리한 소송을 제기할 수 없도록 하거나, 재판관할[16]을 강제로 합의하도록 하거나, 정당한 이유 없이 가맹계약자에게 입증책임을 부담시키는 조항도 무효가 됩니다.

---

14 다만, 가맹계약자에게 상당한 기한 내에 의사표시를 하지 않으면 의사표시를 했거나 하지 않은 것으로 본다는 뜻을 명확하게 따로 고지한 경우이거나 부득이한 사유로 그런 고지를 할 수 없는 경우는 예외로 합니다(제12조 1호 단서).
15 본인이 계약을 직접 수행하지 않고 제3자 체결하더라도(계약대리), 본인이 직접 해당 행위를 하는 것처럼 취급하는 것을 대리라고 하고, 그 대리를 수행하는 사람을 대리인이라고 합니다. 민법 114조에 의해 대리인이 자신의 권한 내에서 현명(본인을 위한 행위라는 것을 표시하는 것)한 행위는 본인에 대하여 효력이 생깁니다.
16 소송이 제기되었을 때 재판을 어느 법원에서 진행할지를 정하는 것을 '관할'이라 하고, 이 관할을 합의에 의해 미리 정하는 것을 '관할합의'라고 합니다. 합의가 없다면 재판은 乙(소송을 당하는 사람)의 주소 소재지에서 관할하는 것이 원칙입니다(보통재판적).

이처럼 가맹본부는 가맹계약서에 불공정 조항을 포함시켜서는 안 되는데(이를 '불공정약관조항'이라 합니다), 이를 위반한 경우에는 공정 거래위원회로부터 불공정약관조항의 삭제·수정, 시정명령을 받은 사실의 공표, 그 밖에 약관을 시정하기 위해 필요한 조치 등을 하도 록 명령을 받을 수 있습니다(약관규제법 제17조의 2).

제17조【불공정약관조항의 사용금지】 사업자는 제6조부터 제14조까지의 규정에 해당하는 불공정한 약관 조항(이하 "불공정약관조항"이라 한다) 을 계약의 내용으로 하여서는 아니 된다.

제17조의2【시정 조치】 ① 공정거래위원회는 사업자가 제17조를 위반한 경 우에는 사업자에게 해당 불공정약관조항의 삭제·수정 등 시정에 필요한 조치를 권고할 수 있다.

② 공정거래위원회는 제17조를 위반한 사업자가 다음 각 호의 어느 하 나에 해당하는 경우에는 사업자에게 해당 불공정약관조항의 삭제·수정, 시정명령을 받은 사실의 공표, 그 밖에 약관을 시정하기 위하여 필요한 조치를 명할 수 있다.

1. 사업자가 「독점규제 및 공정거래에 관한 법률」 제2조제7호의 시장지 배적사업자인 경우
2. 사업자가 자기의 거래상의 지위를 부당하게 이용하여 계약을 체결하 는 경우
3. 사업자가 일반 공중에게 물품·용역을 공급하는 계약으로서 계약 체 결의 긴급성·신속성으로 인하여 고객이 계약을 체결할 때에 약관 조 항의 내용을 변경하기 곤란한 경우
4. 사업자의 계약 당사자로서의 지위가 현저하게 우월하거나 고객이 다 른 사업자를 선택할 범위가 제한되어 있어 약관을 계약의 내용으로

하는 것이 사실상 강제되는 경우

5. 계약의 성질상 또는 목적상 계약의 취소·해제 또는 해지가 불가능하거나 계약을 취소·해제 또는 해지하면 고객에게 현저한 재산상의 손해가 발생하는 경우

6. 사업자가 제1항에 따른 권고를 정당한 사유 없이 따르지 아니하여 여러 고객에게 피해가 발생하거나 발생할 우려가 현저한 경우

③ 공정거래위원회는 제1항 및 제2항에 따른 시정권고 또는 시정명령을 할 때 필요하면 해당 사업자와 같은 종류의 사업을 하는 다른 사업자에게 같은 내용의 불공정약관조항을 사용하지 말 것을 권고할 수 있다.

이처럼 약관규제법에 위배되는 조항은 무효가 될 수 있기에, 가맹본부가 가져온 계약서에 무턱대고 사인하기보다, 시간을 두고 꼼꼼히 넘겨보면서 약관규제법을 어기는 조항은 없는지, 불공정한 내용은 없는지 반드시 확인할 필요가 있습니다.

사례 #3 대법원 2000. 6. 9. 선고 98다45553, 45560, 45577 판결 참조

- 가맹본부 甲과 가맹점희망자 乙은 가맹계약을 체결하였다.
- 甲과 乙이 체결한 가맹계약서에는 아래와 같은 내용의 조항이 삽입되어 있었다.

(해지조항)

"乙은 甲에게 매일 판매대금의 일정액을 가맹금으로 송금할 의무가 있다"

"가맹점이 일일 송금의무를 위반한 경우 지체배상금을 부과한다. 만약 3일 이상 계속 송금하지 아니하는 경우 가맹점계약을 해지할 수 있다."

(가맹점 개설조항)

"가맹본부 甲은 언제라도 乙의 점포가 소재하는 지역과 동일한 지역 내에 직영점을 개설하거나 가맹점을 둘 수 있다."

- 乙은 甲이 가져온 가맹계약서 양식에 서명·날인하였다.
- 乙이 영업을 하던 중, 甲은 乙의 가맹점 소재지 인근 120m 지점에 직영점을 개설했다.
- 乙은 甲이 판매 지역을 보장해야 할 의무를 지키지 않았음을 이유로 甲에게 매일 송금해야 할 판매대금을 3일이 넘도록 지급하지 않았다. 이에 甲은 乙에게 가맹계약에 따라 해지를 통보하였다.
- 乙은 甲에게 해당 규정들이 약관규제법에 의해 무효라고 하여 소송을 제기하였다.

앞서 살펴본 약관규제법은 가맹본부와 가맹점사업자가 가진 지위의 우열관계를 인정하고, 가맹본부가 그 거래상의 지위를 남용하여 불공정한 내용의 계약을 체결한 경우 무효로 하고 있었습니다. 사례에서는 '3일 이상 일일 송금의무를 위반한 경우 지체상금 외에 계약을 해지할 수 있는지', '가맹계약이 유지되는 동안에 가맹점사업자와 동일 지역 내에 새로운 가맹점이나 직영점을 개설할 수 있는지' 여부가 문제되었죠.

법원은 어떻게 판단했을까요?

[1] 가맹점이 일일 송금의무를 위반한 경우 지체배상금을 부과하는 외에 3일 이상 계속 송금하지 아니하는 경우 가맹점계약을 해지할 수 있도록 한 약정이 「독점규제 및 공정거래에 관한 법률」 제23조 제1항 제5호 또

는 「약관의 규제에 관한 법률」 제6조 제1항, 제2항 제1호 및 제3호에 해당하여 무효라고 볼 수 없다.

[2] 모든 가맹점계약에 있어서 가맹본부에 가맹점에 대한 판매지역권 보장 의무가 당연히 인정되는 것은 아니라 하더라도 가맹본부로서는 소속 가맹점의 판매지역권을 부당하게 침해하는 것은 허용되지 않는다고 할 것이므로, 가맹본부가 아무런 제약 없이 언제라도 가맹점의 점포와 동일 지역 내에 직영점을 개설하거나 가맹점을 둘 수 있도록 하는 조항을 두었다면 이는 가맹점에 대하여 부당하게 불리한 조항으로 「약관의 규제에 관한 법률」 제6조 제1항, 제2항 제1호에 의하여 무효라고 보아야 할 것이다.

乙이 문제 삼은 각 조항에 대해 서로 다른 판단이 나왔네요. 약관규제법은 가맹계약의 내용이 '가맹계약자에 대하여 부당하게 불리한 경우', '가맹계약자가 보통의 가맹계약의 영업이나 거래의 형태 등에 비추어 예상하기 어려운 경우', '가맹계약의 목적을 달성할 수 없을 정도로 가맹계약에 따른 가맹계약자의 본질적인 권리를 제한하는 경우'를 무효로 보고(제6조) 공정거래법은 '거래의 상대방의 사업활동을 부당하게 구속하는 조건으로 거래하거나 다른 사업자의 사업활동을 방해하는 행위'를 금지하고 있었지요(제23조 제1항 5호).

하지만 우리 법원은 3일 이상 대금 송금의무를 이행하지 않을 때 해지할 수 있도록 한 조항은 유효로, 동일한 가맹점포 지역 내 직영점 개설 가능 조항에 대해서는 무효로 보았습니다. 물품대금을 매일 송금해야 하는 가맹계약에서는 3일의 대금 미지급은 해지사유가 될 수 있다고 판단한 것이죠. 하지만 가맹점과 동일한 지역에 직영점을 내는 것은 가맹본부로서 소속 가맹점의 판매지역권을 부당하게 침해하는 것으로서 허용될 수 없다고 보았습니다.

이처럼 가맹본부와 가맹점사업자 간에 판매지역을 두고 갈등이 계속되자, 2013년 8월 가맹사업법에 아예 가맹본부가 부당하게 가맹점사업자의 영업지역을 침해해서는 안 된다는 조항이 만들어졌습니다. 잠시 보고 올까요.

제12조의4【부당한 영업지역 침해금지】 ① 가맹본부는 가맹계약 체결 시 가맹점사업자의 영업지역을 설정하여 가맹계약서에 이를 기재하여야 한다.
② 가맹본부가 가맹계약 갱신과정에서 상권의 급격한 변화 등 대통령령으로 정하는 사유가 발생하여 기존 영업지역을 변경하기 위해서는 가맹점사업자와 합의하여야 한다.
③ 가맹본부는 정당한 사유 없이 가맹계약기간 중 가맹점사업자의 영업지역 안에서 가맹점사업자와 동일한 업종(수요층의 지역적·인적 범위, 취급품목, 영업형태 및 방식 등에 비추어 동일하다고 인식될 수 있을 정도의 업종을 말한다)의 자기 또는 계열회사(「독점규제 및 공정거래에 관한 법률」 제2조제3호에 따른 계열회사를 말한다. 이하 같다)의 직영점이나 가맹점을 설치하는 행위를 하여서는 아니 된다.

이제 가맹계약을 체결한 이후에 자신의 영업점 근처에 가맹점이 새로 생기거나 직영점을 연다면 법을 위반하는 행위가 됩니다. 영업지역 침해를 당한 가맹점은 '가맹점 개설 금지 가처분'이나 '영업 금지 가처분'을 신청할 수 있고, 법 위반을 이유로 소송을 제기할 수도 있지요. 하지만 이런 구제수단이 있다고 해도 피해가 발생한 이후에 권리를 행사하기 위해서는 많은 시간과 노력이 들어갑니다. 피로와 스

트레스는 덤이죠. 사전에 가능한 분쟁을 예방할 수 있도록 계약서를 제대로 검토하는 것. 몇 번을 강조해도 부족한, 아주 중요한 일입니다.

참고 🔖 **가맹계약 체결 시 주의사항**

공정거래위원회가 제공하는 〈프랜차이즈 창업 피해예방을 위한 가이드라인〉에서는 가맹계약자들이 가맹계약을 체결하면서 유의해야 할 점들을 다음과 같이 소개하고 있습니다.

[가급적 피해야 할 7가지 가맹본부 유형]

가) 정보공개서가 없는 가맹본부

정보공개서는 가맹본부의 일반현황, 임원의 법위반 사실, 가맹점사업자가 부담해야 할 사항 및 영업활동에 대한 조건 등에 대한 설명, 가맹본부의 가맹점 수 등 가맹사업현황에 대한 설명, 영업개시에 관한 상세 절차 및 교육훈련 프로그램 등을 기재한 책자입니다. 「가맹사업거래의 공정화에 관한 법률」은 가맹본부가 가맹희망자에게 정보공개서를 제공할 것을 규정하고 있는데, 상당수 가맹본부들이 정보공개서를 갖추지 않았을 뿐 아니라, 그런 제도가 있다는 사실조차 모르는 경우도 많습니다. 한마디로 이런 가맹본부에 대한 더이상의 관심은 절대사절입니다.

나) 객관적 근거가 없는 고수익 보장 등으로 유혹하는 가맹본부

향후 수익전망을 제시하는 프랜차이즈 업체라면 반드시 구체적이고 객관적인 자료를 요구하십시오. 어떤 가맹점이 그런 정도의 수익을 얻었는지에 대한 자료를 서면으로 받아야 합니다. 그래야 향후 분쟁이 제기되더라도 분쟁에서 이길 수 있습니다.

다) 공짜 가맹금을 내세우는 가맹본부

가맹금에는 초기 가맹금뿐만 아니라 여러 가지가 포함되는데, 가맹금이 얼마 되지 않는다고 하여 이를 그대로 믿는 것은 절대 금물입니다. 실

제로 프랜차이즈 업체들의 수익 중에는 초기 가맹금 외에 인테리어 등 매장 설치를 대신해 주거나, 물품대·교재대 등의 명목으로 떼어가는 돈이 더 많은 것이 일반적입니다. 구체적으로 들어가는 비용이 무엇인지 확인하고, 반드시 증빙으로 남겨두어야 합니다.

라) 일단 돈부터 요구하는 가맹본부

교육이나 교재비 명목으로 선금을 요구하는 가맹본부는 대부분 제대로 된 가맹점 관리보다는 일단 모집부터 하고 보자는 경우라고 보면 됩니다. 얼떨결에 돈을 선납하고 나중에 후회하지 말아야 합니다. 돈부터 주고나면 나중에 마음이 바뀌어도 이를 돌려받는 것은 쉽지 않습니다.

마) 너무 많은 브랜드를 가진 가맹본부

현실적으로 가맹본부의 수익은 가맹점으로부터 받는 가맹비, 그 밖의 인테리어 비용 등 창업초기에 대부분 발생합니다. 제대로 된 브랜드 개발을 하려면 적게는 수개월에서 1년 이상 소요되는 것이 정상입니다. 한두 달 만에 금방 만들어낸 브랜드는 그저 유행에 편승하기 위한 목적인 경우가 더 많다는 점을 유의해야 합니다. 브랜드 하나를 성공했다 하여 제2, 제3의 브랜드까지 성공한다는 보장은 없습니다. 하물며, 어느 하나 성공한 브랜드 없이 자꾸 새로운 브랜드만 만들어내는 가맹본부를 믿기는 어렵습니다.

바) 가맹점 수가 너무 많거나 적은 가맹본부

가맹점 수가 너무 많다는 것은 더이상의 가맹점 개설이 어려우므로 기존의 가맹점에 대한 관리보다는 새로운 브랜드 개발이나 새로운 수익원을 찾는 원인이 됩니다. 새로운 브랜드 개발에 치중하다 보면 기존 브랜드에 대한 관리가 소홀해질 가능성이 크고, 한편으로는 기존 가맹점주에 대한 불공정거래를 시도할 유인이 생기게 됩니다. 가맹점 수가 너무 적은 것은 아직까지도 상당한 위험이 있다는 의미이고 검증되지 않았기 때문에 사기로 인해 피해를 볼 가능성 또한 크다는 것을 의미합니다.

사) 직영점 운영기간이 짧은 가맹본부

상당수 가맹본부는 스스로 직영점을 설립함과 동시에 체인 모집을 하기도 합니다. 직영점 운영을 통해 사업성이 검증되지도 않은 상태에서는 아무리 좋은 아이디어라 하더라도 실패할 가능성이 큽니다. 회사 연혁 등을 확인하고, 직영점 운영기간과 운영 상태를 제대로 살펴서 충분한 사업성이 인정될 때 투자를 결심해야 합니다.

[창업 전에 반드시 지켜야 할 지침 7가지]

가) 정보공개서를 반드시 확인해야 합니다.

정보공개서의 내용이 얼마나 충실하게 담겨 있는지를 확인하는 것은 수천만 원, 많게는 수억 원의 돈을 투자하기 전에 반드시 해야 할 일입니다. 한 번 더 강조하지만 정보공개서가 없는 가맹본부는 쳐다보지도 말아야 합니다. 「가맹사업거래의 공정화에 관한 법률」에 따르면 정보공개서는 일정한 양식에 의해 서면으로 요청하도록 되어 있습니다.

나) 본사와 물류시스템을 확인해야 합니다.

본사를 확인하는 순간, 계약하려는 마음이 싹 사라지는 경우가 많습니다. 사장과 직원 서너 명이 대충 모여 일하는 본사에서 가맹점 관리를 제대로 해줄 리가 없습니다. 아울러 대표의 경력에 대한 확인은 필수입니다. 또한 프랜차이즈 사업이 제대로 되기 위해서는 제대로 된 물류가 갖추어지는 것이 필수적입니다. 제때 제대로 된 물품을 공급해주느냐가 사업 성패의 관건일 수 있다는 점을 감안하여 물류시스템은 반드시 확인해야 합니다.

다) 반드시 기존 가맹점주에게 문의하십시오!

가맹점주로부터 살아 있는 정보를 얻는 것이 무엇보다 중요합니다. 생긴 지 얼마 안 되는 가맹점과 계약한 지 오래된 가맹점을 골고루 찾아보는 것도 지혜입니다. 최근에 생긴 가맹점으로부터는 창업 초기에 얼마나 제대로 지원이 되는지를 확인할 수 있고, 오래된 가맹점으로부터는 혹시라도 영업과정에서 본부의 횡포나 불공정행위가 없었는지 확인할 수 있습니다. 아울러, 점포를 내놓으려는 가맹점주의 말은 액면 그대로 믿어서는 안 됩니다. 빨리 점포를 정리하려는 욕심에 정확한 정보를 전달해주지 않는 경우가 많기 때문입니다.

라) 폐업률을 확인해야 합니다.

가맹본부의 재무제표상 수익률이 높다거나 재무상태가 좋다는 점만으로는 좋은 가맹본부라는 증거가 될 수 없습니다. 거꾸로 해석한다면 얼마나 가맹점을 착취했는가에 대한 징표로 볼 수도 있기 때문입니다. 오히려, 중요한 것은 가맹점의 폐업률입니다. 어느 정도의 가맹점을 모집해서 얼마나 잘 유지·관리하고 있는지를 살피는 것이 나중에 할 후회를 막는 지름길입니다. 불행히도 아직까지는 법적으로 폐업률 자료를 정확히 제시하도록 할 근거규정이 없기 때문에 가맹본부가 거짓말을 할 수도 있다는 점도 항상 염두에 두어야 합니다.

마) 법인등기부등본을 확인해야 합니다.

상당수 프랜차이즈들은 대표이사 따로, 실제 운영자 따로인 경우가 많습니다. 또한 수시로 법인명을 바꾸거나 폐업과 신설을 반복하는 경우도 심심치 않게 나타납니다. 가맹점 모집을 한 지는 오래되었는데 법인 설립은 최근에 이루어졌다면 일단 의심해 보는 것이 필요합니다. 기존 계약을 체결할 때는 A법인 명의로 하였다가, 일정 수가 넘으면 A법인을 폐업하고 B법인을 설립하는 방식입니다. 즉, 더이상 A법인과 계약한 가맹점주에 대해서는 책임지지 않겠다는 뜻입니다.

바) 분쟁조정협의회에 물어보십시오!

「가맹사업거래의 공정화에 관한 법률」에 따라 설치된 분쟁조정협의회는 프랜차이즈 분야의 각종 분쟁사례를 가장 많이 보유하고 있는 기관입니다. 자기가 가입하려는 가맹본부를 대상으로 한 분쟁이 어느 정도 있었는지와 그 결과까지 확인해 보는 것이 좋습니다. 분쟁조정협의회는 특히 가맹본부와 가맹점 사이에 분쟁이 발생할 경우 이를 해결해주는 최우선기관입니다. 가맹금 반환이나 거래과정에서 가맹본부의 횡포로 인한 피해를 입었다면, 분쟁조정협의회에 문의하면 됩니다.

사) 가맹계약서는 아무리 꼼꼼하게 살펴도 지나치지 않습니다.

계약기간이 충분한지, 위약금 조항은 합리적인지, 상권보장과 관련하여 그 문구가 모호하지는 않은지, 재료 보급 등 물류시스템에 대한 사항이 제대로 정비되어 있는지, 계약해지의 사유가 합리적인지 등을 구체적으로 확인해야 합니다. 필요한 경우 가맹거래사에게 문의하는 것이 좋습니다.

참고 ✎ 대표적인 불공정 조항과 표준가맹계약서에 반영·수정된 조항

구분	대표적인 불공정 조항	표준가맹계약서 조항	조치사항
가맹점 양수인에게 가입비 (가맹금)를 재부담시키는 조항	가맹점사업자는 가맹본부의 사전 승인을 득하고 영업의 양도를 할 수 있으며, **양수인은 신규가맹계약에 준하여 가맹본부에게 가맹금을 납입하여야 하고** 계약기간은 새로운 계약기간이 체결된 것으로 간주한다.	제32조【영업양도 및 담보제공】⑤ 영업양수인, 영업임차인은 제15조의 **최초가맹금의 지급의무가 면제된다.** 다만, 양도 등에 따라 가맹본부에게 초래된 행정적 실비 및 소정의 교육비, 계약이행보증금은 면제되지 아니한다.	2010년 표준 계약서에 반영
영업 양수도시 신규계약 체결을 의제하는 조항	가맹점사업자는 가맹본부의 사전 승인을 득하고 영업의 양도를 할 수 있으며, 양수인은 신규가맹계약에 준하여 가맹본부에게 가맹금을 납입하여야 하고 **계약기간은 새로운 계약기간이 체결된 것으로 간주한다.**	제32조【영업양도 및 담보제공】⑥ 가맹본부는 **영업양수인이 요청하는 경우에는** 영업양도인의 잔여 계약기간 대신에 완전한 계약기간을 영업양수인에게 부여할 수 있다. 이 경우에는 신규계약을 체결하여야 한다.	2010년 표준 계약서에 반영

계약 기간 중 유사업종에 대한 경업금지 조항	가맹점사업자는 계약기간 중 가맹본부와 경합하는 다른 유사한 동종 또는 **유사한 업종 영업**을 새로이 시작하거나 함께 하여서는 아니 된다.	제37조【가맹점사업자의 비밀유지, 경업금지 의무】③ 가맹점사업자는 계약의 존속 중에 가맹본부의 허락 없이 자기 또는 제3자의 명의로 가맹본부의 영업과 **동종의 영업**을 하지 않는다.	2010년 표준 계약서에 반영
계약기간 종료 후 동종업종에 대한 경업금지 조항	계약 해지로 **계약이 종료되는 경우** 가맹점사업자는 계약 해지일로부터 **1년간** 가맹본부의 영업과 **동종의 영업을 하지 않는다.**	제37조【가맹점사업자의 비밀유지, 경업금지 의무】① 가맹점사업자는 계약 및 가맹점 운영상 알게 된 **가맹본부의 영업비밀**을 계약기간은 물론 **계약종료 후에도 제3자에게 누설해서는 아니 된다.** ② 가맹점사업자는 가맹본부의 허락 없이 교육과 세미나 자료 기타 가맹점 운영과 관련하여 **가맹본부의 영업비밀이 담긴 관계서류의 내용을 인쇄 또는 복사할 수 없다.**	2010년 표준 계약서에 반영
시설교체 비용 부담 강제 조항	가맹본부는 가맹사업의 개선을 위하여 필요한 때에는 점포의 실내장식, 시설, 각종의 기기를 교체·보수할 것을 요구할 수 있다. 이 경우 비용은 가맹점사업자가 부담한다.	제13조【점포의 설비】⑤ 가맹본부는 가맹사업의 개선을 위하여 필요한 때에는 점포의 실내장식, 시설, 각종의 기기를 교체·보수할 것을 요구할 수 있다. 이 경우 **비용분담은 가맹본부와 가맹점사업자가 협의하여 결정한다.**	2010년 표준 계약서에 반영

가맹본부의 지위를 일방적으로 양도하는 조항	가맹점사업자는 가맹본부가 장래에 이 계약의 전부 또는 일부를 가맹본부의 관계회사 또는 제3자에게 양도하는 일이 있을 수 있다는 사실을 **미리 승낙하기로 한다.**	제32조【영업양도 및 담보제공】⑦ 가맹본부가 가맹사업을 타인에게 양도하는 경우 **가맹점사업자는 가맹계약을 종료하고 계약관계에서 탈퇴할 수 있다.** 이 경우 가맹본부는 가맹점사업자에 대하여 제16조 제2항의 금원을 반환하여야 한다.	2010년 표준 계약서에 반영
점포 환경 개선 및 비용 분담 조항 신설		점포 환경 개선을 요구 또는 권유할 수 있는 사유를 명시하고, 이 경우 가맹본부의 일정한 비용 부담 의무를 정하여야 한다.	법 제12조의 2 개정이 이루어지면서 2014년 표준계약서에 반영
영업 시간 단축 조항 신설		가맹본부와 가맹점 사업자는 영업시간을 협의하여 정하고, 심야 시간대 매출 감소 또는 질병 치료 등 불가피한 경우에는 영업시간 단축을 허용하여야 한다.	법 제12조의 3 개정이 이루어지면서 2014년 표준계약서에 반영
영업 지역 설정 및 영업 지역 준수 조항 수정		가맹본부는 가맹점 사업자의 영업 지역을 설정하고, 계약 기간 동안 동일한 업종의 가맹점 및 직영점을 추가 설치하지 않도록 하여야 한다.	법 제12조의 4 개정이 이루어지면서 2014년 표준계약서에 반영
불공정거래 행위 금지 조항 수정		과도한 위약금 및 지연 손해금 부과 행위를 금지하는 내용의 조항 신설	2014년 표준 계약서에 반영

		가맹점사업자가 가맹본부로부터 지원받은 영업노하우 등 기술과 관련하여 독자적으로 기술을 개량한 경우, 개량기술에 대한 소유권은 가맹점사업자에게 있는 것으로 한다. 다만 가맹본부는 기술개발비, 예상수익, 원천기술의 기여분, 개량기술의 가치 등이 반영된 정당한 대가를 지급하고 그 소유권의 이전이나 실시권, 사용권 등의 설정을 가맹점 사업자에게 청구할 수 있다.	
가맹점 사업자가 개량한 기술의 권리, 의무관계 명확화			2014년 표준 계약서에 반영

가맹계약서의 필수 기재사항

김대리는 먹고날드 본사 앞에 섰습니다. 우리의 M자 간판 앞에서 V자를 그리고 셀카도 찍었습니다. 크게 심호흡을 합니다. 왠지 본사라면 휘향찬란하고 번쩍번쩍할 줄만 알았는데 생각보다 소박한 규모에 묘한 안도감이 듭니다. 김대리를 반겨주는 직원이 없지만, '난 햄버거를 사러 온 게 아니니까' 하고 넘어갑니다. 10분 정도 뻘쭘하게 서 있으니 다리가 아파옵니다. 어렵게 문을 열어 젖힙니다. "저기… 가맹 계약하러 왔는데요."

낯선 분위기에 놀란 것도 잠시, 반강제로 받아 든 서류뭉치에 눈이 휘둥그레집니다. 빅먹을 먹고 받았던 문화충격을 다시 한 번 느끼는 느낌적인 느낌입니다. '계약서가 이렇게 많았었나…' 생각해 봅니다. 하지만 고민할 여유 따윈 주어지지 않습니다. 직원이 웃으며 말합니다. "계약서는 읽어보고 오셨죠?"

'계약서契約書'는 계약을 하는 당사자가 계약, 즉 상호간의 의사의 합치가 있다는 것(주로 권리와 의무)을 법적으로 유효한 근거로 남기기 위해 만드는 문서를 말합니다. 양자가 계약내용을 확인하고 동의하였음을 표시하기 위해 말미에 서명, 날인, 지장 등을 찍지요. 가맹계약은 가맹사업에 관한 계약이므로, 가맹계약서는 가맹사업과 관련해 가맹당사자가 서로 간의 권리와 의무에 관한 사항을 기재한 문서를 의미합니다.

계약의 내용을 어떻게 결정할 것인지는 본디 계약당사자가 스스로 결정할 문제입니다. 이걸 '계약자유의 원칙[17]', '사적자치의 원칙[18]'이라고 부릅니다. 하지만 가맹본부와 가맹희망자, 가맹점사업자의 관계를 고려할 때 당사자의 자유에 계약의 내용을 맡겨두면 여러 가지로 불합리한 면이 생기겠죠. 이에 가맹사업법은 가맹희망자 또는 가맹점사업자의 보호를 위하여 가맹계약서에 반드시 포함되어야 할 사항을 규정하고 있습니다(법 제11조 제2항 및 시행령 제12조).

---

17 계약에 의한 법률관계의 형성은 각자의 자유에 맡겨지며, 법도 그러한 자유의 결과로 체결된 계약을 최대한 존중한다는 원칙입니다. 물론 언제나 제한 없이 인정되는 것은 아니고, 공공성이나 사회성이 두드러지는 분야나 계약당사자를 두텁게 보호할 필요가 있을 때에는 일정한 제약이 가해지죠. 토지거래허가가 나지 않는 거래는 무효로 하는 것이 대표적이고, 가맹사업법상 가맹거래계약서의 필수적 기재사항 역시 이러한 제한의 일환입니다.

18 사법상의 법률관계는 개인의 자유로운 의사에 따라 자기책임 하에서 규율하고, 국가는 이에 간섭하지 않는다는 근대 사법의 원칙입니다. 계약자유의 원칙은 소유권 절대의 원칙, 과실 책임의 원칙과 함께 사적자치의 실현을 위한 사법(私法)의 3대 원칙이라고 일컬어집니다.

가맹사업

법 제11조【가맹계약서의 기재사항 등】 ① 가맹본부는 가맹희망자가 가맹계약의 내용을 미리 이해할 수 있도록 제2항 각 호의 사항이 적힌 문서를 가맹희망자에게 제공한 날부터 14일이 지나지 아니한 경우에는 다음 각 호의 어느 하나에 해당하는 행위를 하여서는 아니 된다.

1. 가맹희망자로부터 가맹금을 수령하는 행위. 이 경우 가맹희망자가 예치기관에 예치가맹금을 예치하는 때에는 최초로 예치한 날(가맹희망자가 최초로 가맹금을 예치하기로 가맹본부와 합의한 날이 있는 경우에는 그 날)에 가맹금을 수령한 것으로 본다.

2. 가맹희망자와 가맹계약을 체결하는 행위

② 가맹계약서는 다음 각 호의 사항을 포함하여야 한다.

1. 영업표지의 사용권 부여에 관한 사항

2. 가맹점사업자의 영업활동 조건에 관한 사항

3. 가맹점사업자에 대한 교육·훈련, 경영지도에 관한 사항

4. 가맹금 등의 지급에 관한 사항

5. 영업지역의 설정에 관한 사항

6. 계약기간에 관한 사항

7. 영업의 양도에 관한 사항

8. 계약해지의 사유에 관한 사항

9. 가맹희망자 또는 가맹점사업자가 가맹계약을 체결한 날부터 2개월(가맹점사업자가 2개월 이전에 가맹사업을 개시하는 경우에는 가맹사업개시일)까지의 기간 동안 예치가맹금을 예치기관에 예치하여야 한다는 사항. 다만, 가맹본부가 제15조의2에 따른 가맹점사업자피해보상보험계약 등을 체결한 경우에는 그에 관한 사항으로 한다.

10. 가맹희망자가 정보공개서에 대하여 변호사 또는 제27조에 따른 가맹거래사의 자문을 받은 경우 이에 관한 사항

11. 가맹본부 또는 가맹본부 임원의 위법행위 또는 가맹사업의 명성이나 신용을 훼손하는 등 사회상규에 반하는 행위로 인하여 가맹점사업자에게 발생한 손해에 대한 배상의무에 관한 사항

12. 그 밖에 가맹사업당사자의 권리·의무에 관한 사항으로서 대통령령이 정하는 사항

③ 가맹본부는 가맹계약서를 가맹사업의 거래가 종료된 날부터 3년간 보관하여야 한다.

④ 공정거래위원회는 가맹본부에게 건전한 가맹사업거래질서를 확립하고 불공정한 내용의 가맹계약이 통용되는 것을 방지하기 위하여 일정한 가맹사업거래에서 표준이 되는 가맹계약서의 작성 및 사용을 권장할 수 있다.

시행령

제12조【가맹사업당사자의 권리·의무에 관한 사항】 법 제11조제2항제12호에서 "대통령령이 정하는 사항"이란 다음 각 호의 어느 하나에 해당하는 사항을 말한다.

1. 가맹금 등 금전의 반환조건에 관한 사항
2. 가맹점사업자의 영업설비·집기 등의 설치와 유지·보수 및 그 비용의 부담에 관한 사항
3. 가맹계약의 종료 및 해지에 따른 조치 사항
4. 가맹본부가 가맹계약의 갱신을 거절할 수 있는 정당한 사유에 관한 사항
5. 가맹본부의 영업비밀에 관한 사항
6. 가맹계약 위반으로 인한 손해배상에 관한 사항
7. 가맹본부와 가맹점사업자 사이의 분쟁 해결 절차에 관한 사항
8. 가맹본부가 다른 사업자에게 가맹사업을 양도하는 경우에는 종전 가맹점사업자와의 계약에 관한 사항
9. 가맹본부의 지식재산권 유효기간 만료 시 조치에 관한 사항

천천히 볼까요. 우리가 계약서를 작성할 때 여러 가지 내용이 들

어가겠지만, 당사자(계약 체결하는 사람이 누구와 누구인지), 계약체결일(언제 만나 도장을 찍었는지), 계약 기간(언제부터 언제까지 효력이 있는지), 영업장소나 조건(가맹점포는 어디인지, 가맹금은 어떻게 얼마나 지급하는지), 계약의 종료나 해지[19](계약자가 사업을 중단하고 싶은 경우에 어떻게 해야 하는지 혹은 당사자의 의사와 무관하게 계약해지로 보는 경우는 무엇인지) 등의 사항은 필수적으로 들어가야 하는 것입니다. 그중에서도 눈여겨보아야 하는 것은 계약체결일인데, 가맹본부는 가맹희망자가 가맹계약의 내용을 미리 이해할 수 있도록 가맹계약서를 미리 보내주어야 하고, 계약서 제공한 날부터 14일이 지나지 않은 경우에는 가맹계약을 체결할 수 없기 때문입니다.

간혹, 가맹본부에서 계약체결일을 공란으로 해두라고 요구하거나, 가맹희망자가 계약서를 받아 보았다는 내용의 확인서상 날짜를 실제로 수령한 날보다 이전으로 해 달라고 요청하는 경우가 있습니다. 이는 가맹계약서를 수령하고 최소한 14일 이상 충분히 검토하도록 보장한 법의 취지를 몰각시키는 불법행위이기 때문에 절대로 받아줘서는 안 됩니다. 계약을 시작하면서부터 법을 지키지 않으려는 사업주와는 가맹사업을 계속하기 어렵겠죠. 덧붙여, 이런 행위가 형사 처벌의 대상이 될 수도 있음을 주지시켜야 합니다.

가맹금의 수령일 역시 마찬가지입니다. 가맹본부가 가맹금을 지

---

19 '해지'는 기존의 계약을 유효한 상태로 두고, 장래의 계약의 효력을 소멸시키는 행위를 말합니다(인터넷 2년 쓰다가 1년만 쓰고 '해지'하는 걸 생각해볼 수 있겠네요). '해제'와는 그 의미가 다른데, 해제는 기존 계약의 효과를 모두 소급하여 소멸시키는 행위를 뜻하기 때문이죠. 즉, 해제는 처음부터 계약이 없었던 것과 같은 것으로 봅니다.

급받을 수 있는 것 역시 가맹계약서 사전 제공·검토 기간(14일)이 지나야 가능하기 때문이죠(가맹희망자가 예치기관에 예치가맹금을 예치하는 때에는 최초로 예치한 날에, 가맹희망자가 최초로 가맹금을 예치하기로 가맹본부와 합의한 날이 있는 경우에는 그 날에 가맹금을 받은 것으로 봅니다).

여기에 더해서, 우리 법은 가맹계약서에 필수적으로 포함되어야 할 규정 사항을 21가지로 구분하여 나열하고 있습니다(11조 제2항, 시행령 12조).

① 영업표지의 사용권 부여에 관한 사항, ② 가맹점 사업자의 영업활동 조건에 관한 사항, ③ 가맹점 사업자에 대한 교육·훈련, 경영지도에 관한 사항, ④ 가맹금 등의 지급에 관한 사항, ⑤ 영업지역의 설정에 관한 사항, ⑥ 계약 기간에 관한 사항, ⑦ 영업의 양도에 관한 사항, ⑧ 계약해지의 사유에 관한 사항, ⑨ 가맹희망자 또는 가맹점 사업자가 가맹계약을 체결한 날부터 2개월(가맹점 사업자가 2개월 이전에 가맹사업을 개시하는 경우에는 가맹사업개시일)까지의 기간 동안 예치 가맹금을 예치기관에 예치하여야 한다는 사항, ⑩ 가맹희망자가 정보공개서에 대해 변호사 또는 가맹거래사의 자문을 받은 경우 그에 관한 사항, ⑪ 가맹본부 또는 가맹본부 임원의 위법행위 또는 가맹사업의 명성이나 신용을 훼손하는 등 사회상규에 반하는 행위로 인해 가맹점사업자에게 발생한 손해에 대한 배상의무에 관한 사항, ⑬ 가맹금 등 금전의 반환조건에 관한 사항, ⑭ 가맹점사업자의 영업설비·집기 등의 설치와 유지·보수 및 그 비용의 부담에 관한 사항, ⑮ 가맹계약의 종료 및 해지에 따른 조치 사항, ⑯ 가맹본부가 가맹계약의 갱신을 거절할 수 있는 정당한 사유에 관한 사항,

⑰ 가맹본부의 영업비밀에 관한 사항, ⑱ 가맹계약 위반으로 인한 손해배상에 관한 사항, ⑲ 가맹본부와 가맹점사업자 사이의 분쟁 해결 절차에 관한 사항, ⑳ 가맹본부가 다른 사업자에게 가맹사업을 양도하는 경우에는 종전 가맹점사업자와의 계약에 관한 사항, ㉑ 가맹본부의 지식재산권 유효기간 만료 시 조치에 관한 사항이 그것이죠. 가맹본부가 가맹계약서에 위 내용을 포함시키지 않을 때에는 공정거래위원회의 시정조치 대상이 되거나(제33조 제1항), 과징금 부과 대상이 될 수 있습니다(제35조).

다시 말해, 가맹점을 운영하는 입장에서 문제가 될 만한 내용들은 빠짐없이 가맹계약의 내용으로 규정되어야 한다고 이해하면 큰 무리가 없습니다. 가맹점사업자는 가맹본부의 브랜드가 쌓아온 이미지나 가치를 신뢰하고 가맹계약을 체결하고, 가맹계약이 지속되는 동안 가맹본부의 간판을 달고 영업을 해야 합니다. 그러니 본사의 상표·상호를 사용하는 데 필요한 허가와 관련된 내용, 가맹브랜드의 영업 방식에 대한 내용이 들어가야 하고, 제대로 된 영업을 위해 가맹본부로부터 제품을 공급받고 이를 다시 소비자에게 공급할 수 있도록 영업설비·집기 등의 설치와 유지·보수, 교육에 관한 내용이 포함되어야 하죠. 가맹금 지급이나 가맹금 예치기관에 관한 내용은 말할 것도 없구요.

앞서 언급한 영업지역과 관련한 분쟁을 예방하기 위해서 영업권역 설정, 가맹계약 기간, 영업 양도방식 등에 관한 규정도 규정되어야 할 겁니다. 가만히 보면 하나도 버릴 것이 없죠? 모두가 원활한 가맹사업 운영에 필수적인 사항들이므로 계약서를 검토할 때, 법조문을 옆에 펼쳐놓고 혹시라도 빠지는 것이 없는지, 지나치게 축소·과장된 것은 없는지 제대로 따져봐야 합니다.

가맹본부가 가맹계약서에 필수 기재사항을 누락한 경우에는 시정조치, 과징금 등을 받을 수 있습니다(가맹사업법 제33조부터 제35조까지). 가맹계약을 체결하려는 가맹희망자는 가맹본부가 가맹계약서에 필수 기재사항을 누락시킨 경우 그 사실을 공정거래위원회에 신고할 수 있습니다(가맹사업법 제32조의 3 제1항).

가맹계약의 성립과 효력

계약은 이를 체결하려는 자들의 대립하는 의사표시가 일치함으로써 성립합니다. 즉, 계약당사자 간의 합의로서 계약이 체결되는데, 이를 증명하기 위해 보통 계약서를 작성하고, 그 내용을 확인하고 동의했다는 의미로 계약서 마지막에 서명이나 날인을 합니다. 가맹계약도 마찬가지라서 가맹계약의 당사자인 가맹본부와 가맹희망자가 만나(혹은 쌍방의 대리인도 가능합니다) 가맹계약서의 내용을 확인하고 서명이나 날인함으로써 성립하게 됩니다. 계약이 성립되었다는 것은 그때로부터 계약서에 기재된 내용이 법적으로 효력이 생긴다는 걸 의미하지요.

가맹계약은 일방 당사자인 가맹본부와 다수의 상대방인 가맹희망자 간에 이루어지는 것이 보통이므로, 거의 모든 계약이 약관에 의한 계약형식을 따르게 됩니다. 앞서 말했듯이 이러한 약관에 의한 가맹계약서는 약관규제법의 적용을 받아 가맹희망자나 가맹점사업자를 두텁게 보호합니다. 하지만 약관이 아니라 개별적으로 약정을 체결하는 경우도 없는 것은 아니어서, 이때는 약관규제법이 아닌 민법이나 상법이 적용됩니다. 당사자가 합의한 내용 그대로 효력이 생기는 것이지요.

또한, 가맹본부가 약관을 지참하고 왔더라도, 실제 계약을 하면서 약관의 내용과 다르게 합의한 사항이 있을 경우에는, 해당 합의사항은 약관보다 우선하여 적용됩니다.

가맹본부는 체결된 가맹계약서를 가맹점사업자와의 거래가 종료된 날부터 3년간 보관해야 하고(가맹사업법 제11조 제3항), 이를 위반할 경우에는 1천만 원 이하의 과태료가 부과될 수 있습니다(제43조 제6항 제3호).

가맹계약의 종료
— 가맹계약의 해지

가맹계약 역시 계약의 일종이기 때문에, 해제나 해지, 기간의 만료,[20] 당사자의 사망이나 회사의 해산 등의 종료 사유가 있다면 종료됩니다. 그런데 가맹계약관계는 그 성질상 거래의 계속성이 중요하고, 가맹본부와 가맹점사업자의 상호의존성이 강한 특징이 있습니다. 이 때문에 계약기간이 매우 중요하고 실무상으로도 가맹계약 해지나 가맹계약 기간의 해석 등의 문제로 많은 다툼이 발생합니다. 특히 가맹점사업자는 사업 초기에 많은 돈을 투자하여 가맹사업을 시

---

20 당사자가 계약기간을 정해놓았다면(이를 기간의 정함이 있는 계약이라 합니다), 이를 테면 계약서에 3년, 5년 등으로 계약기간을 미리 기재해 놓은 경우에는 원칙적으로 위 기간이 만료되는 즉시 계약이 종료됩니다.

작하는 경우가 많기 때문에 가맹본부의 일방적인 의사로 인해서 계약이 종료된다면 가맹점사업자가 큰 손해를 입게 될 수 있습니다. 이에 우리 법은 가맹계약갱신제도(제13조)와 해지제한규정(제14조)을 두어 가맹점사업자를 보호하고 있습니다.

'계약의 해지'란 계약으로 합의한 사항이 정상적으로 이행되지 않을 때 한 당사자가 다른 당사자에게 일방적인으로 해지의 뜻을 밝혀 계약의 효력을 없애버리는 것을 말합니다. 즉, 계약이 해지되면 그 이후부터 계약은 효력을 잃게 되는 것이죠(민법 제543조 제1항 및 제550조). 계약이 해지되더라도 계약이 해지되기 전에 계약의 당사자 사이에서 발생한 채권과 채무는 유효하게 존속하고, 손해가 발생한 때에는 손해배상을 청구할 수 있습니다(민법 제551조).

가맹점사업자와 가맹본부 사이에 가맹계약이 해지되면 상표사용권, 상호사용권과 같은 가맹사업에 필요한 권리는 더이상 행사할 수 없으며, 가맹금 지급의무와 같은 의무 역시 부담할 필요가 없지만, 이미 가맹본부로부터 구입한 물품·용역대금에 대한 채무는 그대로 유지됩니다. 가맹계약이 해지되더라도 이미 받은 재료, 자재에 대한 지불의무 역시 남게 됩니다.

가맹계약 해지사유는 해지권의 발생이유를 법률로써 정해놓은 ① 법정해지,[21] 당사자 간 약정(계약)으로 미리 정해놓은 ② 약정해지, 서로 간의 합의로서 계약을 해지하는 ③ 계약해지(합의해지),[22] ④ 실권

---

[21] 가맹사업법에서는 해지와 관련된 규정이 없습니다. 다만, 일반법인 민법상 법정해제사유인 제554조~제546조를 가맹 계약관계에 적용할 수 있는 법정해지사유로 볼 수 있는지에 대해서 다툼이 있습니다.

[22] 이 경우는 계약의 해지를 위한 상호 합의, 즉 해지를 위한 청약과 승낙의 교환으

약관(해제조건부 계약),[23] ⑤ 즉시해지[24] 등으로 구분할 수 있습니다.

가맹계약을 해지하려면 사전에 합의로서 정한 해지사유가 발생하거나, 가맹점사업자의 귀책사유로 인해 거래관계를 지속하기가 어려운 경우 등의 사유가 있어야 하고, 가맹본부의 일방적인 영업방침에 따라 부당하게 계약해지행위를 하여서는 안 됩니다(공정거래위원회 의결(약) 제2005-069호).

가맹본부가 가맹점사업자와의 가맹계약을 해지할 때에는 2개월 이상의 유예기간을 두고 '구체적인 계약위반 사실'과 '그 위반사실을 고치지 않으면 계약을 해지한다는 사실'을 서면으로 2회 이상 가맹점사업자에게 통지해야만 합니다(가맹사업법제14조 제1항 본문).

제14조 제1항

"가맹본부는 가맹계약을 해지하려는 경우에는 가맹점사업자에게 2개월 이상의 유예기간을 두고 계약의 위반 사실을 구체적으로 밝히고 이를 시정하지 아니하면 그 계약을 해지한다는 사실을 서면으로 2회 이상 통지하여야 한다. 다만, 가맹사업의 거래를 지속하기 어려운 경우로서 대통령령이 정하는 경우에는 그러하지 아니하다."

로서 새로운 계약을 다시 한 번 체결한다고 이해하면 쉽습니다.

23 가맹계약서에 미리 '당사자가 어떠한 행동을 하는 경우 계약은 자동으로 효력을 잃는다'는 취지의 조항을 두는 것을 말합니다. 이 실권약관은 그 내용에 따라 가맹점 사업자에게 지나치게 불합리한 결과를 가져온다면 불공정조항이 되어 무효가 됩니다("프랜차이즈 가맹점이 연중무휴 하루 18시간 이상 영업을 하지 않을 경우 사전 최고 없이 즉시 본 계약을 해지할 수 있다"고 규정한 경우 등).

24 가맹사업을 더이상 유지하기 어려운 일정한 사유가 있는 경우 해지 규정(제14조)의 적용이 없이 즉시 가맹계약을 해지하도록 한 것(시행령 제15조)

다만, 가맹사업의 거래를 지속하기 어려운 다음의 경우에는 통지하지 않고 가맹계약을 해지할 수 있습니다(즉시해지, 가맹사업법 제14조 제1항 단서 및 시행령 제15조).

가맹사업법이 규정하는 즉시해지사유는 아래와 같습니다.

제15조【가맹계약의 해지사유】 법 제14조제1항 단서에서 "대통령령이 정하는 경우"란 다음 각 호의 어느 하나에 해당하는 경우를 말한다.

1. 가맹점사업자에게 파산 신청이 있거나 강제집행절차 또는 회생절차가 개시된 경우
2. 가맹점사업자가 발행한 어음·수표가 부도 등으로 지불정지된 경우
3. 천재지변, 중대한 일신상의 사유 등으로 가맹점사업자가 더이상 가맹사업을 경영할 수 없게 된 경우
4. 다음 각 목의 어느 하나에 해당하여 가맹사업에 중대한 장애를 초래한 경우
   가. 가맹점사업자가 공연히 허위사실을 유포함으로써 가맹본부의 명성이나 신용을 뚜렷이 훼손한 경우
   나. 가맹점사업자가 가맹점 운영과 관련되는 법령을 위반하여 다음의 어느 하나에 해당하는 행정처분을 받음으로써 가맹본부의 명성이나 신용을 뚜렷이 훼손한 경우
      1) 그 위법사실을 시정하라는 내용의 행정처분
      2) 그 위법사실을 처분사유로 하는 과징금·과태료 등 부과처분
      3) 그 위법사실을 처분사유로 하는 영업정지 명령
   다. 가맹점사업자가 가맹본부의 영업비밀 또는 중요정보를 유출한 경우
5. 가맹점사업자가 가맹점 운영과 관련되는 법령을 위반하여 이를 시정하라는 내용의 행정처분(과징금·과태료 등의 부과처분을 포함한다)

을 통보받고도 행정청이 정한 시정기한(시정기한을 정하지 아니한 경우에는 통보받은 날부터 10일) 내에 시정하지 않는 경우

6. 가맹점사업자가 가맹점 운영과 관련되는 법령을 위반하여 자격·면허·허가 취소 또는 영업정지 명령(15일 이내의 영업정지 명령을 받은 경우는 제외한다) 등 그 시정이 불가능한 성격의 행정처분을 받은 경우. 다만, 법령에 근거하여 행정처분을 갈음하는 과징금 등의 부과처분을 받은 경우는 제외한다.

7. 가맹점사업자가 법 제14조제1항 본문에 따른 가맹본부의 시정요구에 따라 위반사항을 시정한 날부터 1년(계약갱신이나 재계약된 경우에는 종전 계약기간에 속한 기간을 합산한다) 이내에 다시 같은 사항을 위반하는 경우. 다만, 가맹본부가 시정을 요구하는 서면에 다시 같은 사항을 1년 이내에 위반하는 경우에는 법 제14조제1항의 절차를 거치지 아니하고 가맹계약이 해지될 수 있다는 사실을 누락한 경우는 제외한다.

8. 가맹점사업자가 가맹점 운영과 관련된 행위로 형사처벌을 받은 경우

9. 가맹점사업자가 공중의 건강이나 안전에 급박한 위해를 일으킬 염려가 있는 방법이나 형태로 가맹점을 운영하는 경우

10. 가맹점사업자가 정당한 사유 없이 연속하여 7일 이상 영업을 중단한 경우

가맹계약해지의 제한

이처럼 장래를 향해 가맹계약의 효력을 소멸케 할 수 있는(해지할 수 있는) 권리를 해지권(解止權)이라고 하는데, 해지권은 법률의 규정이나(법정해지권), 당사자의 계약(약정해지권) 등 그 발동의 근거가 있어야 행사할 수 있습니다. 따라서 가맹본부가 가맹계약에도 없는 사유를 들어 가맹계약을 해지하는 경우, 불공정거래행위로서 가맹사업법위반이 될 수 있습니다(가맹사업법 제12조 제1항 1호, 시행령 제13호

제1항 별표2).

　가맹본부가 가맹계약을 해지할 정당한 사유가 있다고 하더라도, 가맹계약을 해지하기 위하여는 2개월 이상의 유예기간을 두고 "구체적인 계약위반 사실"과 "그 위반사실을 고치지 않으면 계약을 해지한다는 사실"을 서면으로 2회 이상 가맹점사업자에게 통지해야만 합니다(가맹사업법 제14조 제1항 본문). 민법의 일반원리에 따르면 계약의 당사자 일방이 상대방의 계약의무 위반(채무불이행)이 있을 때 상당한 기간을 정해 이행을 최고[25]하고, 그 기간이 지나도 이행하지 않을 경우에만 계약을 해지할 수 있습니다(민법 제544조 유추적용). 즉, 한 번의 최고만 있으면 되고 상당한 기간이 얼마인지에 대해서도 획일적 기준이 없기 때문에, 이 원칙을 가맹거래관계에까지 적용하면 가맹본부가 가맹점사업자가 해지권을 남용할 수 있다고 보아 해지사유를 더욱 까다롭게 규정한 것이죠.

　가맹본부가 가맹점사업자에게 통지하지 않고 한 가맹계약의 해지는 그 효력이 없습니다(가맹사업법 제14조 제2항). 다만, 앞서 본 즉시해지사유, 즉 가맹사업의 거래를 지속하기 어려운 경우에는 통지하지 않고 가맹계약을 해지할 수 있습니다. 이러한 경우에는 2개월 이상의 기간을 두고 2회 이상의 시정요구를 한다는 것 자체가 무의미하기 때문입니다.

　우리 법원은 가맹사업법에서 명시적으로 규정하고 있는 사유가

---

[25] 돈을 지급하라, 가옥을 명도하라, 무능력자의 행위를 인정하라와 같이 상대방에게 어떠한 행위를 할 것을 요구하는 통지를 말합니다. 채무불이행에서는 '채무를 이행하라'는 것이 최고가 됩니다.

아니더라도 해당 사유에 준하는 정도로서 가맹사업의 거래를 지속하기 어려운 경우(이를테면 '가맹점의 임차권 소멸')를 가맹계약의 자동해지사유로 규정한 것을 정당한 해지사유라고 보고 있습니다.

> 이 사건 계약의 목적이 甲이 이 사건 점포에서 영업을 하여 원·乙 모두의 수익을 창출하는 데 있는데 점포 임차권이 소멸함으로써 이 사건 계약의 목적을 달성할 수 없게 되므로 점포 임차권의 소멸을 이 사건 계약의 자동해지 사유의 하나로 규정하였다는 이유만으로는 이 사건 계약의 자동해지 사유 중 하나인 점포 임차권의 소멸에 관하여 그 문언대로의 의사표시의 존재와 내용을 인정할 수 없는 특별한 사정이 존재한다고 볼 수 없다. 따라서 이 사건 계약의 자동해지 사유 중 하나인 점포 임차권의 소멸은 문언 그대로 '이 사건 임대차계약이 종료하는 경우'를 의미한다고 봄이 상당하다(대법원 2008. 10. 9. 선고 2007다33811 판결).

이외에 가맹계약 해지사유로서 정당한 사유는 ① 가맹점사업자가 수 회 이상 공급받은 물품의 대금지급을 연체하는 경우, ② 가맹점사업자가 수 회 이상 정기 로열티 등 가맹금의 지급을 연체하는 경우, ③ 가맹점사업자가 로열티 산정을 위해 필요한 보고·통지 의무를 위반하여 허위통지를 하는 경우, ④ 가맹본부의 품질관리기준을 수 회 위반하는 경우, ⑤ 가맹점 사업자가 협의 없이 점포운영을 수일 이상 방치하는 경우, ⑥ 가맹점사업자가 파산, 부도, 강제집행을 당하는 경우 등이 있습니다(공정위표준약관 10024호 참조).

또한 대법원은, '고객이 사업자의 사전동의 없이 대표자를 변경하였을 때', '고객의 영업부진, 운영부실 또는 기타의 사유로 제품의

판매 등 업무수행에 부적합하다고 판단될 때', '고객이 계약의 근본
취지에 어긋나는 행위를 하거나 계약의 주요한 사항을 위반하는 때'
와 '기타 고객이 본 계약을 유지할 수 없는 중대한 사유가 발생하는
때' 등을 계약해지사유로 규정하고 있는 것이 '고객에 대하여 부당
하게 불이익을 줄 우려가 있는 조항'에 해당하지 않는다고 판단하였
습니다(대법원 2005. 10. 13. 선고 2003두1110 판결).

(1) 이 사건 약관 제30조 제5호는 '고객의 영업부진, 운영부실 또는 기타의
사유로 제품의 판매 등 업무수행에 부적합하다고 판단될 때'를 계약해
지사유로 규정하고 있는바, 위 약관조항의 '영업부진, 운영부실 또는
기타의 사유' 자체는 비교의 기준시점, 비교대상, 기대수준 등에 따라
차이가 있을 수 있고 약관에 이에 관한 객관적인 기준이 있는 것도 아니
지만, 위 약관조항은 위와 같은 사유가 있는 외에 그러한 사유로 인하여
제품의 판매 등 딜러로서의 업무를 계속하여 수행하기에 적합하지 아니
한 경우에 비로소 해지사유가 된다는 것이고, 딜러로서의 업무를 계속
하여 수행하기에 적합하지 아니한 경우에 해당하는지 여부 또한 甲의
주관적인 판단에 의한다는 것이 아니라 영업부진, 운영부실의 정도 등
딜러의 객관적인 사정에 비추어 그와 같이 판단되는 경우를 의미하는
것으로 해석되며, 딜러가 딜러로서의 업무를 계속하여 수행하기에 적
합하지 아니한 경우는 딜러계약에 따른 거래를 계속하기 어려운 '부득
이한 사정이 있는 때'에 해당한다고 할 것이므로, **위 약관조항은 그 해
지사유에 해당하는지 여부에 관한 객관적인 판단 기준이 없어 사업자인
甲이 이를 자의적으로 해석할 우려가 있다고 할 수 없고,**
(2) 이 사건 약관 제30조 제7호는 '고객이 계약의 근본취지에 어긋나는 행
위를 하거나 계약의 주요한 사항을 위반하는 때'를 계약해지사유로 규

정하고 있는바, '계약의 근본취지에 어긋나는 행위'란 사업자의 영업비밀의 누설 등 신뢰관계에 바탕을 둔 딜러계약의 취지에 비추어 허용되지 않는 행위를, '계약의 주요한 사항을 위반하는 때'란 딜러계약에서 지켜야 할 중요한 의무를 위반하는 때를 의미하고, 딜러가 이에 해당하는 행위를 하게 되면 사업자의 딜러에 대한 신뢰가 깨어져 딜러계약에 따른 거래를 계속하기 어려운 '부득이한 사정이 있는 때'에 해당한다고 할 것이므로, **위 약관조항은 그 취지가 추상적이고 불분명한 개념을 사용하여 사업자인 甲이 이를 자의적으로 해석할 우려가 있다고 할 수 없으며,**

(3) 이 사건 약관 제30조 제8호는 '기타 고객이 본 계약을 유지할 수 없는 중대한 사유가 발생하는 때'를 계약해지사유로 규정하고 있는바, 이는 고객인 딜러에게 계약 당시 예상할 수 없는 중대한 사유가 발생하여 딜러계약에 따른 거래를 계속할 수 없는 경우를 의미하므로 상법 제92조 제2항, 제83조 제2항의 '부득이한 사정이 있는 때'와 같은 내용의 해지사유를 정한 것에 불과하고, 따라서 **甲이 이를 자의적으로 해석할 우려가 있다고 할 수 없으므로, 위 각 약관조항은 甲에게 법률에서 규정하지 아니한 해지권을 부여하거나 해지권의 행사요건을 완화한 조항이라고 할 수 없어 법 제9조 제2호에 해당한다고 할 수 없다(대법원 2005. 10. 13. 선고 2003두1110 판결).**

가맹금의 반환

가맹희망자나 가맹점사업자는 다음의 경우 가맹본부에 대하여 지급한 가맹금의 반환을 요구할 수 있습니다(가맹사업법 제10조 제1항).

– 가맹본부가 가맹희망자에게 거짓이나 과장된 정보를 제공하거나 중요한 사항을 빠뜨리고 제공한 경우에 허위 또는 과장된 정보나 중요사항의 빠

가맹계약의 갱신

우리는 김대리처럼 돈을 벌기 위해 프랜차이즈에 가입했습니다. 장사가 잘 되면 그야말로 꿈을 이룬 셈입니다. 하지만 계약기간을 '영원히'라고 적을 수는 없는 노릇. 모든 시작에 끝이 있듯이 가맹계약 역시 언젠가는 약속한 기간이 다가올 겁니다(계약기간의 종료).

장사가 잘 되면, 가맹본부도 마냥 좋은 것 아닌가요? 꼭 그런 것 같지는 않은 것 같습니다. 지난 2015년 게재된 기사를 한번 보고 오지요.

B죽, 10년차 가맹점 일방적 계약 해지 '갑질논란'[26]

2015-04-08, 김민기 기자

유명 죽 전문 프랜차이즈가 가맹점들을 상대로 '갑의 횡포'를 부렸다는 논란이 일고 있다.

본사가 10년차 가맹점에게 기존 상권을 포기하고 카페형태로의 전환을

---

26 http://www.newsis.com/ar_detail/view.html/?ar_id = NISX20150408_
0013587688

요구했으나, 이를 받아들이지 않아 일방적으로 가맹계약 해지를 통보했다는 것이다.

8일 업계에 따르면 전국에 1300여개 가맹점을 가지고 있는 B죽의 본사는 최근 가맹 관계를 유지해오던 10년차 가맹점을 상대로 계약을 해지했다.

10년차 가맹점들은 본사가 다른 프랜차이즈 브랜드인 'B죽&비빔밥 cafe' 등으로 신규 가맹을 요구했다고 주장하고 있다. 이에 응하지 않으면 가맹사업법에 따라 10년 된 가맹점주들에게 일방적으로 계약 해지를 통보했다고 밝혔다.

본사의 통보로 가게를 접을 경우 가맹점 사장들은 가게와 상권을 모두를 포기해야 한다. 10년이나 함께 본사와 가맹점주로 함께 성장을 해왔는데 계약 해지를 당하게 된 가맹점주들은 억울하다는 입장이다.

이런 상황임에도 가맹점주를 보호해줄 법적 근거는 없다. 2008년에 제정된 가맹사업법에 따르면 가맹점 사업자의 계약갱신요구권은 전체 가맹계약 기간이 10년을 초과하지 않는 범위 내에서만 행사할 수 있기 때문이다.

즉, 본사는 최초 계약 이후 10년 동안 가맹점주의 가맹계약 갱신 요구에 관한 권리를 보장하고 10년이 지나면 본사가 특별한 사유 없이도 더이상 계약을 하지 않아도 된다. 이는 법률 제정 당시 프랜차이즈 사업이 1~2년 만에 문을 닫는 일이 비일비재했고, 10년이나 프랜차이즈 가맹계약이 유지되는 경우가 드물었기 때문이다.

한 가맹점주는 "본사가 자신들의 이익만 생각하고 있다"면서 "가맹점과 상생을 한다고 하더니 상생은 없었다"고 지적했다.

이와 더불어 B죽은 인터넷 카페를 운영하던 가맹점주에게 허위사실을 유포한다며 일방적으로 계약해지를 통보한 것으로 알려졌다. B죽 본사에서 알려준 양도양수에 관한 내용을 500여 명의 회원들에게 고지한 것을 두고 '허위사실 유포'라며 계약을 해지한 것이다.

또 본사에서 제공하는 물건과 식자재를 특허를 받은 반찬들이라며 비싼 가격으로 가맹점주에게 판매한 것으로 전해졌다. 정작 B죽의 반찬들이 실제로는 특허청에서 특허를 받지도 않은 상태였다.

B죽은 법무법인을 통해 "10년차 점주들에게 카페 형태 전환 및 계약 해지를 강제했다는 것은 사실과 다르다"며 "가맹사업법의 규정에 따라 만 10년이 경과되는 가맹점에 대해 규정 조항을 담은 통지를 서면으로 전달하고 있고, 만 10년차 가맹점은 신규 가맹점 희망자와 동등한 위치에서 가맹본부의 새로운 조건으로 가맹계약을 체결해야 한다"고 해명했다.

이어 "지난 2014년에 만 10년차 가맹점에 해당하는 총 85개점 중 81개점에 대해 계약을 유지했으며 이 중 카페 매장으로 전환한 곳은 단 한곳도 없다"고 밝혔다.

위 기사는 유명한 죽 프랜차이즈 본사(가맹본부)와 가맹점 사업자 사이에 발생한 분쟁에 관한 이야기입니다. 가맹 점주들은 본사가 계약을 체결한 지 10년이 지나자 일방적으로 가맹계약해지를 통보해 왔고, 본사에서 추진하는 새로운 프랜차이즈 브랜드에 다시 가입해야만 가맹계약 갱신을 허락해준다고 말했다 합니다.

이러한 요구가 있을 때, 가맹점주들은 어떻게 대응해야 할까요? 기존의 가맹사업이 잘 되고 있고, 새로운 가맹브랜드에 가입할 생각이 없다면 가맹본부의 제안을 거절할 수 있을까요? 가맹점 사업자들이 10년이 지난 계약을 다시 갱신할 권리는 없는 것일까요? 답은 역시나 조문 안에 있습니다.

제13조【가맹계약의 갱신 등】① 가맹본부는 가맹점사업자가 가맹계약기간 만료 전 180일부터 90일까지 사이에 가맹계약의 갱신을 요구하는 경우 정당한 사유 없이 이를 거절하지 못한다. 다만, 다음 각 호의 어느 하나에 해당하는 경우에는 그러하지 아니하다.

1. 가맹점사업자가 가맹계약상의 가맹금 등의 지급의무를 지키지 아니한 경우
2. 다른 가맹점사업자에게 통상적으로 적용되는 계약조건이나 영업방침을 가맹점사업자가 수락하지 아니한 경우
3. 가맹사업의 유지를 위하여 필요하다고 인정되는 것으로서 다음 각 목의 어느 하나에 해당하는 가맹본부의 중요한 영업방침을 가맹점사업자가 지키지 아니한 경우
   가. 가맹점의 운영에 필요한 점포·설비의 확보나 법령상 필요한 자격·면허·허가의 취득에 관한 사항
   나. 판매하는 상품이나 용역의 품질을 유지하기 위하여 필요한 제조공법 또는 서비스기법의 준수에 관한 사항
   다. 그 밖에 가맹점사업자가 가맹사업을 정상적으로 유지하기 위하여 필요하다고 인정되는 것으로서 대통령령으로 정하는 사항

② 가맹점사업자의 계약갱신요구권은 최초 가맹계약기간을 포함한 전체 가맹계약기간이 10년을 초과하지 아니하는 범위 내에서만 행사할 수 있다.

③ 가맹본부가 제1항에 따른 갱신 요구를 거절하는 경우에는 그 요구를 받은 날부터 15일 이내에 가맹점사업자에게 거절 사유를 적어 서면으로 통지하여야 한다.

④ 가맹본부가 제3항의 거절 통지를 하지 아니하거나 가맹계약기간 만료 전 180일부터 90일까지 사이에 가맹점사업자에게 조건의 변경에 대한 통지나 가맹계약을 갱신하지 아니한다는 사실의 통지를 서면으로 하지 아니하는 경우에는 계약 만료 전의 가맹계약과 같은 조건으로 다시 가맹계약을 체결한 것으로 본다. 다만, 가맹점사업자가 계약이 만료되는 날부터 60일 전까지 이의를 제기하거나 가맹본부나 가맹점사업자에게 천재지변이나 그 밖에 대통령령으로 정하는 부득이한 사유가 있는 경우에는 그러하지 아니하다.

1항을 먼저 보겠습니다. 가맹점사업자는 가맹계약의 기간이 만료하기 전 180일부터 90일까지의 사이에 가맹본부에게 가맹계약의 갱신을 요구할 수 있습니다(가맹사업법 제13조 제1항). 이 요구를 받은 가맹본부는 정당한 사유 없이 계약의 갱신을 거절할 수 없습니다(제13조 제1항). 원칙적으로 가맹본부는 가맹점 사업자가 원하는 만큼 가맹사업을 유지할 수 있도록 배려할 의무가 있는 것이죠. 이 역시 가맹점주를 보호하기 위한 규정입니다. 이를 '갱신요구권'이라고 부릅니다.

이 '갱신요구권'은 가맹점사업자의 일방적이고 단독적인 의사표시만으로 그 효과가 발생합니다. 이처럼 권리자의 일방적인 의사표시만으로 권리의 변동(법률관계의 발생·변경·소멸 등)을 발생시키는 권리를 법률용어로 '형성권'이라고 합니다. 이 가맹사업법 제13조의 가맹계약갱신요구권은 개정사업법 시행(2008.2.4.) 이후 체결되거나 갱신된 가맹계약부터 적용됩니다(부칙 4조). 즉, 2008년 2월 4일 이전에 체결된 가맹계약은 가맹점 사업자에게 갱신요구권이 인정되지 않는 것입니다.[27]

하지만 이 갱신요구권이 언제나, 무조건, 반드시 인정되는 것은 아닙니다. 첫째로, 가맹계약이 그 기간의 만료에 따라 종료되어야 합니다. 계약의 중간에 가맹점사업자가 계약위반(채무불이행)을 하여

---

[27] 법 개정 전에(10년의 가맹계약갱신요구권이 인정되기 전) "가맹점사업자가 가맹계약의 갱신을 요청한 경우 가맹본부는 정당한 사유 또는 합리적 사유가 있어야 계약의 갱신을 거절할 수 있지만, 9년의 기간 동안 가맹계약이 계속된 경우에는 가맹계약의 갱신을 거절할 수 있다"고 판단한 사례가 있습니다(서울고등법원 2010. 3. 18. 선고 2009나77848 판결).

해지된 경우에는 가맹계약이 인정되지 않는 것이죠.

또한, 행사 가능한 기간이 '전체 계약기간 10년'으로 제한되어 있습니다.

제13조 제2항

"가맹점사업자의 계약갱신요구권은 최초 가맹계약기간을 포함한 전체 가맹계약기간이 10년을 초과하지 아니하는 범위 내에서만 행사할 수 있다."

이 조항은 10년의 가맹계약기간이면 굳이 법이 보호하지 않더라도, 가맹점사업자가 초기에 투자한 자본의 회수가 가능하고, 새로운 사업이나 계약을 검토할 정도의 안정적인 기반을 형성했을 것이라 판단해 만들어졌습니다. 다시 말해, 가맹점 사업자가 안정적인 사업을 유지하기 위해 적어도 10년간은 본부의 일방적인 계약파기의 걱정 없이 영업을 할 수 있게 보장해준 것이죠.

그런데 가맹점사업자를 위해 만들어진 이 규정이 때로는 가맹점사업자의 생계를 위협하기도 합니다. 가맹본부가 계약을 체결한지 10년의 기간만 지나면, 이전보다 무리한 계약조건을 요구하고, 이를 수락하지 않으면 가맹계약을 해지해버리는 경우가 생긴 겁니다. 물론 법이 여러 사정을 감안해 최소한의 보호기간으로 10년을 정한 것이니, 가맹본부로서는 총 10년을 채워주었다면 가맹계약을 해지하더라도 아무런 문제가 없다고 볼 수 있습니다. 하지만 가맹점주 입장에서는 10년이나 열과 성을 다해 꾸려온 가게의 문을 하루아침에 닫아버려야 한다고 하면 날벼락과도 같은 일이 될 수 있습니다. 말이 10년이지, 요즘 같은 시장상황에서는 10년이나 사업을 지속하는 게 쉽지 않은 일이거든요. 개인적으로는, 가맹본부가 10년이 지나고 나서 가맹계약을 해지하게 될 경우에는 본사의 프랜차이즈를 오랜 기간 유지해온 가맹점사업자에게 일정한 보상을 해주거나, 어느 정도의 수익성을 갖추었다면 계약 갱신을 거절하지 못하는 방향으로 법을 개정해 가맹점주가 계속적으로 가맹점을 운영할 수 있게 하는 방향으로 법의 개정이 필요하다고 생각합니다. 하지만 "악법도 법이다"라고 했나요. 현행법상으로는 가맹본부가 계약기간이 10년을 초과할 때 계약의 갱신을 거절하더라도 어찌할 도리가 없습니다.

이러한 비판을 수용해, 공정거래위원회는 2019년 5월 28일 가맹분야 '장기점포[28]의 안정적 계약 갱신을 위한 지침(가이드라인)'을 발표했습니다. 이 가이드라인은 총 가맹 계약기간이 10년 이상인 장기점포들의 계약갱신이 공정하고 예측 가능한 기준 및 절차에 따라 이루어지기 위한 목적으로 만들어졌습니다.

장기점포의 안정적 계약갱신을 위한 가이드라인

1. 목적

이 가이드라인은 가맹본부가 최초 가맹계약기간을 포함한 전체 가맹계약기간이 10년을 앞두고 있거나 10년을 초과한 가맹점사업자(이하 "장기점포 운영자"라 한다)와 계약갱신 여부를 판단하는 기준 및 관련 절차 등을 규정함으로써 가맹본부의 「가맹사업거래의 공정화에 관한 법률(이하 "가맹사업법"이라 한다)」 위반을 사전에 예방하고 장기점포 운영

---

28 가맹사업법상 10년의 계약갱신 요구권 인정기간이 경과된 가맹점.

자의 안정적 경영여건을 보장하여 가맹본부와 가맹점사업자가 균형 있게 발전할 수 있도록 함을 목적으로 한다.

2. 기본원칙

가. 장기점포 운영자는 브랜드 가치 제고, 상권개척 등 가맹본부의 수익 증대에 장기간 기여해 온 가맹점사업자이므로 가맹본부는 장기점포 운영자에 대한 계약을 안정적으로 보장한다.

나. 장기점포 운영자 또한 관련 법령, 가맹본부의 중요한 영업방침 등을 준수함으로써 가맹본부의 명성을 유지하기 위해 노력한다.

3. 가맹본부가 장기점포 운영자와의 계약갱신 여부를 결정하는 기준

가맹본부는 장기점포 운영자의 계약의 안정성을 보장하기 위해, 장기점포 운영자가 계약갱신에 대하여 다음과 같은 특별한 사유에 해당하지 않는 한 계약을 갱신한다.

가. 장기점포 운영자에게 가맹사업법 제13조 제1항 각 호의 사유가 있는 경우

나. 가맹점사업자에게 사전에 통지된 기준에 따라 운영되는 평가시스템에서 장기점포 운영자가 사전에 통지된 수준 이하의 평가를 받은 경우

4. 가맹점 평가시스템

가맹본부는 장기점포 운영자와의 계약갱신 여부를 공정하고 투명하게 결정하기 위한 목적으로 다음과 같은 가맹점 평가시스템을 도입하여 운영한다.

가. 가맹본부는 가맹사업의 성공적 운영을 위해 가맹점사업자가 준수하여야 할 사항을 반영하여 평가지표를 마련한다. 이 경우 평가지표, 평가지표에 부여된 배점, 평가지표별 가중치, 평가방식 등 가맹점 평가와 관련된 사항(이하 "평가지표 등"이라 한다)을 사전에 공개한다.

나. 가맹본부는 가맹점사업자 또는 가맹점사업자단체가 평가지표 등에 대한 의견을 제시한 경우, 평가지표 등의 적절성을 주기적으로 재검토한다.

다. 가맹본부는 장기점포 운영자를 포함한 모든 가맹점사업자에 대하여 매년 평가지표 등에 따른 평가를 실시한다. 가맹본부는 평가결과를 개별적으로 통지하고, 가맹점사업자가 요구하는 경우 이를 열람할 수 있도록 한다.

라. 가맹본부는 가맹점사업자에게 평가결과를 통지한 날로부터 30일의 기간 동안 이의를 제기할 수 있는 기간을 보장한다.

마. 가맹점사업자가 이의를 제기한 경우, 가맹본부는 이의제기일로부터 45일 내에 이의제기에 대한 검토결과 및 그 사유를 통지한다.

5. 관련 법령의 준수

3.에도 불구하고 가맹본부는 다음과 같이 가맹사업법 등 관련 법령에 반하여 부당하게 장기점포 운영자의 계약갱신 요청을 거절하여서는 아니 된다. 다음과 같은 행위는 부당한 계약갱신 거절에 해당할 수 있다.

가. 가맹본부의 권유 또는 요구에 따라 장기점포 운영자가 점포환경개선 등 일정 금액을 투자하였음에도 불구하고 가맹본부가 투자금액을 회수할 수 있는 충분한 기간이 경과되기 전에 장기점포 운영자의 계약갱신 요청을 거절하는 경우

나. 장기점포 운영자의 가맹점사업자단체 구성·가입·활동 등을 이유로 장기점포 운영자의 계약갱신 요청을 거절하는 경우

다. 장기점포 운영자가 가맹본부의 부당한 점포환경개선 강요, 부당한 영업시간 구속, 부당한 영업지역 침해 등에 불응하거나 이의를 제기하였다는 이유로 장기점포 운영자의 계약갱신 요청을 거절하는 경우

라. 장기점포 운영자가 분쟁조정 신청, 공정거래위원회의 서면실태조사에 대한 협조, 공정거래위원회에 대한 신고 및 조사에 대한 협조 등 관련 법령에 의해 허용되는 행위를 하였다는 이유로 장기점포 운영자의 계약갱신 요청을 거절하는 경우

6. 계약갱신의 절차

가맹본부와 장기점포 운영자는 계약갱신 여부를 결정함에 있어 다음과 같은 절차를 준수한다.

가. 가맹본부는 계약기간 만료일로부터 180일 내지 150일 전까지의 기간 내에 장기점포 운영자에 대하여 계약갱신 가능 여부 및 그 사유(계약갱신이 불가능하다는 사실을 통지하는 경우에는 3.에 규정된 사유)를 통지한다.

나. 가맹본부로부터 계약갱신이 불가능하다는 사실을 통지받은 장기점포 운영자는 거절 통지를 받은 날부터 30일 내에 계약갱신 거절사유에 대한 이의를 제기하거나, 해당 사유를 시정할 것을 조건으로 일정 기간 동안 가맹계약을 연장해줄 것을 신청(이하 "유예기간 신청"이라 한다)할 수 있다.

다. 장기점포 운영자로부터 이의제기 또는 유예기간 신청을 받은 가맹본부는 신청을 받은 날로부터 30일 내에 장기점포 운영자의 이의제기 또는 유예기간 신청에 대한 검토결과 및 그 사유를 통지한다.

라. 장기점포 운영자는 6.다.에 따른 통지를 받은 날로부터 30일 내에 가맹본부가 5.에 해당된다는 사실을 근거로 계약갱신을 요청할 수 있다.

마. 장기점포 운영자로부터 6.라.에 따른 이의제기를 받은 가맹본부는 신청을 받은 날로부터 30일 내에 이의제기에 대한 검토결과 및 그 사유를 통지한다.

7. 계약종료에 따른 조치

가맹본부는 장기점포 운영자와 계약을 종료하려는 경우, 해당 점포에 대한 양수도가 원활히 이루어질 수 있도록 성실히 협력한다.

8. 협약의 체결

가맹본부는 가맹점사업자와 가이드라인의 주요 내용이 담긴 협약을 체결할 수 있다.

현행 가맹사업법은 가맹점주의 계약 갱신 요구권을 10년간 인정하고 이를 위한 구체적인 갱신 절차를 규정하고 있지만, 해당 기간

이후의 계약 갱신 기준 및 절차는 규정하고 있지 않고 있습니다. 물론, 10년의 계약 갱신 요구권과는 별도로 가맹본부의 계약 갱신 거절에 '부당성'이 인정되면 불공정 거래 행위로 제재의 대상이 되지만, 이미 계약 갱신이 거절된 이후에는 부당성 여부를 판단하는 데 많은 시간이 소요되어 가맹점주의 실질적인 피해를 구제하는 데에 한계가 있었습니다.

즉, 장기 점포의 계약 갱신 거절 문제는 앞으로 지속적으로 발생할 수 있는 구조적 문제라는 점에서, 공정위가 가이드라인 형태로 바람직한 계약 갱신 관행을 제시하게 된 것이죠.

이에 따르면 가맹본부는 원칙적으로 장기점포운영자(가맹점사업자)와 계약의 갱신을 원칙적으로 거절할 수 없으며,[29] 특별한 사유가 있는 경우에만 거절할 수 있습니다(제13조 제1항 단서의 계약갱신 거절 가능사유[30]나 가맹점사업자에게 사전에 통지된 기준에 따라 운영되는 평가 시스템에서 장기점포 운영자가 사전에 통지된 수준[31] 이하의 평가를 받은 경우). 계약 갱신 절차에서도 계약 종료를 앞둔 장기 점포 운영자가 계약 갱신 여부를 사전에 예측하고 갱신 과정에서 본부와 점주가 충분한 의사소통 과정을 거칠 수 있도록 갱신 절차를 각 단계별로 구체화

---

29 2. 가. 장기점포 운영자는 브랜드 가치 제고, 상권개척 등 가맹본부의 수익 증대에 장기간 기여해 온 가맹점사업자이므로 가맹본부는 장기점포 운영자에 대한 계약을 안정적으로 보장한다.

30 원래 이 규정은 '10년 이내의 가맹점주'가 계약 갱신을 요청할 때 가맹금 미지급, 관련 법령 위배 등의 '정당한 사유'가 있는 경우에 가맹본부가 계약 갱신을 거절하도록 한 것이라 10년이 지난 장기점포 운영자에게는 적용되지 않는 것이 원칙입니다. 그런데 공정위는 가이드라인으로 장기 점포 운영자도 이에 준하는 사유가 있을 때에 갱신 거절이 가능하도록 함으로써 가맹 점주를 보다 보호하고 있습니다.

31 2년 연속 하위 10% 등.

가이드라인에 따른 장기 점포와의 계약갱신 절차[32]

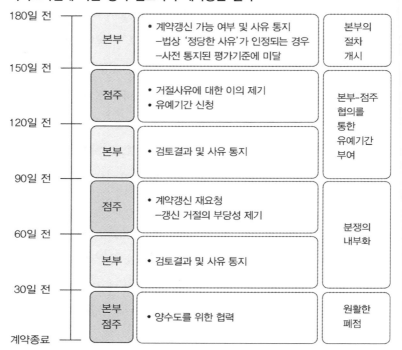

180일 전	본부	• 계약갱신 가능 여부 및 사유 통지 　–법상 '정당한 사유'가 인정되는 경우 　–사전 통지된 평가기준에 미달	본부의 절차 개시
150일 전	점주	• 거절사유에 대한 이의 제기 • 유예기간 신청	본부-점주 협의를 통한 유예기간 부여
120일 전	본부	• 검토결과 및 사유 통지	
90일 전	점주	• 계약갱신 재요청 　–갱신 거절의 부당성 제기	분쟁의 내부화
60일 전	본부	• 검토결과 및 사유 통지	
30일 전	본부 점주	• 양수도를 위한 협력	원활한 폐점
계약종료			

했습니다.

위 절차에도 불구하고 갱신이 거절될 경우에 점주의 피해를 최소화하기 위해 가맹본부는 장기 점포 운영자가 점포를 원활히 양도할수 있도록 협력해야 합니다. 이에 더해 공정위는 가맹본부와 점주가상생 협약을 체결해 서로 간의 권리를 존중하고 피해를 최소화하도록 유도하였습니다.

---

32 공정위, 2019. 5. 28., 가맹분야 장기점포 계약갱신 가이드라인, 6면,

장기점포의 안정적 계약갱신을 위한 상생협약(안)

영업표지 [영업표지명]의 가맹점사업자(이하 "가맹점사업자"라 한다)와 [가맹본부명](이하 "가맹본부"라 한다)는 다음과 같이 장기점포의 안정적 경영여건 보장을 위한 상생협약(이하 "상생협약"이라 한다)을 체결한다.

Ⅰ. 목적

　이 협약은 가맹본부가 최초 가맹계약기간을 포함한 전체 가맹계약기간이 10년을 앞두고 있거나 10년을 초과한 가맹점사업자(이하 "장기점포 운영자"라 한다)의 계약갱신 여부를 판단하는 기준 및 절차 등을 규정함으로써 장기점포 운영자의 계약갱신이 안정적으로 이루어질 수 있도록 하여 가맹본부와 가맹점사업자가 균형 있게 발전할 수 있도록 함을 목적으로 한다.

Ⅱ. 기본원칙

　장기점포 운영자는 브랜드 가치 제고, 상권개척 등 가맹본부의 수익 증대에 장기간 기여해 온 가맹점사업자이므로 가맹본부는 장기점포 운영자의 계약갱신을 안정적으로 보장한다. 한편, 장기점포 운영자 역시 관련 법령, 가맹본부의 중요한 영업방침 등을 준수함으로써 가맹본부의 명성을 유지하기 위해 노력한다.

1. 가맹본부는 Ⅲ.에 규정된 특별한 사유가 없는 한 장기점포 운영자의 계약갱신 요구를 거절하지 않는다.

2. 가맹본부는 장기점포 운영자에 대한 계약갱신 여부를 공정하고 투명하게 결정하기 위한 목적으로 Ⅳ.에 규정된 가맹점 평가시스템을 도입하여 운영한다.

3. 가맹본부는 Ⅴ.에 따라 계약갱신 여부를 결정함에 있어 가맹사업거래의 공정화에 관한 법률(이하 "가맹사업법"이라 한다) 등 관련 법령을 준수한다.

4. 가맹본부와 장기점포 운영자는 계약갱신시 VI.에 규정된 절차를 준수한다.

Ⅲ. 계약갱신 기준

5. 가맹본부는 다음 각 호에 해당하는 경우가 아닌 한 장기점포 운영자가 요청한 계약의 갱신을 거절하지 않는다.

5.1. 가맹사업법상 계약갱신 거절 사유

장기점포 운영자에게 가맹사업법 제13조 제1항 각 호의 사유가 있는 경우

5.2. 평가결과 일정 기준에 미달하는 경우

Ⅳ.에 규정된 가맹점 평가시스템에 따른 평가 결과, 장기점포 운영자가[예: 2년 연속 최하위 등급]에 해당하는 평가점수를 받은 경우

Ⅳ. 가맹점 평가시스템

6. 가맹본부는 장기점포 운영자와의 계약갱신 여부를 공정하고 투명하게 결정하기 위한 목적으로 아래와 같이 가맹점 평가시스템을 도입하여 운영한다.

6.1. 가맹본부는 가맹점별 목표 매출액·매장 위생상태·가맹점사업자의 영업능력 등 가맹사업의 성공적 운영에 필요한 평가지표를 마련하고, 각 평가지표별 가중치, 평가횟수 및 평가방식 등 평가와 관련된 세부사항(이하 "평가지표 등"이라 한다)을 결정하여 이를 가맹점사업자가 확인할 수 있도록 전자게시판 등을 통해 공지한다.

6.2. 가맹본부는 가맹점사업자 또는 가맹점사업자단체가 평가지표 등에 대한 의견을 제시한 경우 평가지표 등의 적절성을 매년 재검토한다.

6.3. 가맹본부는 장기점포 운영자를 포함한 모든 가맹점사업자에 대하여 매년 평가지표 등에 따른 평가를 실시한다. 가맹본부는 평가결과를 개별적으로 통지하고, 가맹점사업자가 요구하는 경우 이를 열람할 수 있도록 한다.

6.4. 가맹점사업자는 가맹본부가 평가결과를 통지한 날로부터 30일 내에 평가결과에 대해 이의를 제기할 수 있다.

6.5. 가맹본부는 6.4.에 따른 이의제기일로부터 45일 내에 이의제기에 대한 검토결과 및 그 사유를 가맹점사업자에게 통지한다.

V. 관련 법령의 준수

7. 가맹본부의 권유 또는 요구에 따라 장기점포 운영자가 점포환경개선 등 일정 금액을 투자한 경우, 가맹본부는 투자금액을 회수할 수 있는 충분한 기간을 주어야 하며 그 기간 동안 장기점포 운영자의 계약갱신 요청을 거절하지 않는다.

8. 가맹본부는 가맹점사업자단체의 구성·가입·활동 등을 이유로 장기점포 운영자의 계약갱신 요청을 거절하지 않는다.

9. 가맹본부는 부당한 점포환경개선 강요, 부당한 영업시간 구속, 부당한 영업지역 침해 등에 불응하거나 이의를 제기하였다는 이유로 장기점포 운영자의 계약갱신 요청을 거절하지 않는다.

10. 가맹본부는 장기점포 운영자의 분쟁조정 신청, 공정거래위원회의 서면실태조사에 대한 협조, 공정거래위원회에 대한 신고 및 조사에 대한 협조 등 관련 법령에 의해 허용되는 행위를 하였다는 이유로 장기점포 운영자의 계약갱신 요청을 거절하지 않는다.

VI. 계약갱신의 절차

11. 가맹본부와 장기점포 운영자는 계약갱신 여부를 결정함에 있어 다음과 같은 절차를 준수한다.

11.1. 가맹본부는 장기점포 운영자와의 계약기간 만료일로부터 180일 내지 150일 전까지의 기간 내에 계약갱신 가능 여부 및 그 사유(본 협약 III.5.에 따른 사유를 의미한다)를 문서로 통지한다.

11.2. 장기점포 운영자는 계약갱신을 거절하는 내용을 통보받은 날부터 30일 내에 계약갱신 거절사유에 대한 이의를 제기하거나, 해당

사유를 시정할 것을 조건으로[예: 1년 또는 2년간] 가맹계약을 연장해줄 것을 신청(이하 "유예기간 신청"이라 한다)할 수 있다.

11.3. 장기점포 운영자로부터 이의제기 또는 유예기간 신청을 받은 가맹본부는 신청을 받은 날로부터 30일 내에 장기점포 운영자의 이의제기 또는 유예기간 신청에 대한 검토결과 및 그 사유를 장기점포 운영자에게 통지한다.

11.4. 11.3.에도 불구하고 계약갱신 거절을 통지받은 장기점포 운영자는 가맹본부의 갱신 거절이 V.에 해당한다는 사유로 가맹본부에 대하여 이의를 제기할 수 있다.

11.5. 장기점포 운영자로부터 11.4.에 따른 이의제기를 받은 가맹본부는 신청을 받은 날로부터 30일 내에 이의제기에 대한 검토결과 및 그 사유를 장기점포 운영자에게 통지한다.

VII. 계약종료에 따른 조치

12. 가맹본부는 장기점포 운영자와 계약을 종료하려는 경우, 해당 점포에 대한 양수도가 원활히 이루어질 수 있도록 성실히 협력하여야 한다.

한 가지만 더 짚고 넘어갈까요. 우리 법이 10년까지 가맹계약을 갱신할 수 있다고 규정한 조항은 가맹점사업자를 보호하기 위해 제정된 '강행규정[33]'이기 때문에 처음 가맹계약을 할 때 계약갱신의 최대 기간을 10년 이하로 줄여 계약서를 작성하더라도, 갱신요구권을 행사하는 데에 아무런 제약이 없습니다. 즉, "본 계약의 갱신요구권은 최초가맹계약기간을 포함하여 계약기간이 5년을 넘지 않는 범위

---

33 당사자의 의사(意思) 여하에 불구하고 강제적으로 적용되는 규정을 강행규정 또는 강행법규라 하며, 당사자의 의사에 의하여 그 적용을 배제할 수 있는 규정을 임의규정(任意規定)이라고 합니다.

내에서만 행사할 수 있다"고 적어도(설사 가맹점사업자가 동의해주었더라도) 가맹점사업자는 10년까지 갱신을 주장할 수 있는 것이죠.

마지막으로, 가맹점사업자가 계약의 갱신요구권을 행사하더라도, 다음에 해당하는 사유가 있을 때 가맹본부는 계약 갱신을 거절할 수 있습니다(제13조 제1항 단서, 시행령 제14조 제1항).

- 가맹점사업자가 가맹계약상의 가맹금 등의 지급의무를 지키지 않은 경우
- 다른 가맹점사업자에게 통상적으로 적용되는 계약조건이나 영업방침을 가맹점사업자가 수락하지 않은 경우
- 가맹사업의 유지를 위해 필요하다고 인정되는 것으로서 다음에 해당하는 가맹본부의 중요한 영업방침을 가맹점사업자가 지키지 않은 경우
  - ✅ 가맹점의 운영에 필요한 점포·설비의 확보나 법령상 필요한 자격·면허·허가의 취득에 관한 사항
  - ✅ 판매하는 상품이나 용역의 품질을 유지하기 위해 필요한 제조공법 또는 서비스기법의 준수에 관한 사항
  - ✅ 가맹점사업자가 가맹사업을 정상적으로 유지하기 위해 필요하다고 인정되는 사항, 즉 가맹본부의 가맹사업 경영에 필수적인 지식재산권의 보호에 관한 사항, 가맹본부가 가맹점사업자에게 정기적으로 실시하는 교육·훈련의 준수에 관한 사항
    (다만, 교육·훈련 비용이 같은 업종의 통상적인 비용보다 뚜렷하게 높은 경우는 제외합니다.)

이렇게 가맹거절의 정당한 사유가 있을 때에는 가맹본부가 가맹점사업자로부터 요구를 받은 날부터 15일 이내에 가맹점사업자에게 거절의 사유가 적힌 서면으로 거절의 통지를 해야 합니다(가맹사업법

제13조 제3항). 가맹점사업자가 가맹계약의 갱신을 요구한 경우 가맹본부가 다음에 해당하는 통지를 하지 않은 경우에는 계약 만료 전의 가맹계약과 같은 조건으로 다시 가맹계약을 체결한 것으로 봅니다 (가맹사업법 제13조 제4항).

- 갱신거절의 통지를 하지 않은 경우
- 가맹계약 기간 만료 전 180일부터 90일까지 사이에 조건의 변경에 대한 통지나 가맹계약을 갱신하지 않는다는 사실의 통지를 서면으로 하지 않은 경우

결론적으로 ① 가맹본부가 15일의 기간 안에 갱신거절 통지를 했더라도 갱신거절의 사유가 정당하지 않으면 그 통지는 효력이 없고 계약이 갱신되고, ② 갱신거절 사유가 있다고 하더라도 15일의 기간 내에 거절통지를 하지 않으면 역시 갱신거절통지는 효력이 없어 계약은 갱신됩니다.

이처럼 갱신거절의 통지를 하지 않거나, 계약 만료 전 180일부터 90일까지 사이에 가맹점사업자에게 조건의 변경에 대한 통지나 가맹계약을 갱신하지 않는다는 사실의 통지를 하지 않은 경우에 이전의 계약과 동일한 조건으로 다시 가맹계약을 체결하는 것으로 보는 것을 자동갱신, 묵시적 갱신이라고 합니다.[34]

---

34 비슷한 조항이 주택임대차보호법에도 있습니다. 제6조(계약의 갱신) ① 임대인이 임대차기간이 끝나기 6개월 전부터 1개월 전까지의 기간에 임차인에게 갱신거절 (更新拒絕)의 통지를 하지 아니하거나 계약조건을 변경하지 아니하면 갱신하지

다만, 다음에 해당하는 사유가 있는 경우에는 같은 조건으로 다시 가맹계약을 체결한 것으로 보지 않습니다(제13조 제4항 단서 및 시행령 제14조 제2항).

- 가맹점사업자가 계약이 만료되는 날부터 60일 전까지 이의를 제기하는 경우
- 가맹본부나 가맹점사업자에게 천재지변이 있는 경우
- 가맹본부나 가맹점사업자에게 파산신청이 있거나 강제집행절차 또는 회생절차가 개시된 경우
- 가맹본부나 가맹점사업자가 발행한 어음·수표가 부도 등으로 지급이 거절된 경우
- 가맹점사업자에게 중대한 일신상의 사유 등이 발생하여 더이상 가맹사업을 경영할 수 없게 된 경우

· 사례 #4
- 의류를 제조, 판매하는 가맹사업을 하는 乙 주식회사는 가맹희망자 甲과 가맹계약을 체결하였다.
- 위 가맹계약서에는 '乙 회사의 영업정책상 甲의 판매가 저조하거나 판매 활성화가 불가능하다고 판단될 경우 乙 회사는 서면 통보 후 임의로 계약해지를 할 수 있다'는 내용의 가맹계약 조항이 있었다.

아니한다는 뜻의 통지를 하지 아니한 경우에는 그 기간이 끝난 때에 전 임대차와 동일한 조건으로 다시 임대차한 것으로 본다. 임차인이 임대차기간이 끝나기 1개월 전까지 통지하지 아니한 경우에도 또한 같다.

- 乙 회사는 위 계약 조항에 따라 甲의 판매가 저조하다고 판단하여 서면으로 통보하여 계약을 해지하였다.
- 이에 甲은 해당 규정이 가맹사업법의 강행규정에 위반하여 무효이고, 가맹계약은 유효하게 존속한다고 하면서 가맹계약해지가 위법하여 이에 따라 손해를 입었다고 소송을 제기하였다.

위 사례는 서울동부지방법원 2015. 5. 22. 선고 2014가합109264 판결을 다시 구성한 것인데요. 가맹본부가 가맹점주에게 가맹사업법 제14조 제1항에 따른 해지 절차를 준수하지 않고, 가맹 점주와 가맹 본사가 임의로 합의한 계약서 내용에 따라 가맹계약을 해지해버린 사안입니다.

법원은 해당 가맹계약이 위법하게 해지되었고, 이로 인해 가맹점 사업자가 손해를 입었다고 판단했습니다. 즉, 가맹사업법의 해지절차 규정을 '강행규정'이라고 본 거죠.

위 가맹계약 조항은 "가맹본부는 가맹계약을 해지하려는 경우에는 가맹점사업자에게 2개월 이상의 유예기간을 두고 계약의 위반 사실을 구체적으로 밝히고 이를 시정하지 아니하면 그 계약을 해지한다는 사실을 서면으로 2회 이상 통지하여야 한다."는 강행규정인 가맹사업거래의 공정화에 관한 법률 제14조 제1항 본문에 반하여 무효이고, 乙 회사의 해지 통지도 효력이 없으므로, 乙 회사는 가맹계약 위반으로 甲이 계약기간 종료일까지 매장을 운영하지 못함으로써 입은 일실손해를 배상할 책임이 있다(서울동부지방법원 2014가합109264 판결).

5. 가맹당사자의 준수사항

가맹사업 시 준수사항

– 가맹점사업자의 준수사항

☑1 가맹본부에서 재고 유지를 하라면서 항상 특정 제품에 대해서 항상 일정수량 이상의 재고를 유지하라는 지시가 내려왔습니다. 꼭 지켜야 하나요?

☑2 가맹본부에서 이번에 인테리어를 새롭게 바꾼다면서 보조금 50%를 지급할 테니 점주가 50%를 부담하는 조건으로 가게 인테리어를 변경하라고 합니다. 어떻게 해야 하나요?

☑3 현재, 치킨집을 운영하고 있습니다. 요즘 유행하는 문어를 구워서 치킨에 올려 문어치킨을 팔고 싶은데 꼭 가맹본부 허락을 받아야 하나요?

☑4 메뉴가격이 근처 가게에 비해 가격이 센 것 같아서 임의로 가격을 좀 내리고 싶은데 가맹본부 허락을 꼭 받아야 하나요?

☑5 지인이 계속 가게를 넘기라고 해서 사업자를 지인 명의로 변경해 주고 권리금을 받았습니다. 가맹 본사에서는 임의로 가게를 양도했다고 하면서 가맹계약을 파기하겠다고 하는데 어떻게 해야 되나요?

계약은 '상호작용'입니다. 가맹사업이라는 환경안에서 서로 관계를 맺고 서로 영향을 주는 것이죠. 다시 말해, 가맹점주도 해야 할 것과 하지 말아야 할 것이 있고, 가맹본부 역시 지켜야 할 것이 있다는 이야기입니다. 이렇게 서로의 의무와 권리를 제대로 이행하지 않는다면 상호작용을 하는 상대방에게 부정적인 영향을 주게 됩니다. 결국 서로에게 이득이 되기 위해서는 가맹회원과 가맹 본사 어느 한쪽이 종속되는 수직적 관계 혹은 갑을관계가보다는 서로 상생할 수 있는 수평적 관계가 되어야 합니다. 이에 대해 법 제6조에서는 가맹점사업자의 준수사항을 규정하고 있습니다. 반대로 제5조에서는 가맹본부 또는 본사가 지켜야할 사항에 대해서 정하고 있죠.

제6조【가맹점사업자의 준수사항】가맹점사업자는 다음 각 호의 사항을 준수한다.

1. 가맹사업의 통일성 및 가맹본부의 명성을 유지하기 위한 노력
2. 가맹본부의 공급계획과 소비자의 수요충족에 필요한 적정한 재고유지 및 상품진열
3. 가맹본부가 상품 또는 용역에 대하여 제시하는 적절한 품질기준의 준수
4. 제3호의 규정에 의한 품질기준의 상품 또는 용역을 구입하지 못하는 경우 가맹본부가 제공하는 상품 또는 용역의 사용
5. 가맹본부가 사업장의 설비와 외관, 운송수단에 대하여 제시하는 적절한 기준의 준수
6. 취급하는 상품·용역이나 영업활동을 변경하는 경우 가맹본부와의 사전 협의
7. 상품 및 용역의 구입과 판매에 관한 회계장부 등 가맹본부의 통일적 사업경영 및 판매전략의 수립에 필요한 자료의 유지와 제공
8. 가맹점사업자의 업무현황 및 제7호의 규정에 의한 자료의 확인과 기록을 위한 가맹본부의 임직원 그 밖의 대리인의 사업장 출입 허용

---

9. 가맹본부의 동의를 얻지 아니한 경우 사업장의 위치변경 또는 가맹점 운영권의 양도 금지
10. 가맹계약기간 중 가맹본부와 동일한 업종을 영위하는 행위의 금지
11. 가맹본부의 영업기술이나 영업비밀의 누설 금지
12. 영업표지에 대한 제3자의 침해사실을 인지하는 경우 가맹본부에 대한 영업표지침해사실의 통보와 금지조치에 필요한 적절한 협력

1. 가맹사업의 통일성 및 가맹본부의 명성을 유지하기 위한 노력

제6조 제1호는 가맹사업자가 가맹사업의 통일성 및 가맹본부의 명성을 유지하기 위한 노력을 해야 한다고 정하고 있습니다. 말 그대로 가맹본부가 정해주는 디자인대로 인테리어를 하고, 지정된 집기나 장비를 쓰며, 간판도 통일된 것을 사용해야 한다는 등 통일성을 위한 준수사항입니다.

이 명성유지의무와 관련해, 가맹점사업자가 가맹본부의 정책에 반대하여 방송 등에 출연하여 인터뷰를 하거나, 다른 가맹점사업자에게 호소문 등을 발송하는 경우를 의무위반으로 볼 수 있는지가 문제됩니다. 이 가맹점 사업자의 행위가 오로지 가맹사업의 발전과 가맹점사업자의 보호라는 공익을 위해서 진실을 말한 경우라면 허용될 겁니다. 그렇지 않다면 본조의 명성을 해치는 행위뿐 아니라 형사상 명예훼손이나 민사상 불법행위 책임을 지게 될 수 있습니다. 대법원은 한 햄버거 프랜차이즈 가맹점사업자가 다른 회사 제조의 오렌지주스를 비치·판매하였고, 텔레비전에서 허위의 내용으로 인터뷰를 한 행위를 거래관계를 지속하기 어려운 중대한 사유로 보았습니다(대법원 2006. 3. 10. 선고 2002두332 판결).

甲의 텔레비전방송국에서의 허위인터뷰는 가맹계약에 위배되지만 (중략) 지정된 상품이 아닌 상품의 비치·판매와 허위인터뷰는 가맹점계약의 본질적인 부분을 해하는 것으로서 계속적 거래관계를 지속하기 어려운 중대한 사유에 해당한다고 할 것이고, 나아가 甲의 위와 같은 행위로 인하여 가맹본부 乙과 가맹점사업자인 甲 사이의 신뢰관계는 이미 붕괴되었다 할 것이며, 위와 같은 사정을 들어서 한 乙의 가맹점계약의 해지권의 행사가 단지 甲의 사업활동을 곤란하게 할 의도로 남용된 것이라거나 법이 금지하고 있는 목적 달성을 위하여 그 실효성을 확보하기 위한 수단으로 부당하게 행하여 진 것으로 볼 만한 자료가 없으므로 이 사건 가맹점계약의 해지행위는 불공정 거래행위로서의 거래거절에 해당한다고 할 수 없다.

2. 가맹본부의 공급계획과 소비자의 수요충족에 필요한 적정한 재고유지 및 상품진열

가맹점 사업자는 가맹사업의 통일성과 명성을 유지하기 위해 가맹본부의 공급계획과 소비자의 수요충족에 필요한 적정한 재고유지 및 상품진열을 할 의무가 있습니다.

3. 가맹본부가 상품 또는 용역에 대하여 제시하는 적절한 품질기준의 준수

제6조 제3호는 품질 기준의 준수의무입니다. 가맹사업은 고객으로 하여금 어느 가맹점에서나 동일한 제품이나 서비스를 같은 방식으로 제공받을 수 있다는 신뢰를 바탕으로 하기 때문에 가맹본부가 제시하는 품질기준을 그대로 따르는 것은 가맹사업의 성공과 유지

를 위해 꼭 필요한 일입니다.

4. 제3호의 규정에 의한 품질기준의 상품 또는 용역을 구입하지 못
   하는 경우 가맹본부가 제공하는 상품 또는 용역의 사용

   자점매입(自店買入)금지의무라고 하는 것으로, 본부가 제시하는
품질기준을 만족시키기 위해서 가맹본부에서 공급하는 식자재를 쓰
는 경우를 생각하면 쉽습니다. 물론, 가맹점주가 가맹본부가 제시하
는 품질기준을 만족시킬 만한 물품을 가맹본부가 제공하는 가격보
다 더 저렴하게 살 수 있으면 좋겠지만, 가맹점사업자가 가맹본부의
상품 공급을 거절하기는 어렵습니다. 가맹사업의 조건으로 계약내
용의 하나가 되는 게 대부분이거든요. 하지만 그렇다고 해서 가맹본
부가 상품 공급의 명목으로 과도한 비용을 가맹 점주에게 전가하고,
이를 통해 많은 이윤을 남긴다고 한다면 불공정거래가 될 수 있으므
로 따로 따져봐야 합니다.

   가맹사업의 통일성과 브랜드의 명성유지를 위해 꼭 필요한 것이
아니라고 한다면 가맹점사업자가 직접 구입하여 사용하는 것을 가
맹본부가 금지할 수 없다고 보아야 합니다. 하지만 이 경우에도 가맹
사업의 품질기준 준수를 위해 필요하다고 판단되면 해당 상품이나
용역을 사용하도록 요구할 수 있습니다(대법원 2005. 6. 9. 선고 2003두
7484판결).

가맹사업에서는 가맹사업의 통일성과 가맹본부의 명성을 유지하기 위하여 합리적으로 필요한 범위 내에서 가맹점사업자가 판매하는 상품 및 용역에 대하여 가맹점사업자로 하여금 가맹본부가 제시하는 품질기준을 준수하도록 요구하고, 그러한 품질기준의 준수를 위하여 필요한 경우 가맹본부가 제공하는 상품 또는 용역을 사용하도록 요구할 수 있다고 봄이 상당하다.

5. 가맹본부가 사업장의 설비와 외관, 운송수단에 대하여 제시하는 적절한 기준의 준수

6. 취급하는 상품·용역이나 영업활동을 변경하는 경우 가맹본부와의 사전 협의

7. 상품 및 용역의 구입과 판매에 관한 회계장부 등 가맹본부의 통일적 사업경영 및 판매전략의 수립에 필요한 자료의 유지와 제공

제6조 제5호, 제6호, 제7호는 위 법조문을 그대로 읽어 보시고, 내용 그대로 이해하면 됩니다. 다만 5호와 관련해서 대법원은 아래와 같이 이야기하고 있으니 한번 읽어보고 넘어가죠.

냉동고, 냉장고, 콜드테이블, 워크테이블, 쉐이크머신, 소프트머신, 제빙기, 그리들패티캐비넷, 후라이어패티캐비넷, 마이크로오븐기 등의 주방기기는 원고의 가맹사업의 통일적 이미지와 동일한 품질의 유지와 관련이 있고, 인테리어공사는 점포 레이아웃(Lay-Out)의 통일적 이미지의 유지와 관련이 있는 점, 주방기기는 가맹점의 개점시기에 맞추어 적기에 공급될 필요성이 있는 것으로서 원고를 통하여 일괄적으로 구입하도록 한 것에 합리성이 있

는 점, 인테리어공사는 원고가 당시 전국에 7개 업체를 시공업체로 선정함으로써 가맹점사업자에게 선택의 자유가 어느 정도 보장되어 있는 점, 앞서 본 바와 같은 원고의 가맹사업의 수익구조에 있어서의 특성, 원고가 주방기기와 인테리어공사의 구입 및 설치를 통하여 부당한 이윤을 취하고 그로 인하여 개별 가맹점사업자들이 구체적인 손해를 입었음을 인정할 자료가 없는 점 등에 비추어 보면, 원고가 가맹점사업자에게 주방기기를 원고로부터만 구입하도록 한 것과 인테리어공사를 원고가 지정한 사업자에게만 의뢰하도록 한 것은 가맹사업의 목적달성에 필요한 범위 내의 통제로서 거래상의 지위를 이용하여 부당하게 점포설비의 구입 및 설치를 자기 또는 자기가 지정한 자로부터 하도록 강제하는 행위에 해당한다고 할 수 없다(대법원 2006. 3. 10. 선고 2002두332 판결).

8. 가맹점사업자의 업무현황 및 제7호의 규정에 의한 자료의 확인과 기록을 위한 가맹본부의 임직원 그 밖의 대리인의 사업장 출입 허용

제6조 제8호의 경우 대부분 가맹본부에서 본사 담당자를 가맹점에 주기적으로 보내서 품질이라든지 기타 가맹점 운영에 관한 전반적인 사항을 확인하는 것을 떠올리면 됩니다. 이는 본사 입장에서도, 가맹점 입장에서도 균질한 제품의 공급을 위해서 꼭 필요한 일입니다. 가맹점주가 무턱대고 본사 직원의 출입을 막으면 안 되겠죠?

9. 가맹본부의 동의를 얻지 아니한 경우 사업장의 위치변경 또는 가맹점운영권의 양도 금지

제6조 제9호에서부터 제12호까지는 가맹본부 입장에서 신경을 가장 많이 쓰는 부분이고, 역시 상식선에서 이해가 가능합니다. 가

맹본부의 동의 없이 가맹점주 마음대로 사업장 위치를 갑자기 변경할 수는 없습니다. 그리고 가맹점운영권 역시 임의로 양도해서는 안 됩니다. 가맹계약의 성격에 따라서 가맹점사업자가 마음대로 사업장 위치를 바꾸거나 가맹점운영권을 양도하는 것은 가맹계약의 위반이 될 수 있고 가맹계약 해지 및 손해배상책임의 근거가 될 수 있습니다.

다만, 제9호의 양도 금지는 가맹점주 입장에서 때로 불리하게 작용될 수 있습니다. 이 조항에 의하면 가맹점을 잘 운영해 다른 사람에게 권리금을 받고 팔고 싶어도 가맹본부가 동의해 주지 않을 경우 피해를 볼 수도 있기 때문입니다. 물론, 가맹본부 입장에서는 가맹점을 잘 유지할 수 있는 사람에게 양도가 이루어지지 않을 경우 전체 가맹 사업 자체가 손해를 입을 우려가 있기 때문에 이러한 안전장치가 필요하겠지요.

10. 가맹계약기간 중 가맹본부와 동일한 업종을 영위하는 행위의 금지

제10호의 가맹계약기간 중 가맹본부와 동일한 업종을 영위하는 행위를 금지하는 것을 '경업금지의무'라고 합니다. 가맹본부의 브랜드와 노하우를 사용하는 가맹계약의 특성상 가맹점사업자가 계약기간 내에 가맹본부와 동일한 사업의 영업을 하는 경우에는 가맹사업이나 가맹본사에 치명적인 손해를 입힐 수 있기에, 정당한 해지사유가 되는 것이죠. 다만 동종, 즉 같은 사업이 아니라 유사한 업종에까지 경업금지를 부과하는 것은 그 범위가 명확하지도 않고 동종업종에 대한 경업금지만으로 영업비밀에 대한 보호가 충분하므로 불공정거래가 될 수 있습니다.[35] 아래 판결을 참조하면 어떠한 경우에 경업금지로서 보호되는 동종영업이 되는지 그 기준을 알 수 있습니다.

갑이 을 공급의 제품에 관한 총판권을 부여받고 을이 공급하는 것 이외의 제품을 취급 판매하지 않기로 하는 내용의 특약점계약을 체결하고 이에 따라 수 개의 지역판매소를 경영하여 오던 중, **을이 위 지역판매소들 가운데 특정 영업소의 영업 일체를 인수하여 향후 1년간 그 영업소의 경영으로 얻게 되는 매출이익 상당액을 갑의 외상대금 채무에서 공제하여 주며 갑의 파견근무 지시를 받아 위 영업소의 영업에 종사하게 되는 종업원들의 보수 상당액을 갑에게 지급하여 주기로 약정**하였다면, 이는 이른바 계속적 계약으로서 위 특약점계약상의 제반 의무를 계속 성실히 이행 준수할 것을 위 약정의 계속적 이행의 당연한 전제로 삼은 것으로 보아야 할 것이기 때문에, 을이 갑의 위 특약점계약상의 경업금지의무 위배를 이유로 위 약정을 해지한 것은 적법하다고 한 사례(대법원 1995. 3. 24. 선고 94다17826 판결)

11. 가맹본부의 영업기술이나 영업비밀의 누설 금지

12. 영업표지에 대한 제3자의 침해사실을 인지하는 경우 가맹본부에 대한 영업표지침해사실의 통보와 금지조치에 필요한 적절한 협력

한편, 가맹본부의 영업기술이나 영업비밀의 누설금지는 부정경쟁방지 및 영업비밀보호에 관한 법률[36]에서 보호하는 영업표지 침해나

---

35 공정위 2007. 2. 1. 시정권고 2007-011호
36 제1조 【목적】 이 법은 국내에 널리 알려진 타인의 상표·상호(商號) 등을 부정하게 사용하는 등의 부정경쟁행위와 타인의 영업비밀을 침해하는 행위를 방지하여 건전한 거래질서를 유지함을 목적으로 한다.

영업비밀 침해와 관련이 있습니다. 가맹점사업자는 가맹본부로부터 허락 받은 범위 내에서만 영업표지를 사용하고 이를 가맹사업의 목적범위 내에서만 이용하여야 하는데, 가맹사업을 통해 취득한 영업비밀을 다른 목적으로 사용하거나 유출할 경우에 법위반이 될 수 있는 것이죠.

영업비밀이란?
- **영업비밀이란 공공연히 알려져 있지 않고 독립된 가치를 지니는 것으로서 합리적인 노력에 의해 비밀로 유지된 생산방법, 판매방법, 그 밖에 영업 활동에 유용한 기술상 또는 경영상의 정보를** 말한다.
- 19세기 초 영국의 보통법(Common Law)에서 보호의 싹이 트기 시작했으며, 그 후 미국에 도입되면서 발전.
- 영미법계에서는 트레이드 시크릿(trade secret)이라고 사용하나 우리나라와 일본에서는 이를 번역하여 영업비밀로 통용.

영업비밀의 요건(제2조)
- 보호가치 있는 영업비밀이 되기 위해서는 ① 비공지성 ② 경제적 유용성 ③ 비밀관리성의 각 요건을 충족하여야 함.

「부정경쟁방지 및 영업비밀보호에 관한 법률」 제2조 제2호의 '영업비밀'은 공연히 알려져 있지 아니하고 독립된 경제적 가치를 가지는 것으로서, 상당한 노력에 의하여 비밀로 유지된 생산방법, 판매방법 그 밖에 영업활동에 유용한 기술상 또는 경영상의 정보를 말하는 것인데, 여기서 **'공연히**

알려져 있지 아니하다'는 것은 정보가 간행물 등의 매체에 실리는 등 불특정 다수인에게 알려져 있지 않기 때문에 보유자를 통하지 아니하고는 정보를 통상 입수할 수 없는 것을 말하고,

'독립된 경제적 가치를 가진다'는 것은 정보 보유자가 정보의 사용을 통해 경쟁자에 대하여 경쟁상 이익을 얻을 수 있거나 또는 정보의 취득이나 개발을 위해 상당한 비용이나 노력이 필요하다는 것을 말하며,

'상당한 노력에 의하여 비밀로 유지된다'는 것은 정보가 비밀이라고 인식될 수 있는 표시를 하거나 고지를 하고, 정보에 접근할 수 있는 대상자나 접근 방법을 제한하거나 정보에 접근한 자에게 비밀준수의무를 부과하는 등 객관적으로 정보가 비밀로 유지·관리되고 있다는 사실이 인식 가능한 상태인 것을 말한다(대법원 2011. 7. 14. 선고 2009다12528 판결).

가맹사업에서 영업표지는 가맹본부와 가맹점사업의 공동의 자산으로서 성격을 가집니다. 이러한 이유로 가맹점 사업자는 제3자의 영업표지에 대한 침해가 있을 경우 그 사실을 가맹본부에 통보하고, 적절한 협력을 해야 할 의무가 있습니다.

가. 가맹본부에서 재고 유지를 하라면서 항상 특정 제품에 대해서 항상 일정 수량 이상의 재고를 유지하라는 지시가 내려왔습니다. 꼭 지켜야 하나요?

재고 유지의무는 제6조 제2호에 나와 있습니다. '가맹본부의 공급계획과 소비자의 수요충족에 필요한 적정한 재고유지 및 상품진열'을 할 것을 가맹점의 의무사항으로 규정하고 있지요.

여기서 주목할 것은 '적정한' 의 의미입니다. 재고관리는 본부가 원재료나 부품 재고 등의 수량과 품질을 가장 적정한 수준으로 유지해 보관

비용이나 이자 등의 재고비용을 최대한 줄여 가맹사업의 이익을 최대로 하기 위하여 인정되는 것입니다. 이 수준을 넘어선 과다한 재고를 떠넘긴다면 불공정거래행위가 될 수 있습니다.

나. 가맹본부에서 이번에 인테리어를 새롭게 바꾼다면서 보조금 50%를 지급할 테니 점주가 50%를 부담하는 조건으로 가게 인테리어를 변경하라고 합니다. 어떻게 해야 하나요?

무턱대고 본부의 요구대로 인테리어를 새로 할 필요는 없습니다. 제6조 제5호와 관련된 것인데, 법에서는 '가맹본부가 사업장의 설비와 외관, 운송수단에 대하여 제시하는 적절한 기준'에 맞게 준수할 것을 요구하고 있습니다. 또한 가맹본부의 부당한 점포환경개선 요구를 방지하기 위해 법 제12조의 제2호에서 점포환경개선을 무조건적으로 요구할 수 없게 만들어놓았죠. 단, 점포 인테리어의 노후화가 객관적으로 인정되는 등 정당한 사유가 있을 때에는 인테리어를 변경할 수 있습니다. 하지만 이 경우에도 인테리어 개선에 대한 비용의 상당 부분을 본사가 부담해야 됩니다. 따라서 현재 가맹사업을 운영하는 데 아무런 문제가 없고, 특별히 필요도 없는 인테리어 공사를 본부가 강제한다면 따를 의무가 없습니다.

다. 현재, 치킨집을 운영하고 있습니다. 요즘 유행하는 문어를 구워서 치킨에 올려 문어 치킨을 팔고 싶은데 꼭 가맹본부 허락을 받아야 하나요?

가맹회원들은 가맹본부가 가지고 있는 브랜드 파워와 체계화되고 통일된 시스템을 이용하기 위해 가입했습니다. 따라서 본사 입장에서는 자신의 브랜드 정체성을 유지하려고 할 것이고, 당연히 정해진 메뉴와 가격을 가맹본부의 허락 없이 가맹회원들이 임의로 바꾸지 못하도록 하고 있습니다.

먹고날드를 운영하는 가맹점주가 뜬금 없이, 보고킹에서 햄버거를 먹어 보고, 여기서만 파는 와포를 개발해서 '먹고날드 와포'로 판다면 누가 봐도 이상하겠죠?

라. 메뉴가격이 근처 가게에 비해 가격이 높은 것 같아서 임의로 가격을 좀 내리고 싶은데 가맹본부 허락을 꼭 받아야 하나요?

이 역시 위의 문제와 같은 논리로 해결할 수 있습니다. 근처 가게에 비해서 가격이 높다고 해도 해당 지역의 특성을 고려하고, 가맹사업의 사업성이나 수익성을 위한 경영판단으로 일단 정해졌다면 가맹점사업자가 임의로 가격을 내리면 안 됩니다. 무엇을 하든 일단 본사와 협의를 하고 가능한 한 허락을 받아야 문제가 없습니다.

마. 지인이 계속 가게를 넘기라고 해서 사업자를 지인 명의로 변경해주고 권리금을 받았습니다. 가맹 본사에서는 임의로 가게를 양도했다고 하면서 가맹계약을 파기하겠다고 하는데 어떻게 해야 하나요?

법 제6조 제9호는 '가맹본부의 동의를 얻지 아니한 경우 사업장의 위치 변경 또는 가맹점운영권의 양도를 금지'하는 규정을 두고 있습니다. 따라서 가맹 본사의 허락 없이 임의로 가맹점을 양도해서는 안 됩니다. 가맹점주가 임의로 가맹점을 양도하였을 경우에는 가맹계약 해지 사유가 될 수 있습니다. 양도 전에 가맹본부의 허락을 얻는 쪽이 훨씬 안전합니다. 굳이 법적인 분쟁에 휘말릴 필요는 없으니까요.

하지만 가맹 본사의 허락을 구하지 않고, 가게를 양도하였다고 해서 이것이 언제나 가맹계약 해지 사유가 되는 것은 아닙니다. 가맹본부 입장에서 먼저 의무를 위반한 정황이 있고, 가맹점을 계속 운영하지 못하는 정당한 사유가 있다면 적법한 양도가 됨을 다투어볼 수 있습니다. 가맹본부로서도 객관적으로 더이상 유지할 수 없을 가맹점을 방치하는 것보다 보다 잘 운영할 수 있는 사람에게 양도한다면 손해가 되는 것은 아니니까요.

가맹사업 시 준수사항
- 가맹본부의 준수사항

❓ 안녕하세요. 저는 1년 전에 모 가맹본부와 가맹계약을 체결하고 가맹점을 운영 중인 가맹점주입니다. 제가 운영 중인 가맹점 근처에는 동종업계라고 할 수 있는 가게가 하나 더 있었는데, 얼마 전에 문을 닫았습니다. 그러자 가맹본부에서는 담당 슈퍼바이저를 통해 폐점한 가게가 있었던 자리가 좋은 자리라면서 저에게 가맹점을 하나 더 가입해서 운영하라고 합니다. 대신 가맹비도 일부 깎아주고 좋은 조건으로 가맹점을 할 수 있게 도와준다고 하네요. 그런데 사실 저는 가맹점을 하나 더 운영할 여력이 안 됩니다. 그래서 담당 슈퍼바이저에게 조심스럽게 "가맹점을 하나 더 차릴 상황이 아니다."고 하였더니 갑자기 정색하면서 "만약 가맹점을 하지 않으면 그 자리에 본사 직영점을 설치하겠다"고 통보했습니다. 그 자리에 직영점이 생기면 저희 가게에 매출이 줄어드는 건 불을 보듯 뻔한 상황인데… 가맹본부는 가맹점을 보호해줘야 하는 거 아닌가요? 이런 경우에는 어떻게 하는 게 좋을까요?

가맹사업법은 무엇보다 가맹점주(= 가맹회원)들이 가맹 본사로부터 부당한 처우(이른바 '갑질')를 당하는 것을 막기 위해 제정된 법입니다. 물론, 보호의 대상이 되는 가맹 점주들이 오히려 본부에게 부당한 요구를 하는 소위 '역 갑질'이나 '을질'이 일어나는 경우도 있지만, 아직까지는 여전히 가맹회원들이 가맹 본사로부터 부당한 대우를 받는 경우가 훨씬 더 많습니다.

사례처럼 가맹본부가 가맹회원의 동의 없이 가맹회원이 운영 중인 가맹점 인근에 직영점을 운영하는 것이 가능할까요?

이 질문에 대답하기 위해서는 역시 법을 살펴봐야 합니다. 우리 법 제5조는 가맹 본사가 준수하여야 할 내용을 구체적으로 명시해 놓고 있습니다.

제5조【가맹본부의 준수사항】 가맹본부는 다음 각 호의 사항을 준수한다.

1. 가맹사업의 성공을 위한 사업구상
2. 상품이나 용역의 품질관리와 판매기법의 개발을 위한 계속적인 노력
3. 가맹점사업자에 대하여 합리적 가격과 비용에 의한 점포설비의 설치, 상품 또는 용역 등의 공급
4. 가맹점사업자와 그 직원에 대한 교육·훈련
5. 가맹점사업자의 경영·영업활동에 대한 지속적인 조언과 지원
6. 가맹계약기간 중 가맹점사업자의 영업지역안에서 자기의 직영점을 설치하거나 가맹점사업자와 유사한 업종의 가맹점을 설치하는 행위의 금지
7. 가맹점사업자와의 대화와 협상을 통한 분쟁해결 노력

---

1. 가맹사업의 성공을 위한 사업구상

제5조 제1호는 가맹본부가 가맹사업의 성공을 위한 사업구상을 해야 할 의무가 있다고 규정하고 있습니다. "너무 당연한 말 하는 것 아니야"라고 하시는 분들이 계실 겁니다. 하지만 실제로는 당연하게 준수되지 않는 경우가 많으며 오히려 이 '사업구상의무'가 가맹관계자로 하여금 여러 분쟁을 일으키는 근거가 되기도 합니다. 일부 가맹본부는 가맹회원을 유치하는 데에만 목을 메고, 회원을 유치한 이후에는 가맹점이나 가맹사업 전체가 발전하는 데에 별다른 신경을 쓰지 않습니다. 이런 가맹 본사들은 많은 돈을 써서 광고를 하고, 홍보

에만 치중하여 정작 중요한 사업의 경영이나 점포의 수익성 개선은 뒷전으로 미룹니다. 이 프랜차이즈는 겉으로 보기에 브랜드 가치가 높은 것처럼 보일 수 있기에 많은 가맹회원들이 손해를 입게 되죠.

가맹사업은 가맹본부가 먼저 시작하는 것이고, 가맹본부가 제시하는 가맹사업의 사업성이나 수익성, 시장상황을 보아야 가맹점사업자가 시작(투자)할 수 있습니다. 가맹사업의 특성상 가맹사업의 성공은 가맹점사업자의 역량보다는 가맹본부가 공급하는 상품, 서비스, 용역, 시스템, 교육, 마케팅 등 가맹본부의 능력에 달려 있는 경우가 많습니다. 당연한 말이지만 가맹본부는 언제나 가맹사업의 성공을 위해 노력해야 할 의무가 있는 것이죠.

2. 상품이나 용역의 품질관리와 판매기법의 개발을 위한 계속적인 노력

제5조 제2호에서는 가맹본부가 상품이나 용역의 품질관리와 판매기법의 개발을 위한 계속된 노력을 기울일 것을 요구하고 있습니다.

시대가 변하면 가맹사업의 트렌드 역시 지속적으로 바뀌므로, 이에 발맞춰 가맹본부도 자신을 믿고 가맹회원으로 가입한 가맹점사업자들을 위해 새로운 상품을 개발하고 품질을 관리를 해야 할 의무가 있습니다. 가령, 2016년 문어를 이용한 구이나 튀김이 유행할 때 치킨업계에서 '문어치킨'을 대거 내 놓은 사례가 있습니다. 이처럼 시장의 변화나 유행에 뒤처지지 않게 가맹회원들이 적절한 상품을 판매할 수 있도록 해주는 것 역시 가맹 본사가 할 일인 것입니다.

가맹본부는 항상 우리의 고객은 누구인지, 핵심 고객층은 누구인지, 고객은 우리에게 무엇을 요구하는지, 신규 고객을 유치하기 위한 방안은 무엇인지, 기존 고객을 유지하고 고객의 만족을 더욱 신장시킬 수 있는 방안은 무엇인지를 끊임없이 고민해야 합니다.

3. 가맹점사업자에 대하여 합리적 가격과 비용에 의한 점포설비의 설치, 상품 또는 용역 등의 공급

제5조 제3호에 의하면, 가맹 본사는 가맹점 사업자에 대하여 합리적 가격과 비용에 의한 점포설비의 설치, 상품 또는 용역 등의 공급해 주어야 할 의무가 있습니다.

이와 관련해 가맹본부가 과도한 인테리어비 등 설비비용을 부과하거나 정상적인 소매가격 이상으로 상품 등을 공급하면서 과다한 이윤(폭리)을 취하는 것을 생각해 볼 수 있습니다. 가맹본부가 합리적인 이득을 취하고 있는지 여부가 법위반의 근거가 됩니다.

원고가 가맹점사업자로부터 매출액의 일정비율에 상당하는 금원을 가맹금으로 받는 것이 아니라 가맹점사업자에게 공급하는 원·부재료의 가격과 원고가 구입하는 원·부재료의 가격의 차액에 해당하는 금원을 가맹금으로 하는 사업구조를 취하고 있으므로 모든 원·부재료를 가맹점사업자가 개별적으로 직접 구입하도록 한다면 원고의 가맹사업의 존립 자체가 불가능하게 되는 점, 원고가 가맹사업의 통일적 이미지와 중심상품인 햄버거 등 패스트푸드의 맛과 품질을 전국적으로 동일하게 유지하기 위하여는 탄산시럽(사이다, 콜라), 푸르츠칵테일, 밀감, 천연체리, 가당연유, 오렌지주스, 빙수용찰떡, 모카시럽, 케첩(팩), 피클, 그라뉴당, 머스타드, 슈가(팩), 카넬콘, 프라잉오일, 액상젤리 등 16개의 일반공산품에 대하여 지속적으로 유통과정, 유통기한 등을 관리·통제할 필요성이 있다고 보이는 점, 원고가

위 16개의 일반공산품을 가맹점사업자에게 공급함에 있어서 그 가격을 시중거래가격 이상으로 책정하여 부당한 이윤을 취득하였다는 점을 인정할 자료도 없는 점 등을 종합적으로 고려하면, 원고가 가맹점사업자에게 위 16개의 일반공산품을 원고로부터만 공급받도록 하는 것은 가맹사업의 목적달성에 필요한 범위 내의 통제로서 거래상의 지위를 이용하여 부당하게 점포설비의 구입 및 설치를 자기 또는 자기가 지정한 자로부터 하도록 강제하는 행위에 해당한다고 할 수 없다(대법원 2006. 3. 10. 선고 2002두332 판결).

원칙적으로 가맹 본사는 합리적인 운영방식, 독창적인 시스템 등 가맹의 본질적 요소에 의하여 가맹수익을 창출하여야 하지, 가맹회원들에게 가게를 차려주는 과정에서 필요한 각종 설비시설을 하는 데 개입하여 여기에서 불합리한 수익을 창출해서는 안 됩니다.

하지만 가맹본부가 가맹점에 설치할 점포의 실내외 장식 등의 설비의 구입 및 설치를 자기 또는 자기가 지정한 자로부터 하도록 하는 행위가 가맹사업의 목적달성을 위해 필요한 범위 내라면 범위반이나 불공정거래가 된다고 볼 수는 없습니다. 즉, 가맹사업의 특성상 가맹본부는 가맹사업의 통일성과 가맹본부의 명성을 유지하기 위하여 합리적으로 필요한 범위 내에서 가맹점사업자가 판매하는 상품 및 용역에 대하여 가맹점사업자로 하여금 가맹본부가 제시하는 품질기준을 준수하도록 요구하고, 그러한 품질기준의 준수를 위하여 필요한 경우 가맹본부가 제공하는 상품 또는 용역을 사용하도록 요구할 수 있는 것이죠(대법원 2005. 6. 9. 선고 2003두7484 판결).

이처럼 가맹본부의 요구가 사업의 목적 범위 내에 있는지 여부는 가맹사업의 목적과 가맹점계약의 내용, 가맹금의 지급방식, 가맹사업의 대상인 상품 또는 용역과 설비와의 관계, 가맹사업의 통일적 이미지 확보와 상품의 동일한 품질유지를 위한 기술관리·표준관리·유통관리·위생관리의 필요성 등에 비추어 가맹점사업자에게 사양서나 품질기준만을 제시하고 임의로 구입 또는 설치하도록 방치하여서는 가맹사업의 통일적 이미지 확보와 상품의 동일한 품질을 보증하는 데 지장이 있는지 여부를 판단하여 결정해야 합니다(대법원 2006. 3. 10. 선고 2002두332 판결).

또한 판례는 가맹계약에 판매촉진행사 등의 비용분담을 미리 약정하지 않더라도 불공정한 약관에 해당하지 않는다고 보았습니다.

가맹사업은 가맹본부가 가맹점사업자로 하여금 자기의 상표·서비스표·상호·간판 그 밖의 영업표지를 사용하여 일정한 품질기준에 따라 상품(원재료 및 부재료를 포함한다) 또는 용역을 판매하도록 함과 아울러 이에 따른 경영 및 영업활동 등에 대한 지원·교육과 통제를 하고, 가맹점사업자는 영업표지 등의 사용과 경영 및 영업활동 등에 대한 지원·교육의 대가로 가맹본부에 가맹금을 지급하는 계속적인 거래관계를 말하므로, 가맹사업은 가맹본부와 가맹점사업자 사이의 상호의존적 사업방식으로서 신뢰관계를 바탕으로 가맹점사업자의 개별적인 이익보호와 가맹점사업자를 포함한 전체적인 가맹조직의 유지발전이라는 공동의 이해관계를 가지고 있으며, 가맹사업에 있어서의 판매촉진행사는 비록 전국적인 것이라고 하더라도 1차적으로는 가맹점사업자의 매출증가를 통한 가맹점사업자의 이익향상에 목적이 있고, 그로 인하여 가맹점사업자에게 공급하는 원·부재료의 매출증가에 따른 가맹본부의 이익 역시 증가하게 되어 가맹본부와 가맹점사업자가 모두 이익을 얻게 되므로, **가맹점계약에서 가맹본부와 가맹점사업자 사**

이에 판매촉진행사에 소요된 비용을 합리적인 방법으로 분담하도록 약정하고 있다면, 비록 가맹본부가 판매촉진행사의 시행과 집행에 대하여 가맹점사업자와 미리 협의하도록 되어 있지 않더라도 그러한 내용의 조항이 약관의규제에관한법률 제6조 제2항 제1호 소정의 고객에 대하여 부당하게 불리한 조항에 해당한다고 할 수는 없다(대법원 2005. 6. 9. 선고 2003두7484 판결).

4. 가맹점사업자와 그 직원에 대한 교육·훈련

5. 가맹점사업자의 경영·영업활동에 대한 지속적인 조언과 지원

제5조 제4호에서는 가맹본부가 가맹점 사업자와 그 직원에 대한 교육·훈련을 해줘야 함을 말하고 있고, 제5호에서는 가맹본부가 가맹점 사업자의 경영·영업활동에 대한 지속적인 조언과 지원을 해야 한다고 규정하고 있습니다.

예를 들어, 요식업 프랜차이즈 본사가 가맹점에서 일하고 있거나 일할 예정인 직원, 아르바이트생들에 대한 레시피 교육이나 손님 응대를 위한 예절 교육 등을 하는 경우를 생각해 볼 수 있습니다. 이와 같은 본사 차원의 지속적 지원이 이루어질 때 가맹 점주들이 더욱 효율적으로 사업을 할 수 있겠죠. 또한 가맹 점주들이 가게를 운영하면서 저지르기 쉬운 실수들이나 과거의 사례를 교육함으로써 같은 사고가 발생하는 것을 방지할 수 있습니다. 가맹본부가 정상적인 교육·훈련을 하기 위해서는 교육을 위한 커리큘럼, 조직의 구성, 전담기획자와 교육담당자의 지정, 시설과 기기를 갖출 것이 요구됩니다. 이처럼 본사는 회원에게 지속적인 조언을 해주어야 할 책임이 있는 것이죠.

가맹점사업자가 가맹본부가 실시하는 교육에 참여하지 않은 것은 계약에 따라 가맹계약의 위반위반이 될 수 있고 가맹계약의 정당한 해지사유가 될 수 있습니다.

6. 가맹계약기간 중 가맹점사업자의 영업지역 안에서 자기의 직영점을 설치하거나 가맹점사업자와 유사한 업종의 가맹점을 설치하는 행위의 금지

제5조 제6호에서는 가맹계약 기간 중 가맹점 사업자의 영업지역 안에서 자기의 직영점을 설치하거나 가맹점 사업자와 유사한 업종의 가맹점을 설치하는 행위가 금지됨을 규정하고 있습니다.

가맹본부로부터 가맹점사업을 허락받은 회원들은 자신의 영업지역에 대해 일종의 독점권을 가지게 됩니다. 이는 다른 가맹점사업자의 투자를 촉진하고 효과적인 시장개발을 자극하는 효과를 가집니다. 즉, 가맹점사업자에 대한 적정한 영업지역 보장은 가맹본부나 가맹점사업자 모두에게 이익이 되는 것이죠. 대법원은 가맹본부가 아무런 제약없이 가맹점의 영업지역 안에 직영점을 개설할 수 있게 한 계약이 무효라고 보았습니다.

> 모든 가맹계약에 있어서 가맹본부에 가맹점에 대한 판매지역권 보장의무가 당연히 인정되는 것은 아니라 하더라도 **가맹본부로서는 소속 가맹점의 판매지역권을 부당하게 침해하는 것은 허용되지 않는다고 할 것이므로 가맹본부가 아무런 제약 없이 언제라도 가맹점의 점포와 동일 지역 내에 직영점을 개설하거나 가맹점을 둘 수 있도록 하는 조항을 두었다면 이는 가맹**

법 제5조 제6호에 의하면, 본사는 가맹회원이 영업하고 있는 특정 상권에 본사 직영점을 둘 수 없게 되어 있습니다. 하지만 이는 가맹계약이 정상적으로 유지가 될 때의 이야기입니다. 가맹계약이 해지되는 등 계약관계가 아닌 경우에는 법 제5조 제6호에 따른 영업권역 진출 금지 규정은 더이상 지킬 필요가 없습니다. 그래서 본사에서는 이를 이용해 10년의 가맹계약이 종료되면 더이상 가맹계약을 갱신해주지 않고, 기존 가맹회원이 운영하는 가맹점 인근에 본사 직영점을 열어 운영하기도 합니다. 이러한 행위는 법의 허점을 이용하는 것이지만 신의성실의 원칙에 위반되는 것으로서 허용되지 않습니다.

7. 가맹점사업자와의 대화와 협상을 통한 분쟁해결 노력

우리나라와 같이 정비된 사법체계(분쟁이 있을 경우 재판을 통해 해결할 수 있는 시스템)를 갖추고 있는 법치국가에서는 계약 당사자 간에 분쟁이 있을 경우에 그 해결은 최종적으로 사법부의 판단에 의해 해결하면 됩니다. 즉, 원칙적으로는 이견이 있을 때 계약당사자가 반드시 대화나 협상을 통해 분쟁의 해결을 시도해야 할 의무가 있다고 볼 수 없는 것이죠.

하지만 가맹사업법은 가맹본부와 가맹점사업자에게 대화와 협상을 통한 분쟁해결노력의무를 지우고 있습니다. 이는 가맹사업거래가 가지고 있는 ① 분쟁의 다발성, 다양성, ② 가맹본부와 가맹점사업자 간의 정보력이나 경제력 격차, ③ 분쟁의 집단성(분쟁의 도미노 현상), ④ 분쟁의 파급효과 등의 특성에 비추어 일이 있을 때마다 재판에 맡기기보다는 당사자 간 협의에 의해서 해결하는 것이 좋다고 판단했기 때문입니다.

이러한 분쟁해결노력은 법의 의무로 규정되어 있지만, 이를 이행하지 않고 곧바로 소송을 제기하더라도 가맹계약위반사유가 된다고 보기는 어렵습니다. 즉, 주의적 성격의 규정으로 보아야 하고, 우리 가맹사업법 역시 분쟁을 조정하기 위해 한국공정거래조정원에 가맹사업거래 분쟁조정협의회를 두고(가맹사업법 제16조), 공정거래위원회 또는 분쟁당사자가 요청하는 가맹사업거래의 분쟁에 관한 사항을 요청하도록 해(제21조) 대안을 제시하고 있습니다.

가맹사업거래의 기본원칙
– 신의성실의 원칙(법 제4조)

❓ 모 가맹점을 운영 중입니다. 가맹본부가 가맹계약을 체결하면서 가맹점의 평균매출, 폐점한 가맹점 수를 속인 사실을 뒤늦게 알게 되었습니다. 손해배상청구가 가능한가요?

당연한 말이지만 사업은 자기 마음대로, 아무렇게나 할 수 있는 것이 아닙니다. 가맹사업 역시 마찬가지로, 가맹본부와 가맹점사업자 모두 기본적인 상식과 원칙을 지켜가며 일을 해야 합니다. 이 당연한 사실을 우리 가맹사업법은 '신의성실의 원칙'이라고 표현하고 있습니다.

> **제4조【신의성실의 원칙】** 가맹사업당사자는 가맹사업을 영위함에 있어서
> 각자의 업무를 신의에 따라 성실하게 수행하여야 한다.

　이때의 가맹사업당사자들은 가맹 본사와 가맹회원 모두를 지칭하는 것이죠. 국어사전은 '신의(信義)'를 "믿음과 의리를 아우르는 말"이라고 정의하고 있습니다. '성실(誠實)'은 "정성스럽고 참되다"라는 뜻이라고 하네요. 그럼 '신의성실'이라는 것은 당사자 간의 믿음과 의리를 정성스럽고 참되게 하라는 의미로 풀이할 수 있을 겁니다. 쉽게 말해 '도리를 다 해야 한다.'는 것이죠. 헌법재판소는 "사람이 사회공동생활의 일원으로서 서로 상대방의 신뢰를 헛되이 하지 않도록 성의 있게 행동하여야 한다는 원칙"이라고 말하고 있습니다(헌재 2015. 7. 30. 2013헌바120 결정).

　사실 이 '신의성실의 원칙(신의칙)'은 우리 민법의 대원칙이기도 합니다. 민법은 제2조에서 "권리의 행사와 의무의 이행은 신의에 좇아 성실히 하여야 한다"고 규정하고 있습니다. 판례도 "신의칙은 계약법의 영역에 한정되지 않고 모든 법률관계를 규제 지배하는 원리이다"고 판시한 바 있습니다(대법원 1993. 5. 14. 선고 92다21760 판결). 따라서 가맹사업법에 별도로 신의성실규정을 두지 않더라도 가맹계약이나 거래의 해석, 분쟁의 해결에서 신의성실의 원칙은 당연히 적용됩니다. 그럼에도 가맹사업법은 가맹사업의 특성에 비추어 이 원칙을 특별히 강조하고 있습니다.

이 신의성실의 원칙에는 일반적으로 ① 사정변경의 원칙,[37] ② 실효의 원칙,[38] ③ 모순행위금지의 원칙,[39] ④ 권리남용금지의 원칙[40]과 같은 파생원칙이 있는데, 위 파생원칙들 역시 신의칙의 하나이므로 가맹사업관계에서도 동일하게 적용된다고 봅니다.

사례를 통해서 좀 더 구체적으로 풀어보겠습니다(대전지법 2002. 8. 14. 선고 2001가합9179 판결).

---

[37] 법률행위에서 그 기초가 된 사정이 당사자가 예견하지 못하거나 예견할 수 없었던 이유로 말미암아 현저하게 변경되었을 때, 당초에 정하여진 효과를 그대로 유지한다면 한 당사자에게 과도하게 부당한 결과가 생기는 경우가 있습니다. 이러한 경우에 당사자가 애초 약속했던 결과를 바꾸어 줄 것을 요청하거나 계약 자체를 해지할 수 있는 원칙을 말합니다. 여기서 사정은 객관적인 사정을 의미하고 주관적인 사정은 제외됩니다.

[38] 권리가 있음에도 오랜 기간 행사하지 않으면 그 권리가 그 효력(效)을 잃는다(失)는 원칙입니다. 권리자가 자신의 권리를 장기간 행사하지 않아 상대방이 이제는 그 권리를 행사하지 않을 것이라고 충분히 신뢰한 데 대해서 그 권리를 행사하는 것은 허용되지 않고, 상대방은 권리자의 권리행사에 대해 실효의 항변을 할 수 있다는 것입니다. 이때의 "충분한 신뢰"와 관련해서 판례는 "행사의 기대가능성이 있었음에도 불구하고 상당한 기간이 경과하도록 권리를 행사하지 아니하여 의무자인 상대방으로서도 이제는 권리자가 권리를 행사하지 아니할 것으로 신뢰할 만한 정당한 기대를 가지게 된 다음에 새삼스럽게 그 권리를 행사하는 것이 법 질서 전체를 지배하는 신의성실의 원칙에 위반하는 것으로 인정되는 결과가 될 때에는, 이른바 실효의 원칙에 따라 그 권리의 행사가 허용되지 않는다고 보아야 할 것이다"라고 말하고 있습니다.

[39] 반언(反言), 즉 한 번 했던 말(선행행위)에 모순되는 행동을 하는 것을 금지(禁)하는 원칙입니다. 쉽게 말하면 '했던 말 무르기 없기.' 이 원칙이 적용되기 위해서는 ① 선행행위의 존재가 있어야 하고, ② 그에 대한 상대방의 정당한 신뢰가 형성되었음에도 불구하고, ③ 선행행위에 반하는 후행행위가 있어야 하며, ④ 이러한 모순행위에 의해 상대방의 신뢰가 침해되고, ⑤ 이 신뢰는 보호할 가치가 있어야 합니다.

[40] 권리의 행사가 외관상 겉으로 보기에는 정당한 권리를 행사하는 것 같지만(적법) 실제로는 그 권리 행사가 부당한 경우 즉 당사자 간 현저한 이익의 불균형이 발생하는 행위인 경우 이를 금지하는 것을 말합니다. 판례는 오로지 타인에게 손해만 끼치기 위한 권리행사(행사하는 사람에게 아무런 이익이 없는 경우)를 권리남용으로 보고 있습니다(대법원 2003. 2. 14. 2002다62319 판결).

- 乙은 "B.B.X.치킨", "닭X는마을" 등의 상호와 상표로 계육 및 계육가공품 도·소매업, 외식사업 및 상품 연쇄화산업(체인산업) 등을 목적으로 설립된 법인이다.
- "B.B.X. 치킨"은 배달을 위주로 운영되는 체인점이고, "닭X는마을"은 외식을 위주로 하는 체인점이다.
- 甲은 1999. 10.경부터 배달 위주의 "B.B.X.치킨"을 운영하고 있던 중, 2000. 5. 29.경 "닭X는마을" 체인점 사업확장을 꾀하고 있던 乙의 대전 사업부 사업부장 소외 김X선으로부터 대전의 한 건물에서 "닭X는마을" 대전 2호점을 개설 운영해 보라는 권유를 받았다.
- 당시 甲이 영업전환에 따른 비용 및 수익성 등의 문제로 망설이자, 위 김X선은 甲에게 "닭X는마을 2호점"의 예정지가 표시된 약도와 상권분석표를 제시하면서, 乙에서 분석한 바에 의하면 위 2호점은 순이익이 甲이 당시 운영하고 있는 "B.B.X.치킨 태평점"보다 좋을 것이라고 말하면서, 甲을 위하여 "닭X는마을 2호점"이 입점할 이 사건 건물에 관한 임대차 및 甲이 당시 운영하던 "B.B.X.치킨"의 매각을 주선하고, 그에 필요한 임대차보증금, 권리금, 부동산중개료 등의 비용 중 상당 부분을 甲 대신 우선 지급하여 주겠으니 나중에 위 "B.B.X.치킨"이 매각되면 그 대금으로 정산하자고 하면서 2호점의 개설 운영을 적극 권유하였다.
- 그 후 甲은 2000. 8. 23. 乙과 가맹계약을 체결하고, "닭X는마을 2호점"을 운영하였다.
- 甲이 전에 운영하던 위 "B.B.X.치킨"의 1999. 10.경부터 2000. 8.경까지의 하루 평균 매출액은 592,400원 정도로서 월 평균 순수익은 500만 원 정도였으나, 위 2호점 개업 이후에는 甲이 열심히 노력하였음에도 불구하고 개업일인 2000. 10.경부터 2001. 9.경까지 1년 동안의 하루 평균 매출액은 415,000원 정도로서, 비용 등을 공제하면 적자 상태이다.

위와 같은 상황에서 甲은 ① 甲과 乙 사이에 체결된 가맹계약은 프랜차이즈계약으로서, 이러한 프랜차이즈계약에서는 프랜차이즈를 제공하는 프랜차이저는 가맹점계약을 체결하고자 하는 프랜차이지에게 점포 입지의 선정 및 상권 분석 등에서 정확한 영업정보를 제공할 충실의무가 있는데, ② 乙은 이러한 충실의무를 위반하여 甲에게 점포 위치를 잘못 선정하고 그릇된 상권분석 정보를 제공함으로써 甲이 가맹점계약을 체결하여 적자경영을 하게 되었으므로, ③ 乙은 이로 인한 영업손실상당의 손해를 배상할 책임이 있다고 주장했습니다.

법원은 어떻게 판단했을까요?

- 甲과 乙 사이에 체결된 이 사건 가맹점계약은 乙이 보유한 영업 지식과 경험, 기술에 관한 노하우와 '닭X는마을'의 상호 등 각종 영업표지와 경영지도 및 지원을 甲에게 제공하고, 甲은 이를 활용하여 닭X는마을을 경영하되, 乙에게 영업표지와 노하우의 사용대가를 지급하기로 하는 소위 프랜차이즈계약이다.
- 이러한 프랜차이즈계약에서는 영업지식과 경험이 부족한 가맹점주(프랜차이지)로서는 가맹점 운영에 관한 축적된 경험을 가진 본부(프랜차이저)가 제공하는 정보를 신뢰하고 그에 기초하여 점포를 선정하고 영업활동을 전개할 수밖에 없어 가맹점주의 영업상의 성패는 계약체결과정에서의 입지선정과 그 이후의 교육훈련, 경영비법의 전수 등 프랜차이즈 본부가 제공하는 정보에 크게 의존한다고 할 것이므로, 프랜차이즈 본부는 계약체결 이후에는 물론이고 계약체결과정에서도 계약체결 여부에 대한 객관적인 판단자료가 되는 정확한 정보를 제공할 신의칙상 의무를 진다고 할 것이고, 특히 프랜차이저가 가맹점 모집에 즈음하여 시장조사를 실시하고 그 내용을 개시한 경우에는 그 내용은 가맹점에 가입하려는 사람

에게는 계약체결의 가부를 판단함에 극히 중요한 자료가 되는 것임에도 그 방면에 대한 경험이 부족하여 전문지식과 축적된 노하우에 의하여 조사된 프랜차이저 측의 시장조사 결과를 분석하여 비판하는 것이 쉽지 아니한 점을 고려할 때 그 시장조사 내용이 객관성을 결여하여 가맹점 가입계약 체결 여부에 관한 판단을 그르치게 할 우려가 큰 경우에는 그 프랜차이저는 신의칙상 보호의무 위반의 책임을 면할 수 없다 할 것이다.

- 그러므로 이 사건에서 乙의 신의칙상 보호의무 위반 여부에 관하여 보건대, 乙이 "B.B.X.치킨 태평점"을 운영하고 있던 甲에게 "닭X는마을 2호점"을 영업하도록 권유함에 있어, 당시 乙의 대전사업부 사업부장 김X선이 2호점의 입지를 선정하여 상권분석표를 제시하면서 2호점의 하루 평균 예상매출액이 120 내지 130만 원 정도로서 순이익도 위 태평점보다 나을 것이라고 말한 사실, 甲이 그곳에 가맹점을 개설하여 열심히 노력하였으나 영업실적은 위 상권분석표에 나타난 영업이익 예상수치와 현저한 차이를 나타내고 오히려 적자를 면하지 못하고 있는 사실 등은 위에서 인정한 바와 같다.

- 그러나 프랜차이지인 甲도 프랜차이저인 乙과는 엄연히 독립된 사업자로서 사업의 성패를 자신의 책임으로 결정하여야 하는바, 乙의 또 다른 가맹점인 "B.B.X.치킨 태평점"을 1년 가까이 경영한 경험이 있어 "닭X는마을 2호점"의 입지선정 및 그 사업성 여부에 대하여 독자적인 판단능력이 있었다고 보여진다.

- 따라서 이 사건에서, 乙의 상권분석 내용에 객관성이 결여되거나 입지선정에 오류가 있어 계약체결 여부에 대한 판단을 그르치게 할 우려가 크다고 볼 수 있을 정도로 잘못이 있었다고 판단하기는 어렵고 달리 이를 인정할 수 있는 충분한 증거가 없어 乙이 가맹점 계약체결과정에서 상대방인 甲에 대한 신의칙상 보호의무 또는 충실의무를 위반하였다고 할 수 없다.

이 사례에서는 가맹본부가 상권분석표를 제시한 것을 중요한 정보, 다시 말해 가맹회원 입장에서 해당 프랜차이즈에 가입할지 말지를 결정하는 데 결정적 영향을 끼칠 만한 정보에는 해당한다고 보면서도, 이 상권분석 내용에 객관성이 결여되거나 입지선정에 오류가 있어 甲의 계약체결 여부에 대한 판단을 그르치게 할 우려가 크다고 볼 수 있을 정도로 잘못이 있었다고 판단하기는 어렵다고 했습니다.

甲 역시 독립된 사업자로서 1년간 유사한 가맹점을 운영하고 있었기에 甲이 제공한 자료를 맹목적으로 신뢰하기보다, 자신이 독립적으로 시장조사를 하고 수익성·사업성을 판단해 합리적으로 가맹계약을 체결할 수 있었습니다. 하지만 이를 게을리했고, 결국 장사가 잘 되지 않았죠. 법원은 이를 두고 乙이 신의성실의 원칙을 위반하였다고 볼 수는 없다고 판단한 것이죠. 물론 이 판례에는 乙이 제공한 분석 자료가 객관성을 현저하게 결여하였다거나 뒷받침할 근거가 전혀 없다고 보기 어렵다는 것도 그 근거가 되었습니다. 만약 가맹본부가 가맹점을 유치하려는 목적으로 객관적인 자료를 제시하지 않거나 의도적으로 수치를 왜곡하고, 수익성을 과장하여 정보를 제공한 경우에는 신의칙 위반이 될 수 있습니다. 중요한 것은 계약체결을 하기 이전에도 가맹본사는 가맹희망자에 대해서 신의칙의 의무를 부담한다는 것이죠.

✅ 모 가맹점을 운영 중입니다. 가맹본부가 가맹계약을 체결하면서 가맹점의 평균매출, 폐점한 가맹점 수를 속인 사실을 뒤늦게 알게 되었습니다. 손해배상청구가 가능한가요?

우선, 가맹점 평균매출, 폐점한 가맹점 수 등은 앞서 살펴본 '정보공개서'에 반드시 포함되어야 하는 정보입니다. 굳이 법이 강제하지 않더라도, 가맹점을 여는 데에 평균매출이나 폐점한 가맹점 수가 가맹사업의 시작을 결정할 수 있을 정도의 매우 중요한 정보임은 알 수 있을 겁니다.

정보공개서란 문자 그대로 정보가 담겨 있는 문서를 말하고, 여기서 말하는 정보란 해당 가맹 본사와 가맹사업에 관련한 중요한 정보를 의미합니다. 가맹본부의 일반적인 사항, 가맹본부의 매출과 관련된 사업현황, 누가 가맹본부를 운영하고 있는지, 특히 가맹본부 임원이 특정한 형사처분을 받은 전력이 있다고 한다면 그 내용, 가맹회원이 되는 데 소요되는 비용, 영업활동에 대한 부분, 가맹회원에 대한 교육 방법 등 해당 가맹사업 전반에 관한 내용이 모두 포함되어야 하죠.

이 정보는 진실되어야 하고, 정보공개서만 보아도 가맹점희망자들이 해당 가맹사업의 대략적인 윤곽을 알 수 있도록 만들어져야 합니다. 따라서 정보공개서에 들어갈 정도로 중요한 내용인 매출과 폐점한 가맹점 수를 속여서 마치 평균매출이 실제보다 더 큰 것처럼 속이고, 폐점한 가맹점 수도 줄여서 실제와는 달리 해당 가맹사업이 매우 잘 되고 있는 것처럼 과장하는 것은 신의성실의 원칙에 당연히 위배되는 행위라고 할 수 있습니다.

판례의 입장에 따를 때에도 매출이나 폐점 가맹점 수는 가맹점에 가입하려는 사람에게는 계약체결의 가부를 판단함에 극히 중요한 자료가 되는 것이고, 가맹희망자의 입장에서는 그 방면에 대한 경험이 부족하여 가맹본부가 제출한 정보를 분석하여 비판하는 것이 쉽지 않은 점을 고려할 때 신의칙상 보호의무 위반의 책임을 면할 수 없다 할 것입니다.

이처럼 본부가 신의성실의 원칙을 위반한 경우에는, 가맹점사업자는 본부에게 해당 계약을 체결함으로 인해 입은 손해를 모두 배상해줄 것을 청구할 수 있습니다.

6. 불공정거래행위의 금지

불공정거래행위의 유형

가맹사업을 가맹본부는 가맹점사업자에 대하여 가맹사업의 공정한 거래를 저해할 우려가 있는 행위를 하거나 다른 사업자에게 그러한 행위를 하도록 해서는 안 됩니다(가맹사업법 제12조, 시행령 제13조 제1항 및 별표 2). 이를 불공정거래행위라고 하며, 크게 거래 거절, 구속조건부 거래, 거래상 지위 남용, 부당한 손해배상 의무 부과행위, 그 밖의 불공정거래행위 등으로 나누어 시행령에 세부적으로 규정하고 있고, 영업시간의 구속금지나 영업지역 침해금지에 대해서는 별도의 조항을 두어 규제하고 있습니다.

불공정거래행위의 금지

– 거래거절

가맹본부는 가맹점사업자의 계약위반 등 가맹점사업자의 책임 있는 사유로 가맹사업의 거래관계를 지속하기 어려운 사정이 발생한 경우를 제외하고, 가맹점사업자에게 상품이나 용역의 공급 또는 영업의 지원 등을 부당하게 중단 또는 거절하거나 그 내용을 현저하게 제한하는 다음과 같은 행위를 해서는 안 됩니다.

유형	내 용
영업지원 등의 거절금지	정당한 이유 없이 거래기간 중에 가맹사업을 영위하는 데 필요한 부동산·용역·설비·상품·원재료 또는 부재료의 공급과 이와 관련된 영업지원, 정보공개서 또는 가맹계약서에서 제공하기로 되어 있는 경영 및 영업활동에 관한 지원 등을 중단 또는 거절하거나 그 지원하는 물량 또는 내용을 현저히 제한하는 행위를 해서는 안 됩니다.
부당한 계약갱신 거절금지	부당하게 가맹점사업자와의 계약갱신을 거절하는 행위를 해서는 안 됩니다.
부당한 계약해지의 금지	부당하게 계약기간 중에 가맹점사업자와의 계약을 해지하는 행위를 해서는 안 됩니다.

- 구속조건부 거래

가맹본부는 가맹점사업자가 취급하는 상품 또는 용역의 가격, 거래상대방, 거래지역이나 가맹점사업자의 사업 활동을 부당하게 구속하거나 제한하는 다음과 같은 행위를 해서는 안 됩니다.

유형	내 용
가격의 구속금지	1. 정당한 이유 없이 가맹점사업자가 판매하는 상품 또는 용역의 가격을 정해 그 가격을 유지하도록 하거나 가맹점사업자가 상품 또는 용역의 가격을 결정하는 행위를 부당하게 구속하는 행위, 사전 협의를 통해 판매가격을 강요하는 행위 등을 해서는 안 됩니다. 2. 그러나, 판매가격을 정해 가맹점사업자에게 이를 따르도록 권장하는 행위, 가맹점사업자에게 판매가격을 결정하거나 변경하는 경우 그 내용에 관해 사전에 협의하도록 하는 행위는 가격의 구속금지에 해당하지 않습니다.
거래상대방의 구속금지	1. 부동산·용역·설비·상품·원재료 또는 부재료의 구입·판매 또는 임대차 등과 관련하여 부당하게 가맹점사업자에게 특정한 거래상대방(가맹본부 포함)과 거래할 것을 강제하는 행위를 해서는 안 됩니다.

	2. 그러나, 부동산·용역·설비·상품·원재료 또는 부재료가 가맹사업을 경영하는 데에 필수적이라고 객관적으로 인정되고, 특정한 거래상대방과 거래하지 않는 경우에는 가맹본부의 상표권을 보호하고 상품 또는 용역의 동일성을 유지하기 어렵다는 사실이 객관적으로 인정되며, 가맹본부가 미리 정보공개서를 통하여 가맹점사업자에게 해당 사실을 알리고 가맹점사업자와 계약을 체결하는 경우 등은 거래상대방의 구속금지에 해당하지 않습니다.
가맹점사업자의 상품 또는 용역의 판매제한 금지	1. 가맹점사업자에게 부당하게 지정된 상품 또는 용역만을 판매하도록 하거나 거래상대방에 따라 상품 또는 용역의 판매를 제한하는 행위를 해서는 안 됩니다. 2. 그러나, 가맹점사업자의 상품 또는 용역의 판매를 제한하지 않는 경우 가맹본부의 상표권을 보호하고 상품 또는 용역의 동일성을 유지하기 어렵다는 사실이 객관적으로 인정되고, 가맹본부가 미리 정보공개서를 통하여 가맹점사업자에게 해당 사실을 알리고 가맹점사업자와 계약을 체결하는 경우에는 가맹점사업자의 상품 또는 용역의 판매제한 금지에 해당하지 않습니다.
영업지역의 준수강제 금지	1. 부당하게 가맹점사업자에게 영업지역을 준수하도록 조건을 붙이거나 이를 강제하는 행위를 해서는 안 됩니다. 2. 그러나, 가맹본부가 가맹점사업자의 영업거점지역을 정하거나, 가맹점사업자가 자기의 영업지역에서의 판매책임을 다한 경우에 영업지역 외의 다른 지역에서 판매할 수 있도록 하는 행위, 또는 가맹점사업자가 자기의 영업지역 외의 다른 지역에서 판매하려는 경우 그 지역의 가맹점사업자에게 광고선전비 등 판촉비용에 상당하는 일정한 보상금을 지불하도록 하는 행위의 경우에는 영업지역의 준수강제 금지에 해당하지 않습니다.
그 밖에 가맹점사업자의 영업활동의 제한 금지	1. 위의 행위에 준하는 것으로서 부당하게 가맹점사업자의 영업활동을 제한하는 행위를 해서는 안 됩니다. 2. 그러나, 가맹점사업자의 영업활동을 제한하지 않는 경우 가맹본부의 상표권을 보호하고 상품 또는 용역의 동일성을 유지하기 어렵다는 사실이 객관적으로 인정되고, 가맹본부가 미리 정보공개서를 통해 가맹점사업자에게 해당 사실을 알리고 가맹점사업자와 계약을 체결하는 행위는 가맹점사업자의 영업활동의 제한 금지에 해당하지 않습니다.

– 거래거절거래상 지위의 남용

가맹본부는 거래상의 지위를 이용해 부당하게 가맹점사업자에게 불이익을 주는 다음과 같은 행위를 해서는 안 되나(가맹사업법 제12조 제1항 제3호), 다음에 해당하는 행위를 허용하지 않으면 가맹본부의 상표권을 보호하고 상품 또는 용역의 동일성을 유지하기 어렵다는 사실이 객관적으로 인정되는 경우로서 해당 사실에 관해 가맹본부가 미리 정보공개서를 통해 가맹점사업자에게 알리고 가맹점사업자와 계약을 체결하는 경우에는 다음의 행위가 허용됩니다.

유형	내용
구입 강제금지	가맹점사업자에게 가맹사업의 경영과 무관하거나 그 경영에 필요한 양을 넘는 시설·설비·상품·용역·원재료 또는 부재료 등을 구입 또는 임차하도록 강제하는 행위를 해서는 안 됩니다.
부당한 강요금지	부당하게 경제적 이익을 제공하도록 강요거나 가맹점사업자에게 비용을 부담하도록 강요하는 행위를 해서는 안 됩니다.
부당한 계약조항의 설정 또는 변경금지	가맹점사업자가 이행하기 곤란하거나 가맹점사업자에게 불리한 계약조항을 설정 또는 변경하거나 계약갱신과정에서 종전의 거래조건 또는 다른 가맹점사업자의 거래조건보다 뚜렷하게 불리한 조건으로 계약조건을 설정 또는 변경하는 행위를 해서는 안 됩니다.
경영의 간섭금지	정당한 이유 없이 특정인과 가맹점을 같이 운영하도록 강요하는 행위를 해서는 안 됩니다.
판매목표 강제금지	부당하게 판매 목표를 설정하고 가맹점사업자로 하여금 이를 달성하도록 강제하는 행위를 해서는 안 됩니다.
불이익제공금지	위의 행위에 준하는 경우로서 가맹점사업자에게 부당하게 불이익을 주는 행위를 해서는 안 됩니다.

– 부당한 손해배상의무 부과행위

가맹본부는 계약의 목적과 내용, 발생할 손해 등 다음과 같이 정한 기준에 비해 과중하게 위약금을 부과하는 등 가맹점사업자에게 부당하게 손해배상 의무를 부담시키는 행위를 해서는 안 됩니다(가맹사업법 제12조 제1항 제5호 및 시행령 별표 2 제4호).

유형	내용
과중한 위약금 설정·부과행위	• 계약해지의 경위 및 거래당사자 간 귀책사유 정도, 잔여계약기간의 정도, 중도해지 후 가맹본부가 후속 가맹점사업자와 계약을 체결하기 위하여 통상 소요될 것으로 예상되는 기간에 상당하는 손해액 등에 비추어 부당하게 과중한 위약금을 설정하여 계약을 체결하거나 이를 부과하는 행위를 해서는 안 됩니다. • 상품 또는 용역에 대한 대금지급의 지연 시 지연경위, 정상적인 거래관행 등에 비추어 과중한 지연손해금을 설정하여 계약을 체결하거나 이를 부과하는 행위를 해서는 안 됩니다.
소비자 피해에 대한 손해배상의무 전가행위	가맹본부가 가맹점사업자에게 공급한 물품의 원시적 하자 등으로 인해 소비자 피해가 발생한 경우까지도 부당하게 가맹점사업자가 손해배상의무를 모두 부담하도록 계약을 체결하는 행위를 해서는 안 됩니다.
그 밖의 부당한 손해배상의무 부과행위	위의 과중한 위약금 설정·부과행위 또는 소비자 피해에 대한 손해배상의무 전가행위에 준하는 경우로서 가맹점사업자에게 부당하게 손해배상의무를 부담하도록 하거나 가맹본부가 부담해야 할 손해배상의무를 가맹점사업자에게 전가하는 행위를 해서는 안 됩니다.

-그 밖의 불공정거래행위

가맹본부는 부당하게 다른 경쟁가맹본부의 가맹점사업자를 자기와 거래하도록 유인하는 행위 등을 통해 자기의 가맹점사업자의 영업에 불이익을 주거나 다른 경쟁가맹본부의 가맹사업에 불이익을 주는 행위 등의 공정한 거래를 저해할 우려가 있는 행위를 해서는 안됩니다(가맹사업법 제12조 제1항 제6호 및 시행령 별표 2 제5호).

가맹본부가 가맹점사업자에게 불공정거래행위를 한 경우에는 공정거래위원회로부터 시정조치, 과징금 등을 받습니다(가맹사업법 제33조, 제34조, 제35조 및 제41조 제2항 제2호).

부당한 영업지역 침해금지

가맹본부는 가맹계약 체결 시 가맹점사업자의 영업지역을 설정하여 가맹계약서에 이를 기재하여 영업지역이 침해되지 않도록 해야 합니다(가맹사업법 제12조의 4 제1항).

다만, 가맹본부가 가맹계약 갱신 과정에서 상권의 급격한 변화 등 다음에 해당하는 사유가 발생하여 기존 영업지역을 변경하기 위해서는 가맹점사업자와 합의해야 합니다(가맹사업법 제12조의 4 제2항 및 시행령 제13조의 4).

- 재건축, 재개발 또는 신도시 건설 등으로 인하여 상권의 급격한 변화가 발생하는 경우
- 해당 상권의 거주인구 또는 유동인구가 현저히 변동되는 경우

- 소비자의 기호변화 등으로 인하여 해당 상품·용역에 대한 수요가 현저히 변동되는 경우
- 위에서 열거한 경우에 준하는 경우로서 기존 영업지역을 그대로 유지하는 것이 현저히 불합리하다고 인정되는 경우

가맹본부는 정당한 사유 없이 가맹계약기간 중 가맹점사업자의 영업지역 안에서 가맹점사업자와 동일한 업종(수요층의 지역적·인적 범위, 취급품목, 영업형태 및 방식 등에 비추어 동일하다고 인식될 수 있을 정도의 업종)의 자기 또는 계열회사(독점규제 및 공정거래에 관한 법률 제2조 제3호에 따른 계열회사)의 직영점이나 가맹점을 설치해서는 안 됩니다(가맹사업법 제12조의 4 제3항).

가맹본부가 가맹점사업자에게 부당하게 영업지역을 침해한 경우에는 공정거래위원회로부터 과징금을 받게 됩니다(가맹사업법 제35조 제1항).

부당한 점포환경개선 금지

가맹본부는 다음에 해당하는 경우 외에는 점포환경개선을 강요해서는 안 됩니다(가맹사업법 제12조의 2 제1항 및 시행령 제13조의 2 제1항).

- 점포의 시설, 장비, 인테리어 등의 노후화가 객관적으로 인정되는 경우
- 위생 또는 안전의 결함이나 이에 준하는 사유로 가맹사업의 통일성을 유지하기 어렵거나 정상적인 영업에 현저한 지장을 주는 경우
- 가맹본부의 점포환경개선 비용 부담

가맹본부는 가맹사업자의 점포환경개선에 소요되는 간판 교체비용과 인테리어 공사비용(장비·집기의 교체비용을 제외한 실내건축공사에 소요되는 일체의 비용)의 100분의 40 이내의 범위에서 다음의 비율에 해당하는 금액을 부담해야 합니다(가맹사업법 제12조의 2 제2항, 시행령 제13조의 2 제2항 및 제3항).

- 점포의 확장 또는 이전을 수반하지 않는 점포환경개선의 경우: 100분의 20
- 점포의 확장 또는 이전을 수반하는 점포환경개선의 경우: 100분의 40

다만, 인테리어 공사비용 중 가맹사업의 통일성과 관계 없이 가맹점사업자가 추가 공사를 함에 따라 드는 비용은 가맹본부의 부담에서 제외됩니다(가맹사업법 제12조의2 제2항, 시행령 제13조의 2 제2항 제2호).

또한 다음에 해당하는 경우에도 가맹본부는 점포환경개선 비용을 부담하지 않아도 됩니다(가맹사업법 제12조의 2 제2항 단서).

- 가맹본부의 권유 또는 요구가 없음에도 가맹점사업자의 자발적 의사에 의하여 점포환경개선을 실시하는 경우
- 가맹점사업자의 귀책사유로 인하여 위생·안전 및 이와 유사한 문제가 발생하여 불가피하게 점포환경개선을 하는 경우

가맹본부가 가맹점사업자에게 부당하게 점포환경개선을 강요한

경우에는 공정거래위원회로부터 과징금을 받게 됩니다(가맹사업법 제35조 제1항).

부당한 영업시간 구속 금지

가맹본부는 정상적인 거래관행에 비추어 부당하게 가맹점사업자의 영업시간을 구속하는 행위(이하 "부당한 영업시간 구속"이라 함)를 해서는 안 됩니다(가맹사업법 제12조의3 제1항).

부당한 영업시간의 구속으로 보는 행위는 다음과 같습니다(가맹사업법 제12조의3 제2항, 시행령 제13조의 3).

1. 가맹점사업자의 점포가 위치한 상권의 특성 등의 사유로 오전 0시부터 오전 6시까지 또는 오전 1시까지의 매출이 그 영업에 소요되는 비용에 비해 저조하여 가맹점사업자가 영업시간 단축을 요구한 날이 속한 달의 직전 3개월 동안 영업손실이 발생함에 따라 가맹점사업자가 영업시간 단축을 요구함에도 이를 허용하지 않는 행위
2. 가맹점사업자가 질병의 발병과 치료 등 불가피한 사유로 필요 최소한의 범위에서 영업시간의 단축을 요구함에도 이를 허용하지 않는 행위

가맹본부가 가맹점사업자에게 부당하게 영업시간을 강요한 경우에는 공정거래위원회로부터 과징금을 받게 됩니다(가맹사업법 제35조 제1항).

광고·판촉행사에 대한 정확한 정보 및 열람 제공

– 광고·판촉행사에 대한 집행 내역 통보

가맹본부가 가맹점사업자가 비용의 전부 또는 일부를 부담하는 광고나 판촉행사를 실시하는 경우 매 사업연도 종료 후 3개월 이내에 다음의 사항을 가맹점사업자에게 통보해야 합니다(가맹사업법 제12조의 6 제1항 및 시행령 제13조의 5 제1항).

- 해당 사업연도에 실시한 광고나 판촉행사별(일부라도 비용이 집행된 경우 포함) 명칭, 내용 및 실시기간
- 해당 사업연도에 광고나 판촉행사를 위해 전체 가맹점사업자로부터 지급받은 금액
- 해당 사업연도에 실시한 광고나 판촉행사별로 집행한 비용 및 가맹점사업자가 부담한 총액

– 광고·판촉행사에 대한 열람

가맹본부는 가맹점사업자가 광고나 판촉행사 집행내역의 열람을 요구하는 경우 열람의 일시 및 장소를 정해 가맹점사업자가 원하는 해당 자료를 열람할 수 있도록 해야 합니다(가맹사업법 제12조의 6 제1항 시행령 제13조의 5 제3항).

가맹본부가 광고·판촉행사에 대한 정확한 정보 및 열람을 제공하지 않은 경우 공정거래위원회로부터 시정조치, 과징금 등을 받습니다(가맹사업법 제33조 제1항, 제34조 및 제35조).

자율규약

> **제15조【자율규약】** ① 가맹본부 또는 가맹본부를 구성원으로 하는 사업자
> 단체는 가맹사업의 공정한 거래질서를 유지하기 위하여 자율적으로 규
> 약을 정할 수 있다.
> ② 가맹본부 또는 가맹본부를 구성원으로 하는 사업자단체는 제1항의
> 규정에 의하여 자율규약을 정하고자 하는 경우 그 규약이 제12조제1항의
> 규정에 위반하는지에 대한 심사를 공정거래위원회에 요청할 수 있다.
> ③ 공정거래위원회는 제2항의 규정에 의하여 자율규약의 심사를 요청
> 받은 때에는 그 요청을 받은 날부터 60일 이내에 심사결과를 신청인에게
> 통보하여야 한다.

가맹본부 또는 가맹본부를 구성원으로 하는 사업자단체는 가맹사
업의 공정한 거래질서를 유지하기 위해서 자율적으로 규약을 정할
수 있습니다(가맹사업법 제15조 제1항). 가맹사업법이 공정한 거래질
서를 확립하기 위해서 만들어졌다는 것은 설명했지요? 이 목적을 달
성하기 위해서는 정부가 나서서 규제하는 것보다 계약 당사자들이
자율적으로 옳다고 생각하는 사항들을 지키고 법을 준수하는 노력
을 하는 것이 보다 바람직하다는 판단으로, 서로 자율적으로 규약을
만들어 서로를 구속할 수 있도록 한 것이죠.

가맹본부 또는 가맹본부를 구성원으로 하는 사업자단체가 자율규
약을 정하고자 하는 경우에는 해당 규약이 제12조 제1항의 규정(불
공정거래행위금지)에 위반하는지에 대한 심사를 공정거래위원회에 요
청할 수 있습니다. 심사를 요청할 때 기재하여야 할 사항은 아래와
같습니다(법 시행령 제16조).

> **제16조【자율규약의 심사요청】** 가맹본부 또는 가맹본부를 구성원으로 하는 사업자단체는 법 제15조제2항의 규정에 의하여 자율규약의 심사를 요청하고자 하는 때에는 공정거래위원회에 다음 각호의 사항을 기재한 서면과 심사요청의 대상이 되는 자율규약의 사본을 제출하여야 한다.
> 1. 심사요청인의 주소와 성명
> 2. 자율규약의 제정배경
> 3. 자율규약의 주요골자와 그 취지

공정거래위원회가 해당 규정에 의해 자율규약의 심사를 요청받은 때에는 그 요청을 받은 날부터 60일 이내에 심사결과를 신청인에게 통보하여야 합니다(가맹사업법 제15조 제13항).

공정거래위원회는 공정한 가맹사업거래 질서를 확립하기 위하여 가맹본부가 가맹사업법을 자율적으로 준수하도록 유도하기 위한 자율준수 프로그램을 보급하고 확산을 위한 업무를 수행할 수 있습니다.

> **제31조의2【가맹사업거래에 대한 교육 등】** ① 공정거래위원회는 공정한 가맹사업거래 질서를 확립하기 위하여 다음 각 호의 업무를 수행할 수 있다.
> 4. 가맹본부가 이 법을 자율적으로 준수하도록 유도하기 위한 자율준수 프로그램의 보급·확산

7. 분쟁의 조정

공정거래분쟁조정협의회

가맹 본사와 가맹점주 간의 분쟁은 어제오늘 일이 아닙니다. 그만큼 잦고, 많이 일어나며 지금도 어느 곳에선가 진행 중인 일이기도 합니다. 가맹본부가 가맹사업거래에서 계약내용이나 법령을 위반해 가맹점사업자에게 손해를 입힌 경우 가맹점사업자는 자신의 권리를 구제받기 위해 두 가지 방안을 선택할 수 있습니다. ① 가맹사업거래 분쟁조정협의회에 분쟁조정을 신청하거나, ② 가맹본부에 손해배상을 청구하는 것이죠.

가맹사업법은 가맹 본사와 가맹점주 사이 분쟁을 조정하기 위한 규정을 두고, 분쟁조정협의회를 설치하여 가맹당사자 간에 생긴 분쟁을 조정할 수 있게 하였습니다. 가맹사업거래분쟁조정협의회는 불공정거래행위로 발생한 조정하기 위하여 2008년부터 운영되고 있습니다.

가맹점사업자 및 가맹본부는 가맹사업거래에 관한 분쟁이 발생한 경우 가맹사업거래분쟁조정협의회(협의회)에 분쟁조정신청을 할 수 있고, 협의회는 제기된 분쟁에 대하여 다음과 같은 절차를 거쳐서 처리합니다.

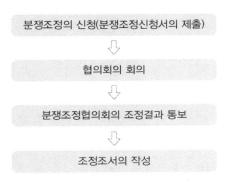

분쟁조정의 신청(분쟁조정신청서의 제출)

⇩

협의회의 회의

⇩

분쟁조정협의회의 조정결과 통보

⇩

조정조서의 작성

분쟁조정처리절차, 한국공정거래조정원 온라인분쟁조정시스템[41]

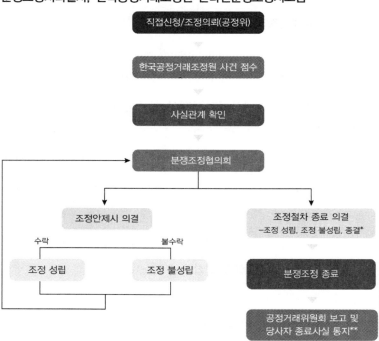

* 취하, 소제기, 각하, 조정안 미제시 등 관련 법령 등에 의하여 조정절차를 종료한 경우
* * 조정이 성립되지 않은 경우, 피신청인의 관련 법률 위반 여부를 확인하고 싶은 신청인은 조정원의 통지공문 내용에 따라 공정거래위원회에 신고서 제출

41 https://fairnet.kofair.or.kr/case/subIndex/144.do

● 가맹사업법 분쟁조정협의회 관련 조항

제16조【가맹사업거래분쟁조정협의회의 설치】 ① 가맹사업에 관한 분쟁을 조정하기 위하여「독점규제 및 공정거래에 관한 법률」제48조의2제1항에 따른 한국공정거래조정원(이하 "조정원"이라 한다)에 가맹사업거래분쟁조정협의회(이하 "협의회"라 한다)를 둔다.

② 시·도지사는 특별시·광역시·특별자치시·도·특별자치도(이하 "시·도"라 한다)에 협의회를 둘 수 있다.

제17조【협의회의 구성】 ① 협의회는 위원장 1인을 포함한 9인의 위원으로 구성한다.

② 위원은 공익을 대표하는 위원, 가맹본부의 이익을 대표하는 위원, 가맹점사업자의 이익을 대표하는 위원으로 구분하되 각각 동수로 한다.

③ 조정원에 두는 협의회(이하 "조정원 협의회"라 한다)의 위원은 조정원의 장이 추천한 자와 다음 각 호의 어느 하나에 해당하는 자 중 공정거래위원회 위원장이 임명 또는 위촉하는 자가 되고, 시·도에 두는 협의회(이하 "시·도 협의회"라 한다)의 위원은 조정원의 장이 추천한 자와 다음 각 호의 어느 하나에 해당하는 자 중 시·도지사가 임명 또는 위촉하는 자가 된다.

1. 대학에서 법률학·경제학·경영학을 전공한 자로서「고등교육법」제2조제1호·제2호 또는 제5호에 따른 학교나 공인된 연구기관에서 부교수 이상의 직 또는 이에 상당하는 직에 있거나 있었던 자

2. 판사·검사 직에 있거나 있었던 자 또는 변호사의 자격이 있는 자

3. 독점금지 및 공정거래업무에 관한 경험이 있는 4급 이상 공무원(고위공무원단에 속하는 일반직공무원을 포함한다)의 직에 있거나 있었던 자

④ 조정원 협의회의 위원장은 공익을 대표하는 위원 중에서 공정거래위원회 위원장이 임명 또는 위촉하고, 시·도 협의회의 위원장은 공익을 대

표하는 위원 중에서 시·도지사가 임명 또는 위촉한다.

⑤ 위원의 임기는 3년으로 하고 연임할 수 있다.

⑥ 위원 중 결원이 생긴 때에는 제3항의 규정에 의하여 보궐위원을 위촉하여야 하며, 그 보궐위원의 임기는 전임자의 잔임기간으로 한다.

제18조【공익을 대표하는 위원의 위촉제한】 ① 공익을 대표하는 위원은 위촉일 현재 가맹본부 또는 가맹점사업자의 임원·직원으로 있는 자 중에서 위촉될 수 없다.

② 공정거래위원회 위원장 및 시·도지사는 공익을 대표하는 위원으로 위촉받은 자가 가맹본부 또는 가맹점사업자의 임원·직원으로 된 때에는 즉시 해촉하여야 한다.

제19조【협의회의 회의】 ① 협의회의 회의는 위원 전원으로 구성되는 회의(이하 "전체회의"라 한다)와 공익을 대표하는 위원, 가맹본부의 이익을 대표하는 위원, 가맹점사업자의 이익을 대표하는 위원 각 1인으로 구성되는 회의(이하 "소회의"라 한다)로 구분한다.

② 협의회의 전체회의는 다음 각 호의 사항을 심의·의결한다.

1. 소회의가 전체회의에서 처리하도록 결정한 사항

2. 협의회 운영세칙의 제정·개정에 관한 사항

3. 그 밖에 전체회의에서 처리할 필요가 있다고 인정하는 사항으로서 협의회의 위원장이 전체회의에 부치는 사항

③ 협의회의 소회의는 제2항 각 호 외의 사항을 심의·의결한다.

④ 협의회의 전체회의는 위원장이 주재하며, 재적위원 과반수의 출석으로 개의하고, 출석위원 과반수의 찬성으로 의결한다.

⑤ 협의회의 소회의는 공익을 대표하는 위원이 주재하며, 구성위원 전원의 출석과 출석위원 전원의 찬성으로 의결한다. 이 경우 소회의의 의결은 협의회의 의결로 보되, 회의의 결과를 전체회의에 보고하여야 한다.

⑥ 위원장이 사고로 직무를 수행할 수 없을 때에는 공익을 대표하는 위원 중에서 공정거래위원회 위원장 또는 시·도지사가 지명하는 위원이 그 직무를 대행한다.

⑦ 조정의 대상이 된 분쟁의 당사자인 가맹사업당사자(이하 "분쟁당사자"라 한다)는 협의회의 회의에 출석하여 의견을 진술하거나 관계자료를 제출할 수 있다.

제20조【위원의 제척·기피·회피】① 위원은 다음 각 호의 어느 하나에 해당하는 경우에는 해당 조정사항의 조정에서 제척된다.

1. 위원 또는 그 배우자나 배우자이었던 자가 해당 조정사항의 분쟁당사자가 되거나 공동권리자 또는 의무자의 관계에 있는 경우
2. 위원이 해당 조정사항의 분쟁당사자와 친족관계에 있거나 있었던 경우
3. 위원 또는 위원이 속한 법인이 분쟁당사자의 법률·경영 등에 대하여 자문이나 고문의 역할을 하고 있는 경우
4. 위원 또는 위원이 속한 법인이 해당 조정사항에 대하여 분쟁당사자의 대리인으로 관여하거나 관여하였던 경우 및 증언 또는 감정을 한 경우

② 분쟁당사자는 위원에게 협의회의 조정에 공정을 기하기 어려운 사정이 있는 때에 협의회에 그 위원에 대한 기피신청을 할 수 있다.

③ 위원이 제1항 또는 제2항의 사유에 해당하는 경우에는 스스로 해당 조정사항의 조정에서 회피할 수 있다.

제21조【협의회의 조정사항】협의회는 공정거래위원회 또는 분쟁당사자가 요청하는 가맹사업거래의 분쟁에 관한 사항을 조정한다.

제22조【조정의 신청 등】① 분쟁당사자는 제21조의 규정에 의하여 협의회에 대통령령이 정하는 사항이 기재된 서면으로 그 조정을 신청할 수 있다.

② 분쟁당사자가 서로 다른 협의회에 분쟁조정을 신청하거나 여러 협의회에 중복하여 분쟁조정을 신청한 때에는 다음 각 호의 협의회 중 가맹점사업자가 선택한 협의회에서 이를 담당한다.

1. 조정원 협의회

2. 가맹점사업자의 주된 사업장이 소재한 시·도 협의회

3. 가맹본부의 주된 사업장이 소재한 시·도 협의회

③ 공정거래위원회는 가맹사업거래의 분쟁에 관한 사건에 대하여 협의회에 그 조정을 의뢰할 수 있다.

④ 협의회는 제1항의 규정에 의하여 조정을 신청받은 때에는 즉시 그 조정사항을 분쟁당사자에게 통지하여야 한다.

⑤ 제1항에 따른 분쟁조정의 신청은 시효중단의 효력이 있다. 다만, 신청이 취하되거나 각하된 때에는 그러하지 아니하다.

⑥ 제5항 단서의 경우에 6개월 내에 재판상의 청구, 파산절차참가, 압류 또는 가압류, 가처분을 한 때에는 시효는 최초의 분쟁조정의 신청으로 인하여 중단된 것으로 본다.

⑦ 제5항 본문에 따라 중단된 시효는 다음 각 호의 어느 하나에 해당하는 때부터 새로이 진행한다.

1. 분쟁조정이 이루어져 조정조서를 작성한 때

2. 분쟁조정이 이루어지지 아니하고 조정절차가 종료된 때

제23조【조정 등】 ① 협의회는 제22조제1항에 따라 조정을 신청 받거나 같은 조 제2항에 따라 조정을 의뢰 받는 경우에는 대통령령으로 정하는 바에 따라 지체 없이 분쟁조정 절차를 개시하여야 한다.

② 협의회는 분쟁당사자에게 조정사항에 대하여 스스로 조정하도록 권고하거나 조정안을 작성하여 이를 제시할 수 있다.

③ 협의회는 다음 각 호의 어느 하나에 해당되는 경우에는 그 조정신청을 각하하여야 한다.

1. 조정신청의 내용과 직접적인 이해관계가 없는 자가 조정신청을 한 경우

2. 이 법의 적용 대상이 아닌 사안에 대하여 조정신청을 한 경우

3. 조정신청이 있기 전에 공정거래위원회가 제32조의3제2항에 따라 조사를 개시한 사건에 대하여 조정신청을 한 경우

④ 협의회는 다음 각 호의 어느 하나에 해당되는 경우에는 조정절차를 종료하여야 한다.

1. 분쟁당사자가 협의회의 권고 또는 조정안을 수락하거나 스스로 조정하는 등 조정이 성립된 경우

2. 조정을 신청 또는 의뢰 받은 날부터 60일(분쟁당사자 쌍방이 기간연장에 동의한 경우에는 90일로 한다)이 경과하여도 조정이 성립하지 아니한 경우

3. 분쟁당사자의 일방이 조정을 거부하거나 해당 조정사항에 대하여 법원에 소를 제기하는 등 조정절차를 진행할 실익이 없는 경우

⑤ 협의회는 제3항에 따라 조정신청을 각하하거나 제4항에 따라 조정절차를 종료한 경우에는 대통령령으로 정하는 바에 따라 공정거래위원회 및 시·도에 조정의 경위, 조정신청 각하 또는 조정절차 종료의 사유 등과 관계서류를 서면으로 지체 없이 보고하여야 하고 분쟁당사자에게 그 사실을 통보하여야 한다.

⑥ 협의회는 해당 조정사항에 관한 사실을 확인하기 위하여 필요한 경우 조사를 하거나 분쟁당사자에 대하여 관련자료의 제출이나 출석을 요구할 수 있다.

⑦ 공정거래위원회는 조정사항에 관하여 조정절차가 종료될 때까지 해당 분쟁당사자에게 시정조치를 권고하거나 명하여서는 아니 된다. 다만, 공정거래위원회가 제32조의3제2항에 따라 조사를 개시한 사건에 대하여는 그러하지 아니하다.

제24조【조정조서의 작성과 그 효력】 ① 협의회는 조정사항에 대하여 조정이 성립된 경우 조정에 참가한 위원과 분쟁당사자가 기명날인하거나 서명한 조정조서를 작성한다.

② 협의회는 분쟁당사자가 조정절차를 개시하기 전에 조정사항을 스스로 조정하고 조정조서의 작성을 요구하는 경우에는 그 조정조서를 작성하여야 한다.

③ 분쟁당사자는 제1항 또는 제2항에 따른 조정에서 합의된 사항을 이행하여야 하고, 이행결과를 공정거래위원회에 제출하여야 한다.

④ 공정거래위원회는 제3항에 따른 이행이 이루어진 경우에는 제33조제1항에 따른 시정조치 및 제34조제1항에 따른 시정권고를 하지 아니한다.

⑤ 제1항 또는 제2항에 따라 조정조서를 작성한 경우 조정조서는 재판상 화해와 동일한 효력을 갖는다.

제25조【협의회의 조직 등에 관한 규정】 제16조 내지 제24조의 규정외에 협의회의 조직·운영·조정절차 등에 관하여 필요한 사항은 대통령령으로 정한다.

● 가맹사업법 분쟁조정협의회 관련 시행령 조항

제19조【분쟁조정의 신청】 ① 법 제22조제1항의 규정에 의하여 분쟁의 조정을 신청하고자 하는 자는 다음 각 호의 사항이 기재된 서면을 협의회에 제출하여야 한다.

1. 신청인과 피신청인의 성명 및 주소(분쟁당사자가 법인인 경우에는 법인의 명칭, 주된 사무소의 소재지, 그 대표자의 성명 및 주소를 말한다)

2. 대리인이 있는 경우에는 그 성명 및 주소

3. 신청의 이유

4. 동일 사안에 대하여 다른 협의회에 분쟁조정을 신청한 경우에는 그 사실

5. 동일 사안에 대하여 법 제22조제4항에 따라 다른 분쟁당사자의 분쟁조정신청을 통지받은 경우에는 그 사실

② 제1항의 규정에 의한 서면에는 다음 각 호의 서류를 첨부하여야 한다.

1. 분쟁조정신청의 원인 및 사실을 증명하는 서류

2. 대리인이 신청하는 경우 그 위임장

3. 그 밖에 분쟁조정에 필요한 증거서류 또는 자료

제20조【대표자의 선정】 ① 다수인이 공동으로 분쟁의 조정을 신청하는 때에는 신청인 중 3인 이내의 대표자를 선정할 수 있다.

② 제1항의 규정에 의하여 신청인이 대표자를 선정하지 아니한 경우 위원장은 신청인에게 대표자를 선정할 것을 권고할 수 있다.

③ 신청인은 대표자를 변경하는 때에는 그 사실을 지체 없이 위원장에게 통지하여야 한다.

제21조【분쟁조정신청의 보완 등】 ① 위원장은 제19조의 규정에 의한 분쟁조정의 신청에 대하여 보완이 필요하다고 인정될 때에는 상당한 기간을 정하여 그 보완을 요구하여야 한다.

② 제1항에 따른 보완에 소요된 기간은 법 제23조제4항제2호에 따른 기간에 이를 산입하지 아니한다.

제21조의2【분쟁조정 절차의 개시】 협의회는 법 제23조제1항에 따라 분쟁조정 절차를 개시하는 경우에는 조정번호, 조정개시일 등을 지체 없이 분쟁당사자에게 통보하여야 하며, 분쟁당사자와 분쟁의 구체적 내용을 관리대장에 기록하여야 한다.

제22조【분쟁조정의 거부 및 중지하는 내용 등】 법 제23조제3항제3호에서 "대통령령이 정하는 사항이 발생하는 경우"란 다음 각 호의 어느 하나에 해당하는 경우를 말한다.

1. 신청인이 정당한 사유 없이 기한 내에 분쟁조정신청을 보완하지 아니한 경우

2. 신청의 내용과 직접적인 이해관계가 없는 자가 조정신청을 한 경우

3. 신청인이 부당한 이익을 얻을 목적으로 조정신청을 한 것으로 인정되는 경우

4. 분쟁의 성격상 조정을 하는 것이 적당하지 아니하다고 인정되는 경우

5. 신청인이 같은 사안에 대하여 같은 취지로 2회 이상 조정신청을 한 경우

6. 신청인이 협의회에서 이미 끝난 분쟁조정과 같은 사안을 공정거래위원회에 신고하여 다시 협의회에 넘겨진 경우

7. 법 제22조제2항에 따라 가맹점사업자가 조정절차를 담당할 다른 협의회를 선택하는 경우

제23조【분쟁조정의 종료 등】 ① 협의회는 법 제23조제5항에 따라 조정을 거부 또는 중지하거나 조정절차를 종료한 경우 분쟁조정종료서를 작성한 후 그 사본을 첨부하여 다음 각 호의 구분에 따라 보고해야 한다.

1. 「독점규제 및 공정거래에 관한 법률」 제48조의2제1항에 따른 한국공정거래조정원(이하 "조정원"이라 한다)에 두는 협의회: 공정거래위원회에 보고

2. 시·도에 두는 협의회: 공정거래위원회 및 해당 시·도지사에게 각각 보고

② 제1항에 따른 분쟁조정종료서에는 다음 각 호의 사항을 기재해야 한다.

1. 조정신청인의 주소·성명

2. 조정대상 분쟁의 개요

　　가. 가맹사업거래 당사자의 일반현황

　　나. 가맹사업거래의 개요

　　다. 분쟁의 경위

　　라. 조정의 쟁점(가맹사업거래 당사자의 의견을 기술한다)

3. 조정의 거부·중지 또는 종료사유(법 제23조제3항 각 호 및 같은 조 제4항 각 호에 규정된 사유별로 상세하게 기술한다)

제24조【분쟁당사자의 사실확인 등】 ① 협의회는 법 제23조제6항에 따라 분쟁당사자에 대하여 출석을 요구하고자 하는 때에는 시기 및 장소를 정하여 출석요구일 7일전까지 분쟁당사자에게 통지하여야 한다. 다만, 긴급을 요하거나 출석의 통지를 받은 자가 동의하는 경우에는 그러하지 아니하다.

② 제1항의 통지를 받은 분쟁당사자는 협의회에 출석할 수 없는 부득이한 사유가 있는 경우에는 미리 서면으로 의견을 제출할 수 있다.

제25조【분쟁의 조정 등】 협의회는 법 제24조제1항의 규정에 의한 분쟁의 조정이 성립된 경우에는 다음 각 호의 사항이 기재된 조정조서를 작성한 후 그 사본을 첨부하여 조정결과를 공정거래위원회에 보고하여야 한다.

1. 조정신청인의 주소·성명
2. 조정대상 분쟁의 개요
   가. 가맹사업거래 당사자의 일반현황
   나. 가맹사업거래의 개요
   다. 분쟁의 경위
   라. 조정의 쟁점(가맹사업거래 당사자의 의견을 기술한다)
3. 조정의 결과(조정의 쟁점별로 기술한다)

가맹사업거래분쟁조정협의회 구성

가맹사업거래분쟁조정협의회는 공익을 대표하는 위원 3명과 가맹본부의 이익을 대표하는 위원 3명, 가맹점사업자의 이익을 대표하는 위원 3명 등 모두 9명으로 구성되고, 위원은 조정원의 장이 추천하고 공정거래위원회 위원장이 임명 또는 위촉합니다. 위원의 임기는 3년이며 협의회 위원장은 공익을 대표하는 위원 중에서 공정거래위원회 위원장이 위촉합니다. 협의회 위원 중에서 어느 한쪽에 편중된 힘이 실리는 것을 막기 위해 공익을 대표하는 위원, 가맹본부의 이익을 대표하는 위원, 가맹점 사업자(가맹점주)의 이익을 대표하는 위원을 각 3인씩 선임하도록 한 것이죠. 또한, 위원들은 변호사 등 관련 전문지식이 충분한 사람으로 위촉하게 되어 있습니다.

무엇보다 공익을 대표하는 위원의 경우 가맹본부나 가맹점 사업자 누구에게도 치우침이 없도록 하기 위해 공익을 대표하는 위원이 가맹본부나 가맹점 사업자와 관련이 있을 경우 바로 해촉하도록 법 제18조에서 별도로 규정하고 있습니다.

제18조【공익을 대표하는 위원의 위촉제한】① 공익을 대표하는 위원은 위촉일 현재 가맹본부 또는 가맹점사업자의 임원·직원으로 있는 자 중에서 위촉될 수 없다.
② 공정거래위원회 위원장 및 시·도지사는 공익을 대표하는 위원으로 위촉받은 자가 가맹본부 또는 가맹점사업자의 임원·직원으로 된 때에는 즉시 해촉하여야 한다.

이처럼, 분쟁조정협의회는 그 구성을 최대한 공정하게 함으로써 실질적으로 공평하고 공정한 분쟁 조정이 가능하게끔 도모하고 있습니다.

조정의 대상 및 절차

가맹점사업자 또는 가맹본부 등 가맹사업당사자(분쟁당사자)는 가맹사업거래에 관한 분쟁을 해결하기 위하여 다음 사항을 기재한 서면에 구비서류를 첨부하여 협의회에 분쟁조정을 신청할 수 있습니다(가맹사업법 제22조 제1항 및 시행령 제19조 제1항·제2항).

분쟁조정신청서에 첨부해야 하는 구비서류는 다음과 같습니다.

- 신청인과 피신청인의 성명 및 주소(분쟁당사자가 법인인 경우 법인의 명 칭, 주된 사무소의 소재지, 그 대표자의 성명 및 주소)
- 대리인이 있는 경우 그 성명 및 주소
- 신청의 이유
- 동일 사안에 대하여 다른 협의회에 분쟁조정을 신청한 경우에는 그 사실
- 동일 사안에 대하여 분쟁당사자의 분쟁조정신청을 통지받은 경우에는 그 사실

① 분쟁조정신청의 원인 및 사실을 증명하는 서류
② 대리인이 신청하는 경우 그 위임장
③ 그 밖에 분쟁조정에 필요한 증거서류 또는 자료

분쟁당사자가 서로 다른 협의회에 분쟁조정을 신청하거나 여러 협의 회에 중복하여 분쟁조정을 신청한 때에는 다음의 협의회 중 가맹점사 업자가 선택한 협의회에서 이를 담당합니다(가맹사업법 제22조 제2항).

1. 조정원 협의회
2. 가맹점사업자의 주된 사업장이 소재한 시·도협의회
3. 가맹본부의 주된 사업장이 소재한 시·도협의회

시효중단

분쟁조정의 신청은 시효중단의 효력이 있습니다(가맹사업법 제22조 제5항 본문). 권리자가 권리를 행사할 수 있음에도 불구하고 일정기간

권리를 행사하지 않는 경우에 그 권리를 박탈(소멸)하는 제도를 소멸시효라고 합니다. 소멸시효에 걸리는 권리는 채권(債權)과 소유권(所有權) 이외의 재산권(財産權)인데(민법 제162조), 가맹사업과 관련한 가맹당사자의 권리는 대체로 계약에 의한 채권이므로 원칙적으로 소멸시효의 대상이 됩니다. 소멸시효 기간은 일반적으로 10년(판결에 의하여 확정된 채권도 마찬가지)이고, 상사채권(商事債權)은 5년(상법 제64조)입니다. 따라서 단기소멸시효의 대상[42]이 아니라면 권리가 있더라도 5년이나 10년이 지나면 보호받을 수 없는데, 이 분쟁조정절차를 이용하면 최소한 조정절차가 진행되는 동안에는 그 시효가 중단되고, 당사자간 원만하게 조정이 이루어져 조정조서를 작성하거나, 조정이 성립되지 않고 끝나는 시점부터 다시 시효가 진행되는 것

---

[42] 제163조 【3년의 단기소멸시효】 다음 각 호의 채권은 3년간 행사하지 아니하면 소멸시효가 완성한다.
   1. 이자, 부양료, 급료, 사용료 기타 1년 이내의 기간으로 정한 금전 또는 물건의 지급을 목적으로 한 채권
   2. 의사, 조산사, 간호사 및 약사의 치료, 근로 및 조제에 관한 채권
   3. 도급받은 자, 기사 기타 공사의 설계 또는 감독에 종사하는 자의 공사에 관한 채권
   4. 변호사, 변리사, 공증인, 공인회계사 및 법무사에 대한 직무상 보관한 서류의 반환을 청구하는 채권
   5. 변호사, 변리사, 공증인, 공인회계사 및 법무사의 직무에 관한 채권
   6. 생산자 및 상인이 판매한 생산물 및 상품의 대가
   7. 수공업자 및 제조자의 업무에 관한 채권
제164조 【1년의 단기소멸시효】 다음 각 호의 채권은 1년간 행사하지 아니하면 소멸시효가 완성한다.
   1. 여관, 음식점, 대석, 오락장의 숙박료, 음식료, 대석료, 입장료, 소비물의 대가 및 체당금의 채권
   2. 의복, 침구, 장구 기타 동산의 사용료의 채권
   3. 노역인, 연예인의 임금 및 그에 공급한 물건의 대금채권
   4. 학생 및 수업자의 교육, 의식 및 유숙에 관한 교주, 숙주, 교사의 채권

이죠(처음부터 다시 시작한다는 의미입니다). (가맹사업법 제22조 제7항) 하지만, 분쟁조정의 신청이 취하[43]되거나 각하[44]된 때에는 시효중단의 효력이 없습니다(가망사업법 제22조 제5항 단서).

조정을 신청하기만 하면 무조건 시효가 중단되는 것은 아닙니다. 가맹당사자가 협의회에 조정을 신청한 지 6개월 내에 재판상의 청구, 파산절차참가, 압류 또는 가압류, 가처분을 한 때에 최초의 분쟁조정의 신청으로 시효가 중단된 것으로 봅니다(가맹사업법 제22조 제6항).

조정의뢰, 보완, 통지, 지위승계

공정거래위원회는 협의회에 가맹사업거래의 분쟁에 관한 사건의 조정을 의뢰할 수 있고(가맹사업법 제22조 제3항), 협의회의 위원장은 신청서 등의 보완이 필요하다고 인정되는 경우 상당한 기간을 정해 그 보완을 요구해야 합니다(가맹사업법 시행령 제21조 제1항).

협의회는 조정의 신청을 받는 즉시 그 조정사항을 분쟁당사자에게 통지하여야 하고(가맹사업법 제22조 제4항), 분쟁당사자가 조정을 신청한 후 해당 사건과 관련해 소를 제기하거나 중재합의를 한 때에는 즉시 협의회에 통지해야 합니다(시행령 제27조).

여러 사람이 공동으로 분쟁의 조정을 신청하는 경우에는 신청인 중 3명 이내의 대표자를 선정할 수 있는데, 대표자를 변경하는 경우에는 그 사

---

43 신청하거나 제출한 서류를 도로 거두어들이는 것을 말합니다. 재판에 제기한 소송을 자의로 철회하는 행위를 말하지요.
44 소송법상 당사자의 소송이나 신청이 부적법하여 배척하는 재판을 말합니다. 쉽게 말해, 당사자의 청구가 재판(이 경우는 조정)을 할 수 있는 요건을 충족하지 못해 재판 자체를 하지 않는 것이죠.

실을 지체 없이 협의회의 위원장에게 통지해야 하고(시행령 제20조 제1항 및 제3항), 신청인이 대표자를 선정하지 않은 경우 위원장은 신청인에게 대표자를 선정할 것을 권고할 수 있습니다(시행령 제20조 제2항).

협의회는 조정절차가 종료되기 전에 분쟁당사자가 사망, 능력의 상실 그 밖의 사유로 절차를 계속할 수 없는 경우, 서면으로 승계신청을 받아 결정을 통해 그 지위를 다른 사람에게 승계하도록 할 수 있습니다(시행령 제26조).

분쟁조정 개시와 각하사유

협의회는 조정 신청을 받거나 조정 의뢰를 받은 경우 지체 없이 분쟁조정 절차를 개시해야 하지만(가맹사업법 제23조 제1항), 다음과 같은 사유가 있는 경우에는 조정신청을 각하해야 합니다(가맹사업법 제23조 제3항).

- 조정신청의 내용과 직접적인 이해관계가 없는 자가 조정신청을 한 경우
- 「가맹사업거래의 공정화에 관한 법률」의 적용 대상이 아닌 사안에 대하여 조정신청을 한 경우
- 조정신청이 있기 전에 공정거래위원회가 「가맹사업거래의 공정화에 관한 법률」 제32조의3제2항에 따라 조사를 개시한 사건에 대하여 조정신청을 한 경우

기피신청과 의견진술

분쟁당사자는 공정한 조정을 기하기 어려운 사정이 있는 위원에 대하여 기피(忌避)[45]신청을 할 수 있고(가맹사업법 제20조 제2항), 분쟁

---

45 법관, 법원 직원 따위가 한쪽 소송 관계인과 특수한 관계에 있거나 어떠한 사정으

당사자는 협의회의 회의에 출석하여 의견을 진술하거나 관계 자료를 제출할 수 있습니다(가맹사업법 제19조 제7항). 협의회의 회의는 원칙적으로 공개하지 않으나, 위원장이 필요하다고 인정하는 경우에는 분쟁당사자나 그 밖의 이해관계인에게 방청을 허락할 수 있습니다(시행령 제18조 제2항).

협의회는 분쟁당사자에게 관련된 자료를 제출하게 하거나 출석을 요구할 수 있고(가맹사업법 제23조 제6항), 출석 통지를 받은 분쟁당사자가 부득이한 사유로 출석을 할 수 없는 경우에는 미리 서면으로 의견을 제출할 수 있습니다(시행령 제24조 제2항).

조정 종료

협의회는 다음의 경우에 조정절차를 종료합니다(가맹사업법 제23조 제4항).

- 분쟁당사자가 협의회의 권고 또는 조정안을 수락하거나 스스로 조정하는 등 조정이 성립된 경우
- 조정을 신청 또는 의뢰 받은 날부터 60일(분쟁당사자 쌍방이 기간연장에 동의한 경우는 90일)이 경과해도 조정이 성립되지 않은 경우
- 분쟁당사자의 일방이 조정을 거부하거나 해당 조정사항에 대하여 법원에 소를 제기하는 등 조정절차를 진행할 실익이 없는 경우

로 불공평한 재판을 할 염려가 있다고 여겨질 때 다른 쪽 소송 당사자가 그 법관이나 직원의 직무 집행을 거부하는 일

조정을 거부하거나 중지해야하는 경우, 조정절차를 종료해야 하는 경우를 다시 정리해볼게요.

구분	내 용	비고
조정을 거부하거나 중지하여야 하는 경우	1. 분쟁당사자의 일방이 조정을 거부한 경우 2. 이미 법원에 소를 제기하였거나 조정의 신청이 있은 후 법원에 소를 제기한 경우 또는 조정의 신청이 있은 후 분쟁당사자가 「중재법」에 따른 중재합의를 한 경우	법 제23조
	1. 신청인이 정당한 사유 없이 기한 내에 분쟁조정신청을 보완하지 아니한 경우 2. 신청의 내용과 직접적인 이해관계가 없는 자가 조정신청을 한 경우 3. 신청인이 부당한 이익을 얻을 목적으로 조정신청을 한 것으로 인정되는 경우 4. 분쟁의 성격상 조정을 하는 것이 적당하지 아니하다고 인정되는 경우 5. 신청인이 같은 사안에 대하여 같은 취지로 2회 이상 조정신청을 한 경우 6. 신청인이 협의회에서 이미 끝난 분쟁조정과 같은 사안을 공정거래위원회에 신고하여 다시 협의회에 넘겨진 경우	시행령 제22조
조정절차를 종료하여야 하는 경우	1. 분쟁당사자가 협의회의 권고 또는 조정안을 수락하거나 스스로 조정하는 등 조정이 성립된 경우 2. 조정을 신청 또는 의뢰 받은 날부터 60일(분쟁당사자 쌍방이 기간연장에 동의한 경우에는 90일로 한다)이 경과하여도 조정이 성립하지 아니한 경우 3. 조정이 중지된 경우로서 조정절차를 진행할 실익이 없는 경우	법 제23조

조정사항에 대한 시정권고 및 시정조치

공정거래위원회는 조정사항에 관하여 조정절차가 종료될 때까지 해당 분쟁당사자에게 시정조치를 권고하거나 명해서는 안 됩니다. 다만, 공정거래위원회가 위반행위의 신고가 있거나 가맹사업법에 위반되는 혐의가 있다고 인정하여 필요한 조사를 개시한 사건에 대하여는 그렇지 않습니다(가맹사업법 제23조 제7항 및 제32조의3 제2항).

조정조서의 작성

협의회는 조정이 성립된 경우 조정에 참가한 위원과 분쟁당사자가 기명날인하거나 서명한 조정조서를 작성하고(가맹사업법 제24조 제1항), 조정조서의 사본을 첨부한 조정결과를 공정거래위원회에 보고합니다(시행령 제25조). 다만, 분쟁당사자가 조정절차를 개시하기 전에 조정사항을 스스로 조정하고 조정조서의 작성을 요구하는 경우에는 협의회가 그 조정조서를 작성해야 합니다(가맹사업법 제24조 제2항).

합의사항의 이행 및 이행결과 제출

분쟁당사자는 조정에서 합의된 사항을 이행해야 하고, 이행결과를 공정거래위원회에 제출해야 합니다(가맹사업법 제24조 제3항). 공정거래위원회는 위의 이행이 이루어진 경우에는 시정조치 및 시정권고를 하지 않습니다(가맹사업법 제24조 제4항).

조정조서의 효력

조정조서를 작성한 경우 조정조서는 재판상 화해와 동일한 효력을 갖습니다(가맹사업법 제24조 제5항). 재판상 화해(和解, 민사소송법 제220조[46])는 소송상 화해(소송에서 화해함)와 제소전 화해(소송을 제기하기 전에 화해함)를 포함하는 것입니다. 일반적으로 화해는 당사자들이 서로의 주장을 양보하여 합의점을 도출하고 소송을 종료시키는 행위를 말합니다. 화해의 결과, 당사자의 진술을 조서에 기재하면 소송이 종료되며 이 화해조서는 확정판결과 동일한 효력이 생깁니다. 협의회를 통한 조정조서 역시 재판상 화해와 동일한 효력을 가지므로, 결론적으로 확정판결과 같은 효과가 생기는 것이죠.

협의회가 조정신청을 각하하거나 종료하는 경우에는 공정거래위원회 및 시·도에 조정의 경위, 조정신청 각하 또는 조정절차 종료의 사유, 관계서류 등을 서면으로 보고하고, 분쟁당사자에게도 그 사실을 통보합니다(가맹사업법 제23조 제5항).

---

46 제220조 【화해, 청구의 포기·인낙조서의 효력】 화해, 청구의 포기·인낙을 변론조서·변론준비기일조서에 적은 때에는 그 조서는 확정판결과 같은 효력을 가진다.

부록

분쟁조정 신청서 작성 안내

1. 신청서 작성 요령

□ 신청서 표지
  ○ 신청인, 피신청인의 상호 및 송달가능 주소, 연락처를 명확하게 기재
    – 피신청인의 본점 주소지와 송달주소지가 다를 경우 둘 다 기재
      * 주소와 연락처가 불분명할 경우 조정절차의 진행이 어려움
    – 피신청인의 사업자등록번호와 법인등록번호는 모를 경우 생략해도 무방
  ○ 다른 분쟁조정 협의회에 동일한 사건에 대한 분쟁조정을 신청하였을 경우
    이를 표시하고 조정을 신청한 기관명을 함께 기재
□ 신청서 별지
  ○ 신청취지
    – 본 조정절차를 통하여 얻고자 하는 바가 무엇인지를 명확히 기재
      (ex. 가맹금 ○○천 원의 반환을 요구함, 허위·과장 정보제공에 따른
      손해배상으로 ○○천 원의 지급을 요구함, 계약 중도해지 통지의 철회
      를 요구함 등)
  ○ 신청이유
    1) 조정대상 적격성 여부
      – 피신청인과 신청인이 각각 가맹본부와 가맹점사업자에 해당하는지
        여부를 기술
    2) 기초적인 사실관계: 정보공개서 제공일, 계약체결일 및 계약 내용 등
    3) 분쟁의 배경 및 발생 경위
    4) 피신청인의 가맹사업법 위반 행위(조정대상 행위 유형을 참고하여 쟁
      점별로 상세히 기술) 및 신청취지에 대한 근거

2. 제출 서류의 구비

□ 일반현황에 대한 기초 자료
  ○ 사업자등록증 및 법인등기부등본
  ○ 계약체결 직전연도 및 당해연도의 손익계산서 또는 부가가치세 과세제
    표준 증명원
□ 입증자료
  ○ 신청이유에 기재한 사실 및 주장을 입증할 수 있는 자료
    (ex. 계약서, 세금계산서, 거래명세표, 당사자 간 주고받은 문서 등)
□ 기타자료
  ○ 대리인이 신청하는 경우 위임장

가 맹 사 업 거 래 분 쟁 조 정 신 청 서

신청인	상호		대표자	
	주소	( )		
	전화번호		H.P	
	사업자등록번호		생년월일 (법인등록 번호)	
피신청인	상호		대표자	
	주소	( )		
	전화번호		FAX	
	사업자등록번호		법인등록 번호	
신청 취지 및 이유	(별지 첨부)			

※ 신청 전 확인사항

○ 동일한 사안으로 공정거래위원회에 신고 하였는지 여부	예 □ (담당부서명:) 아니오 □
○ 동일한 사안으로 다른 분쟁조정 협의회에 조정을 신청하였는지 여부	예 □ (기관명:) 아니오 □
○ 동일한 사안으로 민사소송 제기 또는 조정·중재 신청을 하였는지 여부	예 □ (기관명:) 아니오 □

「가맹사업거래의 공정화에 관한 법률」제22조 제1항 및 동법 시행령 제19조의 규정에 의하여 위와 같이 분쟁조정을 신청합니다.

붙임 :

1. 분쟁조정신청의 원인 및 사실을 증명하는 서류
2. 대리인이 신청하는 경우 그 위임장
3. 신청인의 사업자등록증 등 분쟁조정에 필요한 증거서류 또는 자료

*위 신청서 및 첨부자료를 각 3부씩 제출하여 주시기 바랍니다.

20 . . .
신청인   (인)

가맹사업거래분쟁조정협의회 위원장 귀하

주1) 상호, 주소의 경우 신청인과 피신청인이 법인인 경우에는 법인의 명칭, 주된 사무소의 소재지, 법인이 아닌 경우 상호 및 주소를 말함

주2) 대리인이 있는 경우에는 그 성명 및 주소를 명시하여야 함

(양식 예시)

신청 취지

신청 이유

첨부자료

1.

2.

신청인　　　　　(인)

가맹사업거래의 공정화에 관한 법률(약칭: 가맹사업법)

[시행 2019. 7. 1] [법률 제16176호, 2018. 12. 31, 일부개정]

제1장 총칙

제1조【목적】 이 법은 가맹사업의 공정한 거래질서를 확립하고 가맹본부와 가맹점사업자가 대등한 지위에서 상호보완적으로 균형있게 발전하도록 함으로써 소비자 복지의 증진과 국민경제의 건전한 발전에 이바지함을 목적으로 한다.

제2조【정의】 이 법에서 사용하는 용어의 정의는 다음과 같다. <개정 2007. 8. 3., 2013. 8. 13.>

1. "가맹사업"이라 함은 가맹본부가 가맹점사업자로 하여금 자기의 상표·서비스표·상호·간판 그 밖의 영업표지(이하 "영업표지"라 한다)를 사용하여 일정한 품질기준이나 영업방식에 따라 상품(원재료 및 부재료를 포함한다. 이하 같다) 또는 용역을 판매하도록 함과 아울러 이에 따른 경영 및 영업활동 등에 대한 지원·교육과 통제를 하며, 가맹점사업자는 영업표지의 사용과 경영 및 영업활동 등에 대한 지원·교육의 대가로 가맹본부에 가맹금을 지급하는 계속적인 거래관계를 말한다.

2. "가맹본부"라 함은 가맹사업과 관련하여 가맹점사업자에게 가맹점운영권을 부여하는 사업자를 말한다.

3. "가맹점사업자"라 함은 가맹사업과 관련하여 가맹본부로부터 가맹점운영권을 부여받은 사업자를 말한다.

4. "가맹희망자"란 가맹계약을 체결하기 위하여 가맹본부나 가맹지역본부와 상담하거나 협의하는 자를 말한다.

5. "가맹점운영권"이란 가맹점사업자가 가맹본부의 가맹사업과 관련하여 가맹점을 운영할 수 있는 계약상의 권리를 말한다.

6. "가맹금"이란 명칭이나 지급형태가 어떻든 간에 다음 각 목의 어느 하나에 해당하는 대가를 말한다. 다만, 가맹본부에 귀속되지 아니하는 것으로서 대통령령으로 정하는 대가를 제외한다.

가. 가입비·입회비·가맹비·교육비 또는 계약금 등 가맹점사업자가 영업 표지의 사용허락 등 가맹점운영권이나 영업활동에 대한 지원·교육 등을 받기 위하여 가맹본부에 지급하는 대가

나. 가맹점사업자가 가맹본부로부터 공급받는 상품의 대금 등에 관한 채 무액이나 손해배상액의 지급을 담보하기 위하여 가맹본부에 지급하는 대가

다. 가맹점사업자가 가맹점운영권을 부여받을 당시에 가맹사업을 착수하 기 위하여 가맹본부로부터 공급받는 정착물·설비·상품의 가격 또는 부동산의 임차료 명목으로 가맹본부에 지급하는 대가

라. 가맹점사업자가 가맹본부와의 계약에 의하여 허락받은 영업표지의 사 용과 영업활동 등에 관한 지원·교육, 그 밖의 사항에 대하여 가맹본부 에 정기적으로 또는 비정기적으로 지급하는 대가로서 대통령령으로 정하는 것

마. 그 밖에 가맹희망자나 가맹점사업자가 가맹점운영권을 취득하거나 유 지하기 위하여 가맹본부에 지급하는 모든 대가

7. "가맹지역본부"라 함은 가맹본부와의 계약에 의하여 일정한 지역 안에서 가맹점사업자의 모집, 상품 또는 용역의 품질유지, 가맹점사업자에 대한 경영 및 영업활동의 지원·교육·통제 등 가맹본부의 업무의 전부 또는 일 부를 대행하는 사업자를 말한다.

8. "가맹중개인"이라 함은 가맹본부 또는 가맹지역본부로부터 가맹점사업자 를 모집하거나 가맹계약을 준비 또는 체결하는 업무를 위탁받은 자를 말 한다.

9. "가맹계약서"라 함은 가맹사업의 구체적 내용과 조건 등에 있어 가맹본부 또는 가맹점사업자(이하 "가맹사업당사자"라 한다)의 권리와 의무에 관 한 사항(특수한 거래조건이나 유의사항이 있는 경우에는 이를 포함한다) 을 기재한 문서를 말한다.

10. "정보공개서"란 다음 각 목에 관하여 대통령령으로 정하는 사항을 수록 한 문서를 말한다.

가. 가맹본부의 일반 현황

나. 가맹본부의 가맹사업 현황(가맹점사업자의 매출에 관한 사항을 포함한다)

다. 가맹본부와 그 임원(「독점규제 및 공정거래에 관한 법률」 제2조제5호에 따른 임원을 말한다. 이하 같다)이 다음의 어느 하나에 해당하는 경우에는 해당 사실

1) 이 법, 「독점규제 및 공정거래에 관한 법률」 또는 「약관의 규제에 관한 법률」을 위반한 경우

2) 사기·횡령·배임 등 타인의 재산을 영득하거나 편취하는 죄에 관련된 민사소송에서 패소의 확정판결을 받았거나 민사상 화해를 한 경우

3) 사기·횡령·배임 등 타인의 재산을 영득하거나 편취하는 죄를 범하여 형을 선고받은 경우

라. 가맹점사업자의 부담

마. 영업활동에 관한 조건과 제한

바. 가맹사업의 영업 개시에 관한 상세한 절차와 소요기간

사. 가맹본부의 경영 및 영업활동 등에 대한 지원과 교육·훈련에 대한 설명

11. "점포환경개선"이란 가맹점 점포의 기존 시설, 장비, 인테리어 등을 새로운 디자인이나 품질의 것으로 교체하거나 신규로 설치하는 것을 말한다. 이 경우 점포의 확장 또는 이전을 수반하거나 수반하지 아니하는 경우를 모두 포함한다.

12. "영업지역"이란 가맹점사업자가 가맹계약에 따라 상품 또는 용역을 판매하는 지역을 말한다.

제3조【적용배제】 ① 이 법은 다음 각 호의 어느 하나에 해당하는 경우에는 적용하지 아니한다. <개정 2012. 2. 17., 2013. 8. 13.>

1. 가맹점사업자가 가맹금의 최초 지급일부터 6개월까지의 기간 동안 가맹본부에게 지급한 가맹금의 총액이 100만 원 이내의 범위에서 대통령령으로 정하는 금액을 초과하지 아니하는 경우

2. 가맹본부의 연간 매출액이 2억 원 이내의 범위에서 대통령령으로 정하는 일정규모 미만인 경우. 다만, 가맹본부와 계약을 맺은 가맹점사업자의 수

가 5개 이상의 범위에서 대통령령으로 정하는 수 이상인 경우는 제외한다.

② 제1항에도 불구하고 제9조 및 제10조(제10조제1항제1호는 제외한다)는 모든 가맹사업거래에 대하여 적용한다. <신설 2013. 8. 13.>

제2장 가맹사업거래의 기본원칙

제4조【신의성실의 원칙】 가맹사업당사자는 가맹사업을 영위함에 있어서 각자의 업무를 신의에 따라 성실하게 수행하여야 한다.

제5조【가맹본부의 준수사항】 가맹본부는 다음 각 호의 사항을 준수한다.

1. 가맹사업의 성공을 위한 사업구상
2. 상품이나 용역의 품질관리와 판매기법의 개발을 위한 계속적인 노력
3. 가맹점사업자에 대하여 합리적 가격과 비용에 의한 점포설비의 설치, 상품 또는 용역 등의 공급
4. 가맹점사업자와 그 직원에 대한 교육·훈련
5. 가맹점사업자의 경영·영업활동에 대한 지속적인 조언과 지원
6. 가맹계약기간 중 가맹점사업자의 영업지역 안에서 자기의 직영점을 설치하거나 가맹점사업자와 유사한 업종의 가맹점을 설치하는 행위의 금지
7. 가맹점사업자와의 대화와 협상을 통한 분쟁해결 노력

제6조【가맹점사업자의 준수사항】 가맹점사업자는 다음 각 호의 사항을 준수한다.

1. 가맹사업의 통일성 및 가맹본부의 명성을 유지하기 위한 노력
2. 가맹본부의 공급계획과 소비자의 수요충족에 필요한 적정한 재고유지 및 상품진열
3. 가맹본부가 상품 또는 용역에 대하여 제시하는 적절한 품질기준의 준수
4. 제3호의 규정에 의한 품질기준의 상품 또는 용역을 구입하지 못하는 경우 가맹본부가 제공하는 상품 또는 용역의 사용
5. 가맹본부가 사업장의 설비와 외관, 운송수단에 대하여 제시하는 적절한 기준의 준수
6. 취급하는 상품·용역이나 영업활동을 변경하는 경우 가맹본부와의 사전 협의
7. 상품 및 용역의 구입과 판매에 관한 회계장부 등 가맹본부의 통일적 사업

경영 및 판매전략의 수립에 필요한 자료의 유지와 제공

8. 가맹점사업자의 업무현황 및 제7호의 규정에 의한 자료의 확인과 기록을 위한 가맹본부의 임직원 그 밖의 대리인의 사업장 출입 허용

9. 가맹본부의 동의를 얻지 아니한 경우 사업장의 위치변경 또는 가맹점운영권의 양도 금지

10. 가맹계약기간 중 가맹본부와 동일한 업종을 영위하는 행위의 금지

11. 가맹본부의 영업기술이나 영업비밀의 누설 금지

12. 영업표지에 대한 제3자의 침해사실을 인지하는 경우 가맹본부에 대한 영업표지침해사실의 통보와 금지조치에 필요한 적절한 협력

제3장 가맹사업거래의 공정화

제6조의2【정보공개서의 등록 등】 ① 가맹본부는 가맹희망자에게 제공할 정보공개서를 대통령령으로 정하는 바에 따라 공정거래위원회 또는 특별시장·광역시장·특별자치시장·도지사·특별자치도지사(이하 "시·도지사"라 한다)에게 등록하여야 한다. <개정 2013. 8. 13., 2018. 1. 16.>

② 가맹본부는 제1항에 따라 등록한 정보공개서의 기재사항 중 대통령령으로 정하는 사항을 변경하려는 경우에는 대통령령으로 정하는 기한 이내에 공정거래위원회 또는 시·도지사에게 기재사항의 변경등록을 하여야 한다. 다만, 대통령령으로 정하는 경미한 사항을 변경하려는 경우에는 신고하여야 한다. <신설 2013. 8. 13., 2018. 1. 16.>

③ 공정거래위원회 및 시·도지사는 제1항 또는 제2항에 따라 등록·변경등록하거나 신고한 정보공개서를 공개하여야 한다. 다만, 「개인정보 보호법」 제2조제1호에 따른 개인정보와 「부정경쟁방지 및 영업비밀보호에 관한 법률」 제2조제2호에 따른 영업비밀은 제외한다. <개정 2013. 8. 13., 2016. 12. 20., 2018. 1. 16.>

④ 공정거래위원회 및 시·도지사는 제3항에 따라 정보공개서를 공개하는 경우 해당 가맹본부에 공개하는 내용과 방법을 미리 통지하여야 하고, 사실과 다른 내용을 정정할 수 있는 기회를 주어야 한다. <개정 2013. 8. 13.,

2016. 3. 29., 2018. 1. 16.>

⑤ 공정거래위원회는 제3항에 따른 정보공개서의 공개(시·도지사가 공개하는 경우를 포함한다)를 위하여 예산의 범위 안에서 가맹사업정보제공시스템을 구축·운용할 수 있다. <개정 2013. 8. 13., 2018. 1. 16.>

⑥ 그 밖에 정보공개서의 등록, 변경등록, 신고 및 공개의 방법과 절차는 대통령령으로 정한다. <개정 2013. 8. 13.>

[본조신설 2007. 8. 3.]

제6조의3【정보공개서 등록의 거부 등】 ① 공정거래위원회 및 시·도지사는 제6조의2에 따른 정보공개서 등록 신청이 다음 각 호의 어느 하나에 해당하는 경우에는 정보공개서의 등록을 거부하거나 그 내용의 변경을 요구할 수 있다. <개정 2016. 12. 20., 2018. 1. 16.>

1. 정보공개서나 그 밖의 신청서류에 거짓이 있거나 필요한 내용을 적지 아니한 경우

2. 정보공개서에 기재된 가맹사업의 내용에 다른 법률에서 금지하고 있는 사항이 포함되어 있는 경우

② 공정거래위원회 및 시·도지사는 정보공개서의 등록을 하였을 때에는 가맹본부에게 등록증을 내주어야 한다. <개정 2016. 12. 20., 2018. 1. 16.>

[본조신설 2007. 8. 3.]

제6조의4【정보공개서 등록의 취소】 ① 공정거래위원회 및 시·도지사는 정보공개서가 다음 각 호의 어느 하나에 해당하는 경우에는 그 등록을 취소할 수 있다. 다만, 제1호 및 제2호에 해당하는 경우에는 등록을 취소하여야 한다. <개정 2013. 8. 13., 2016. 12. 20., 2018. 1. 16.>

1. 거짓이나 그 밖의 부정한 방법으로 정보공개서가 등록된 경우

2. 제6조의3제1항제2호에 해당하는 경우

3. 제2조제10호 각 목의 기재사항 중 대통령령으로 정하는 중요한 사항(이하 "중요사항"이라 한다)이 누락된 경우

4. 가맹본부가 폐업 신고를 한 경우

5. 가맹본부가 정보공개서 등록취소를 요청하는 경우

② 공정거래위원회 및 시·도지사는 정보공개서 등록이 취소된 가맹본부의 명단을 공개할 수 있다. <신설 2013. 8. 13., 2018. 1. 16.>

[본조신설 2007. 8. 3.]

제6조의5【가맹금 예치 등】 ① 가맹본부는 가맹점사업자(가맹희망자를 포함한다. 이하 이 조, 제15조의2 및 제41조제3항제1호에서 같다)로 하여금 가맹금(제2조제6호가목 및 나목에 해당하는 대가로서 금전으로 지급하는 경우에 한하며, 계약체결 전에 가맹금을 지급한 경우에는 그 가맹금을 포함한다. 이하 "예치가맹금"이라 한다)을 대통령령으로 정하는 기관(이하 "예치기관"이라 한다)에 예치하도록 하여야 한다. 다만, 가맹본부가 제15조의2에 따른 가맹점사업자피해보상보험계약 등을 체결한 경우에는 그러하지 아니하다. <개정 2016. 3. 29.>

② 예치기관의 장은 가맹점사업자가 예치가맹금을 예치한 경우에는 예치일부터 7일 이내에 그 사실을 가맹본부에 통지하여야 한다.

③ 가맹본부는 다음 각 호의 어느 하나에 해당하는 경우에는 예치기관의 장에게 대통령령으로 정하는 바에 따라 예치가맹금의 지급을 요청할 수 있다. 이 경우 예치기관의 장은 10일 이내에 예치가맹금을 가맹본부에 지급하여야 한다.

1. 가맹점사업자가 영업을 개시한 경우
2. 가맹계약 체결일부터 2개월이 경과한 경우. 다만, 2개월이 경과하기 전에 가맹점사업자가 제5항제1호부터 제3호까지의 규정 중 어느 하나에 해당하는 조치를 취한 사실을 예치기관의 장에게 서면으로 통보한 경우에는 그러하지 아니하다.

④ 가맹본부는 거짓이나 그 밖의 부정한 방법으로 예치가맹금의 지급을 요청하여서는 아니 된다.

⑤ 예치기관의 장은 제1호부터 제3호까지의 규정 중 어느 하나에 해당하는 경우에는 제24조에 따른 가맹사업거래분쟁조정협의회의 조정이나 그 밖의 분쟁해결의 결과(이하 "분쟁조정 등의 결과"라 한다) 또는 제33조에 따른 공정거래위원회의 시정조치가 확정될 때(공정거래위원회의 시정조치에 대하여 이의신청이 제기된 경우에는 재결이, 시정조치나 재결에 대하여 소가 제기된 경우에는 확정판결이 각각 확정된 때를 말한다. 이하 이 조에서 같다)까지 예치가맹금의 지급을 보류하여야 하고, 제4호에 해당하는 경우에는 예치가맹금의 지급요청을 거부하거나 가맹본부에 그 내용의 변경을 요구하여야 한다.

1. 가맹점사업자가 예치가맹금을 반환받기 위하여 소를 제기한 경우
2. 가맹점사업자가 예치가맹금을 반환받기 위하여 알선, 조정, 중재 등을 신청한 경우
3. 가맹점사업자가 제10조의 위반을 이유로 가맹본부를 공정거래위원회에 신고한 경우
4. 가맹본부가 제4항을 위반하여 거짓이나 그 밖의 부정한 방법으로 예치가맹금의 지급을 요청한 경우

⑥ 예치기관의 장은 가맹본부 또는 가맹점사업자가 분쟁조정 등의 결과나 시정조치 결과를 첨부하여 예치가맹금의 지급 또는 반환을 요청하는 경우 요청일부터 30일 이내에 그 결과에 따라 예치가맹금을 가맹본부에 지급하거나 가맹점사업자에게 반환하여야 한다.

⑦ 예치기관의 장은 가맹점사업자가 가맹본부의 동의를 받아 예치가맹금의 반환을 요청하는 경우에는 제5항 및 제6항에도 불구하고 요청일부터 10일 이내에 예치가맹금을 가맹점사업자에게 반환하여야 한다.

⑧ 그 밖에 가맹금의 예치 등에 관하여 필요한 사항은 대통령령으로 정한다.

[본조신설 2007. 8. 3.]

제7조【정보공개서의 제공의무 등】 ① 가맹본부(가맹지역본부 또는 가맹중개인이 가맹점사업자를 모집하는 경우를 포함한다. 이하 같다)는 가맹희망자에게 제6조의2제1항 및 제2항에 따라 등록 또는 변경등록한 정보공개서를 내용증명우편 등 제공시점을 객관적으로 확인할 수 있는 대통령령으로 정하는 방법에 따라 제공하여야 한다. <개정 2007. 8. 3., 2013. 8. 13.>

② 가맹본부는 제1항에 따라 정보공개서를 제공할 경우에는 가맹희망자의 장래 점포 예정지에서 가장 인접한 가맹점 10개(정보공개서 제공시점에 가맹희망자의 장래 점포 예정지가 속한 광역지방자치단체에서 영업 중인 가맹점의 수가 10개 미만인 경우에는 해당 광역지방자치단체 내의 가맹점 전체)의 상호, 소재지 및 전화번호가 적힌 문서(이하 "인근가맹점 현황문서"라 한다)를 함께 제공하여야 한다. 다만, 정보공개서를 제공할 때 장래 점포 예정지가 확정되지 아니한 경우에는 확정되는 즉시 제공하여야 한다. <신설 2013. 8. 13.>

③ 가맹본부는 등록된 정보공개서 및 인근가맹점 현황문서(이하 "정보공개서등"이라 한다)를 제1항의 방법에 따라 제공하지 아니하였거나 정보공개서

등을 제공한 날부터 14일(가맹희망자가 정보공개서에 대하여 변호사 또는 제27조에 따른 가맹거래사의 자문을 받은 경우에는 7일로 한다)이 지나지 아니한 경우에는 다음 각 호의 어느 하나에 해당하는 행위를 하여서는 아니 된다. <신설 2007. 8. 3., 2013. 8. 13.>

1. 가맹희망자로부터 가맹금을 수령하는 행위. 이 경우 가맹희망자가 예치기관에 예치가맹금을 예치하는 때에는 최초로 예치한 날(가맹본부가 가맹희망자와 최초로 가맹금을 예치하기로 합의한 때에는 그 날)에 가맹금을 수령한 것으로 본다.

2. 가맹희망자와 가맹계약을 체결하는 행위

④ 공정거래위원회는 대통령령이 정하는 바에 따라 정보공개서의 표준양식을 정하여 가맹본부 또는 가맹본부로 구성된 사업자단체에게 그 사용을 권장할 수 있다. <개정 2007. 8. 3., 2013. 8. 13.>

[제목개정 2007. 8. 3.]

제8조 삭제 <2007. 8. 3.>

제9조【허위·과장된 정보제공 등의 금지】① 가맹본부는 가맹희망자나 가맹점사업자에게 정보를 제공함에 있어서 다음 각 호의 행위를 하여서는 아니 된다. <개정 2013. 8. 13.>

1. 사실과 다르게 정보를 제공하거나 사실을 부풀려 정보를 제공하는 행위(이하 "허위·과장의 정보제공행위"라 한다)

2. 계약의 체결·유지에 중대한 영향을 미치는 사실을 은폐하거나 축소하는 방법으로 정보를 제공하는 행위(이하 "기만적인 정보제공행위"라 한다)

② 제1항 각 호의 행위의 유형은 대통령령으로 정한다. <신설 2013. 8. 13.>

③ 가맹본부는 가맹희망자나 가맹점사업자에게 다음 각 호의 어느 하나에 해당하는 정보를 제공하는 경우에는 서면으로 하여야 한다. <개정 2007. 8. 3., 2013. 8. 13.>

1. 가맹희망자의 예상매출액·수익·매출총이익·순이익 등 장래의 예상수익상황에 관한 정보

2. 가맹점사업자의 매출액·수익·매출총이익·순이익 등 과거의 수익상황이나 장래의 예상수익상황에 관한 정보

④ 가맹본부는 제3항에 따라 정보를 제공하는 경우에는 그 정보의 산출근거

가 되는 자료로서 대통령령으로 정하는 자료를 가맹본부의 사무소에 비치하여야 하며, 영업시간 중에 언제든지 가맹희망자나 가맹점사업자의 요구가 있는 경우 그 자료를 열람할 수 있도록 하여야 한다. <개정 2007. 8. 3., 2013. 8. 13.>

⑤ 제3항에도 불구하고 다음 각 호의 어느 하나에 해당하는 가맹본부는 가맹계약을 체결할 때 가맹희망자에게 대통령령으로 정하는 예상매출액의 범위 및 그 산출 근거를 서면(이하 "예상매출액 산정서"라 한다)으로 제공하여야 한다. <신설 2013. 8. 13.>

1. 중소기업자(「중소기업기본법」 제2조제1항 또는 제3항에 따른 자를 말한다)가 아닌 가맹본부

2. 직전 사업연도 말 기준으로 가맹본부와 계약을 체결·유지하고 있는 가맹점사업자(가맹본부가 복수의 영업표지를 보유하고 있는 경우에는 동일 영업표지를 사용하는 가맹점사업자에 한정한다)의 수가 대통령령으로 정하는 수 이상인 가맹본부

⑥ 가맹본부는 예상매출액 산정서를 가맹계약 체결일부터 5년간 보관하여야 한다. <신설 2013. 8. 13.>

⑦ 공정거래위원회는 예상매출액 산정서의 표준양식을 정하여 사용을 권장할 수 있다. <신설 2013. 8. 13.>

제10조【가맹금의 반환】 ① 가맹본부는 다음 각 호의 어느 하나에 해당하는 경우에는 가맹희망자나 가맹점사업자가 대통령령으로 정하는 사항이 적힌 서면으로 요구하는 날부터 1개월 이내에 가맹금을 반환하여야 한다. <개정 2007. 8. 3., 2013. 8. 13.>

1. 가맹본부가 제7조제3항을 위반한 경우로서 가맹희망자 또는 가맹점사업자가 가맹계약 체결 전 또는 가맹계약의 체결일부터 4개월 이내에 가맹금의 반환을 요구하는 경우

2. 가맹본부가 제9조제1항을 위반한 경우로서 가맹희망자가 가맹계약 체결 전에 가맹금의 반환을 요구하는 경우

3. 가맹본부가 제9조제1항을 위반한 경우로서 허위 또는 과장된 정보나 중요사항의 누락된 내용이 계약 체결에 중대한 영향을 준 것으로 인정되어 가맹점사업자가 가맹계약의 체결일부터 4개월 이내에 가맹금의 반환을

요구하는 경우

4. 가맹본부가 정당한 사유 없이 가맹사업을 일방적으로 중단하고 가맹점사업자가 대통령령으로 정하는 가맹사업의 중단일부터 4개월 이내에 가맹금의 반환을 요구하는 경우

② 제1항의 규정에 의하여 반환하는 가맹금의 금액을 정함에 있어서는 가맹계약의 체결경위, 금전이나 그 밖에 지급된 대가의 성격, 가맹계약기간, 계약이행기간, 가맹사업당사자의 귀책정도 등을 고려하여야 한다. <개정 2007. 8. 3.>

제11조【가맹계약서의 기재사항 등】 ① 가맹본부는 가맹희망자가 가맹계약의 내용을 미리 이해할 수 있도록 제2항 각 호의 사항이 적힌 문서를 가맹희망자에게 제공한 날부터 14일이 지나지 아니한 경우에는 다음 각 호의 어느 하나에 해당하는 행위를 하여서는 아니 된다. <개정 2007. 8. 3., 2017. 4. 18.>

1. 가맹희망자로부터 가맹금을 수령하는 행위. 이 경우 가맹희망자가 예치기관에 예치가맹금을 예치하는 때에는 최초로 예치한 날(가맹희망자가 최초로 가맹금을 예치하기로 가맹본부와 합의한 날이 있는 경우에는 그 날)에 가맹금을 수령한 것으로 본다.

2. 가맹희망자와 가맹계약을 체결하는 행위

② 가맹계약서는 다음 각 호의 사항을 포함하여야 한다. <개정 2007. 8. 3., 2018. 10. 16.>

1. 영업표지의 사용권 부여에 관한 사항

2. 가맹점사업자의 영업활동 조건에 관한 사항

3. 가맹점사업자에 대한 교육·훈련, 경영지도에 관한 사항

4. 가맹금 등의 지급에 관한 사항

5. 영업지역의 설정에 관한 사항

6. 계약기간에 관한 사항

7. 영업의 양도에 관한 사항

8. 계약해지의 사유에 관한 사항

9. 가맹희망자 또는 가맹점사업자가 가맹계약을 체결한 날부터 2개월(가맹점사업자가 2개월 이전에 가맹사업을 개시하는 경우에는 가맹사업개시일)까지의 기간 동안 예치가맹금을 예치기관에 예치하여야 한다는 사항.

다만, 가맹본부가 제15조의2에 따른 가맹점사업자피해보상보험계약 등을 체결한 경우에는 그에 관한 사항으로 한다.

10. 가맹회망자가 정보공개서에 대하여 변호사 또는 제27조에 따른 가맹거래사의 자문을 받은 경우 이에 관한 사항

11. 가맹본부 또는 가맹본부 임원의 위법행위 또는 가맹사업의 명성이나 신용을 훼손하는 등 사회상규에 반하는 행위로 인하여 가맹점사업자에게 발생한 손해에 대한 배상의무에 관한 사항

12. 그 밖에 가맹사업당사자의 권리·의무에 관한 사항으로서 대통령령이 정하는 사항

③ 가맹본부는 가맹계약서를 가맹사업의 거래가 종료된 날부터 3년간 보관하여야 한다.

④ 공정거래위원회는 가맹본부에게 건전한 가맹사업거래질서를 확립하고 불공정한 내용의 가맹계약이 통용되는 것을 방지하기 위하여 일정한 가맹사업거래에서 표준이 되는 가맹계약서의 작성 및 사용을 권장할 수 있다.

[제목개정 2007. 8. 3.]

제12조【불공정거래행위의 금지】 ① 가맹본부는 다음 각 호의 어느 하나에 해당하는 행위로서 가맹사업의 공정한 거래를 저해할 우려가 있는 행위를 하거나 다른 사업자로 하여금 이를 행하도록 하여서는 아니 된다. <개정 2007. 8. 3., 2013. 8. 13., 2016. 3. 29.>

1. 가맹점사업자에 대하여 상품이나 용역의 공급 또는 영업의 지원 등을 부당하게 중단 또는 거절하거나 그 내용을 현저히 제한하는 행위

2. 가맹점사업자가 취급하는 상품 또는 용역의 가격, 거래상대방, 거래지역이나 가맹점사업자의 사업활동을 부당하게 구속하거나 제한하는 행위

3. 거래상의 지위를 이용하여 부당하게 가맹점사업자에게 불이익을 주는 행위

4. 삭제 <2013. 8. 13.>

5. 계약의 목적과 내용, 발생할 손해 등 대통령령으로 정하는 기준에 비하여 과중한 위약금을 부과하는 등 가맹점사업자에게 부당하게 손해배상 의무를 부담시키는 행위

6. 제1호부터 제3호까지 및 제5호 외의 행위로서 부당하게 경쟁가맹본부의 가맹점사업자를 자기와 거래하도록 유인하는 행위 등 가맹사업의 공정한

거래를 저해할 우려가 있는 행위

② 제1항 각 호의 규정에 의한 행위의 유형 또는 기준은 대통령령으로 정한다.

제12조의2【부당한 점포환경개선 강요 금지 등】 ① 가맹본부는 대통령령으로 정하는 정당한 사유 없이 점포환경개선을 강요하여서는 아니 된다.

② 가맹본부는 가맹점사업자의 점포환경개선에 소요되는 비용으로서 대통령령으로 정하는 비용의 100분의 40 이내의 범위에서 대통령령으로 정하는 비율에 해당하는 금액을 부담하여야 한다. 다만, 다음 각 호의 어느 하나에 해당하는 경우에는 그러하지 아니하다.

1. 가맹본부의 권유 또는 요구가 없음에도 가맹점사업자의 자발적 의사에 의하여 점포환경개선을 실시하는 경우

2. 가맹점사업자의 귀책사유로 인하여 위생·안전 및 이와 유사한 문제가 발생하여 불가피하게 점포환경개선을 하는 경우

③ 제2항에 따라 가맹본부가 부담할 비용의 산정, 청구 및 지급절차, 그 밖에 필요한 사항은 대통령령으로 정한다.

[본조신설 2013. 8. 13.]

제12조의3【부당한 영업시간 구속 금지】 ① 가맹본부는 정상적인 거래관행에 비추어 부당하게 가맹점사업자의 영업시간을 구속하는 행위(이하 "부당한 영업시간 구속"이라 한다)를 하여서는 아니 된다.

② 다음 각 호의 어느 하나에 해당하는 가맹본부의 행위는 부당한 영업시간 구속으로 본다.

1. 가맹점사업자의 점포가 위치한 상권의 특성 등의 사유로 대통령령으로 정하는 심야 영업시간대의 매출이 그 영업에 소요되는 비용에 비하여 저조하여 대통령령으로 정하는 일정한 기간 동안 영업손실이 발생함에 따라 가맹점사업자가 영업시간 단축을 요구함에도 이를 허용하지 아니하는 행위

2. 가맹점사업자가 질병의 발병과 치료 등 불가피한 사유로 인하여 필요 최소한의 범위에서 영업시간의 단축을 요구함에도 이를 허용하지 아니하는 행위

[본조신설 2013. 8. 13.]

제12조의4【부당한 영업지역 침해금지】 ① 가맹본부는 가맹계약 체결 시 가맹점사업자의 영업지역을 설정하여 가맹계약서에 이를 기재하여야 한다.

② 가맹본부가 가맹계약 갱신과정에서 상권의 급격한 변화 등 대통령령으로 정하는 사유가 발생하여 기존 영업지역을 변경하기 위해서는 가맹점사업자와 합의하여야 한다. <개정 2018. 1. 16.>

③ 가맹본부는 정당한 사유 없이 가맹계약기간 중 가맹점사업자의 영업지역 안에서 가맹점사업자와 동일한 업종(수요층의 지역적·인적 범위, 취급품목, 영업형태 및 방식 등에 비추어 동일하다고 인식될 수 있을 정도의 업종을 말한다)의 자기 또는 계열회사(「독점규제 및 공정거래에 관한 법률」 제2조제3호에 따른 계열회사를 말한다. 이하 같다)의 직영점이나 가맹점을 설치하는 행위를 하여서는 아니 된다. <개정 2018. 1. 16.>

[본조신설 2013. 8. 13.]

제12조의5【보복조치의 금지】 가맹본부는 가맹점사업자가 다음 각 호의 어느 하나에 해당하는 행위를 한 것을 이유로 그 가맹점사업자에 대하여 상품·용역의 공급이나 경영·영업활동 지원의 중단, 거절 또는 제한, 가맹계약의 해지, 그 밖에 불이익을 주는 행위를 하거나 계열회사 또는 다른 사업자로 하여금 이를 행하도록 하여서는 아니 된다.

1. 제22조제1항에 따른 분쟁조정의 신청
2. 제32조의2에 따른 공정거래위원회의 서면실태조사에 대한 협조
3. 제32조의3제1항에 따른 신고 및 같은 조 제2항에 따른 공정거래위원회의 조사에 대한 협조

[본조신설 2018. 1. 16.]

[종전 제12조의5는 제12조의7로 이동 <2018. 1. 16.>]

제12조의6【광고·판촉행사 관련 집행 내역 통보 등】 ① 가맹본부는 가맹점사업자가 비용의 전부 또는 일부를 부담하는 광고나 판촉행사를 실시한 경우 그 집행 내역을 가맹점사업자에게 통보하고 가맹점사업자의 요구가 있는 경우 이를 열람할 수 있도록 하여야 한다.

② 제1항에 따른 집행 내역 통보 또는 열람의 구체적인 시기·방법·절차는 대통령령으로 정한다.

[본조신설 2016. 3. 29.]

제12조의7【업종별 거래기준 권고】 공정거래위원회는 가맹사업거래의 공정한 거래질서 확립을 위하여 필요한 경우 업종별로 바람직한 거래기준을 정하여

가맹본부에 이의 준수를 권고할 수 있다.

[본조신설 2013. 8. 13.]

[제12조의5에서 이동 <2018. 1. 16.>]

제13조【가맹계약의 갱신 등】 ① 가맹본부는 가맹점사업자가 가맹계약기간 만료 전 180일부터 90일까지 사이에 가맹계약의 갱신을 요구하는 경우 정당한 사유 없이 이를 거절하지 못한다. 다만, 다음 각 호의 어느 하나에 해당하는 경우에는 그러하지 아니하다.

1. 가맹점사업자가 가맹계약상의 가맹금 등의 지급의무를 지키지 아니한 경우

2. 다른 가맹점사업자에게 통상적으로 적용되는 계약조건이나 영업방침을 가맹점사업자가 수락하지 아니한 경우

3. 가맹사업의 유지를 위하여 필요하다고 인정되는 것으로서 다음 각 목의 어느 하나에 해당하는 가맹본부의 중요한 영업방침을 가맹점사업자가 지키지 아니한 경우

   가. 가맹점의 운영에 필요한 점포·설비의 확보나 법령상 필요한 자격·면허·허가의 취득에 관한 사항

   나. 판매하는 상품이나 용역의 품질을 유지하기 위하여 필요한 제조공법 또는 서비스기법의 준수에 관한 사항

   다. 그 밖에 가맹점사업자가 가맹사업을 정상적으로 유지하기 위하여 필요하다고 인정되는 것으로서 대통령령으로 정하는 사항

② 가맹점사업자의 계약갱신요구권은 최초 가맹계약기간을 포함한 전체 가맹계약기간이 10년을 초과하지 아니하는 범위 내에서만 행사할 수 있다.

③ 가맹본부가 제1항에 따른 갱신 요구를 거절하는 경우에는 그 요구를 받은 날부터 15일 이내에 가맹점사업자에게 거절 사유를 적어 서면으로 통지하여야 한다.

④ 가맹본부가 제3항의 거절 통지를 하지 아니하거나 가맹계약기간 만료 전 180일부터 90일까지 사이에 가맹점사업자에게 조건의 변경에 대한 통지나 가맹계약을 갱신하지 아니한다는 사실의 통지를 서면으로 하지 아니하는 경우에는 계약 만료 전의 가맹계약과 같은 조건으로 다시 가맹계약을 체결한 것으로 본다. 다만, 가맹점사업자가 계약이 만료되는 날부터 60일 전까지 이

의를 제기하거나 가맹본부나 가맹점사업자에게 천재지변이나 그 밖에 대통령령으로 정하는 부득이한 사유가 있는 경우에는 그러하지 아니하다.

[전문개정 2007. 8. 3.]

제14조【가맹계약해지의 제한】 ① 가맹본부는 가맹계약을 해지하려는 경우에는 가맹점사업자에게 2개월 이상의 유예기간을 두고 계약의 위반 사실을 구체적으로 밝히고 이를 시정하지 아니하면 그 계약을 해지한다는 사실을 서면으로 2회 이상 통지하여야 한다. 다만, 가맹사업의 거래를 지속하기 어려운 경우로서 대통령령이 정하는 경우에는 그러하지 아니하다. <개정 2007. 8. 3.>

② 제1항의 규정에 의한 절차를 거치지 아니한 가맹계약의 해지는 그 효력이 없다.

제14조의2【가맹점사업자단체의 거래조건 변경 협의 등】 ① 가맹점사업자는 권익보호 및 경제적 지위 향상을 도모하기 위하여 단체(이하 "가맹점사업자단체"라 한다)를 구성할 수 있다.

② 특정 가맹본부와 가맹계약을 체결·유지하고 있는 가맹점사업자(복수의 영업표지를 보유한 가맹본부와 계약 중인 가맹점사업자의 경우에는 동일한 영업표지를 사용하는 가맹점사업자로 한정한다)로만 구성된 가맹점사업자단체는 그 가맹본부에 대하여 가맹계약의 변경 등 거래조건(이하 이 조에서 "거래조건"이라 한다)에 대한 협의를 요청할 수 있다.

③ 제2항에 따른 협의를 요청받은 경우 가맹본부는 성실하게 협의에 응하여야 한다. 다만, 복수의 가맹점사업자단체가 협의를 요청할 경우 가맹본부는 다수의 가맹점사업자로 구성된 가맹점사업자단체와 우선적으로 협의한다.

④ 제2항에 따른 협의와 관련하여 가맹점사업자단체는 가맹사업의 통일성이나 본질적 사항에 반하는 거래조건을 요구하는 행위, 가맹본부의 경영 등에 부당하게 간섭하는 행위 또는 부당하게 경쟁을 제한하는 행위를 하여서는 아니 된다.

⑤ 가맹본부는 가맹점사업자단체의 구성·가입·활동 등을 이유로 가맹점사업자에게 불이익을 주는 행위를 하거나 가맹점사업자단체에 가입 또는 가입하지 아니할 것을 조건으로 가맹계약을 체결하여서는 아니 된다.

[본조신설 2013. 8. 13.]

제15조【자율규약】① 가맹본부 또는 가맹본부를 구성원으로 하는 사업자단체
는 가맹사업의 공정한 거래질서를 유지하기 위하여 자율적으로 규약을 정할
수 있다.

② 가맹본부 또는 가맹본부를 구성원으로 하는 사업자단체는 제1항의 규정
에 의하여 자율규약을 정하고자 하는 경우 그 규약이 제12조제1항의 규정에
위반하는지에 대한 심사를 공정거래위원회에 요청할 수 있다.

③ 공정거래위원회는 제2항의 규정에 의하여 자율규약의 심사를 요청받은
때에는 그 요청을 받은 날부터 60일 이내에 심사결과를 신청인에게 통보하여
야 한다.

제15조의2【가맹점사업자피해보상보험계약 등】① 가맹본부는 가맹점사업자의
피해를 보상하기 위하여 다음 각 호의 어느 하나에 해당하는 계약(이하 "가맹
점사업자피해보상보험계약 등"이라 한다)을 체결할 수 있다. <개정 2012.
2. 17.>

1. 「보험업법」에 따른 보험계약
2. 가맹점사업자 피해보상금의 지급을 확보하기 위한 「금융위원회의 설치
   등에 관한 법률」 제38조에 따른 기관의 채무지급보증계약
3. 제15조의3에 따라 설립된 공제조합과의 공제계약

② 가맹점사업자피해보상보험계약 등에 의하여 가맹점사업자 피해보상금을
지급할 의무가 있는 자는 그 지급사유가 발생한 경우 지체 없이 이를 지급하
여야 한다. 이를 지연한 경우에는 지연배상금을 지급하여야 한다.

③ 가맹점사업자피해보상보험계약 등을 체결하고자 하는 가맹본부는 가맹
점사업자피해보상보험계약 등을 체결하기 위하여 매출액 등의 자료를 제출
함에 있어서 거짓 자료를 제출하여서는 아니 된다.

④ 가맹본부는 가맹점사업자피해보상보험계약 등을 체결함에 있어서 가맹
점사업자의 피해보상에 적절한 수준이 되도록 하여야 한다.

⑤ 가맹점사업자피해보상보험계약 등을 체결한 가맹본부는 그 사실을 나타
내는 표지를 사용할 수 있다.

⑥ 가맹점사업자피해보상보험계약 등을 체결하지 아니한 가맹본부는 제5항
에 따른 표지를 사용하거나 이와 유사한 표지를 제작 또는 사용하여서는 아
니 된다.

⑦ 그 밖에 가맹점사업자피해보상보험계약 등에 대하여 필요한 사항은 대통령령으로 정한다.

[본조신설 2007. 8. 3.]

제15조의3【공제조합의 설립】 ① 가맹본부는 제15조의2제1항제3호에 따른 공제사업을 영위하기 위하여 공정거래위원회의 인가를 받아 공제조합(이하 "공제조합"이라 한다)을 설립할 수 있다.

② 공제조합은 법인으로 하며, 주된 사무소의 소재지에 설립등기를 함으로써 성립한다.

③ 공제조합에 가입한 가맹본부는 공제사업의 수행에 필요한 출자금 등을 조합에 납부하여야 한다.

④ 공제조합의 기본재산은 조합원의 출자금 등으로 조성한다.

⑤ 공제조합의 조합원의 자격, 임원에 관한 사항 및 출자금의 부담기준에 관한 사항은 정관으로 정한다.

⑥ 공제조합의 설립인가 기준 및 절차, 정관기재사항, 운영 및 감독 등에 관하여 필요한 사항은 대통령령으로 정한다.

⑦ 공제조합이 제1항에 따른 공제사업을 하고자 하는 때에는 공제규정을 정하여 공정거래위원회의 인가를 받아야 한다. 공제규정을 변경하고자 하는 때에도 또한 같다.

⑧ 제7항의 공제규정에는 공제사업의 범위, 공제료, 공제사업에 충당하기 위한 책임준비금 등 공제사업의 운영에 관하여 필요한 사항을 포함하여야 한다.

⑨ 공제조합에 관하여 이 법에 규정된 것을 제외하고는 「민법」 중 사단법인에 관한 규정을 준용한다.

⑩ 이 법에 따른 공제조합의 사업에 대하여는 「보험업법」을 적용하지 아니한다.

[본조신설 2007. 8. 3.]

제15조의4【가맹본부와 가맹점사업자 간 협약체결의 권장 등】 ① 공정거래위원회는 가맹본부와 가맹점사업자가 가맹사업 관계 법령의 준수 및 상호 지원·협력을 약속하는 자발적인 협약을 체결하도록 권장할 수 있다.

② 공정거래위원회는 가맹본부와 가맹점사업자가 제1항에 따른 협약을 체결하는 경우 그 이행을 독려하기 위하여 포상 등 지원시책을 마련하여 시행하

여야 한다.

③ 공정거래위원회는 제1항 및 제2항에 따른 협약의 내용·체결절차·이행 실적평가 및 지원시책 등에 필요한 사항을 정한다.

[본조신설 2013. 8. 13.]

제15조의5【신고포상금】 ① 공정거래위원회는 이 법의 위반행위를 신고하거나 제보하고 그 신고나 제보를 입증할 수 있는 증거자료를 제출한 자에게 예산의 범위에서 포상금을 지급할 수 있다.

② 제1항에 따른 포상금 지급대상자의 범위, 포상금 지급의 기준·절차 등에 필요한 사항은 대통령령으로 정한다.

[본조신설 2018. 1. 16.]

제4장 분쟁의 조정 등

제16조【가맹사업거래분쟁조정협의회의 설치】 ① 가맹사업에 관한 분쟁을 조정하기 위하여 「독점규제 및 공정거래에 관한 법률」 제48조의2제1항에 따른 한국공정거래조정원(이하 "조정원"이라 한다)에 가맹사업거래분쟁조정협의회(이하 "협의회"라 한다)를 둔다. <개정 2018. 3. 27.>

② 시·도지사는 특별시·광역시·특별자치시·도·특별자치도(이하 "시·도"라 한다)에 협의회를 둘 수 있다. <신설 2018. 3. 27.>

[전문개정 2007. 8. 3.]

제17조【협의회의 구성】 ① 협의회는 위원장 1인을 포함한 9인의 위원으로 구성한다.

② 위원은 공익을 대표하는 위원, 가맹본부의 이익을 대표하는 위원, 가맹점사업자의 이익을 대표하는 위원으로 구분하되 각각 동수로 한다.

③ 조정원에 두는 협의회(이하 "조정원 협의회"라 한다)의 위원은 조정원의 장이 추천한 자와 다음 각 호의 어느 하나에 해당하는 자 중 공정거래위원회 위원장이 임명 또는 위촉하는 자가 되고, 시·도에 두는 협의회(이하 "시·도 협의회"라 한다)의 위원은 조정원의 장이 추천한 자와 다음 각 호의 어느 하나에 해당하는 자 중 시·도지사가 임명 또는 위촉하는 자가 된다. <개정 2005. 12. 29., 2007. 8. 3., 2018. 3. 27.>

1. 대학에서 법률학·경제학·경영학을 전공한 자로서 「고등교육법」 제2조 제1호·제2호 또는 제5호에 따른 학교나 공인된 연구기관에서 부교수 이상의 직 또는 이에 상당하는 직에 있거나 있었던 자

2. 판사·검사 직에 있거나 있었던 자 또는 변호사의 자격이 있는 자

3. 독점금지 및 공정거래업무에 관한 경험이 있는 4급 이상 공무원(고위공무원단에 속하는 일반직공무원을 포함한다)의 직에 있거나 있었던 자

④ 조정원 협의회의 위원장은 공익을 대표하는 위원 중에서 공정거래위원회 위원장이 임명 또는 위촉하고, 시·도 협의회의 위원장은 공익을 대표하는 위원 중에서 시·도지사가 임명 또는 위촉한다. <개정 2007. 8. 3., 2018. 3. 27.>

⑤ 위원의 임기는 3년으로 하고 연임할 수 있다.

⑥ 위원 중 결원이 생긴 때에는 제3항의 규정에 의하여 보궐위원을 위촉하여야 하며, 그 보궐위원의 임기는 전임자의 잔임기간으로 한다.

제18조【공익을 대표하는 위원의 위촉제한】 ① 공익을 대표하는 위원은 위촉일 현재 가맹본부 또는 가맹점사업자의 임원·직원으로 있는 자 중에서 위촉될 수 없다.

② 공정거래위원회 위원장 및 시·도지사는 공익을 대표하는 위원으로 위촉받은 자가 가맹본부 또는 가맹점사업자의 임원·직원으로 된 때에는 즉시 해촉하여야 한다. <개정 2007. 8. 3., 2018. 3. 27.>

제19조【협의회의 회의】 ① 협의회의 회의는 위원 전원으로 구성되는 회의(이하 "전체회의"라 한다)와 공익을 대표하는 위원, 가맹본부의 이익을 대표하는 위원, 가맹점사업자의 이익을 대표하는 위원 각 1인으로 구성되는 회의(이하 "소회의"라 한다)로 구분한다. <개정 2007. 8. 3.>

② 협의회의 전체회의는 다음 각 호의 사항을 심의·의결한다. <신설 2013. 8. 13.>

1. 소회의가 전체회의에서 처리하도록 결정한 사항

2. 협의회 운영세칙의 제정·개정에 관한 사항

3. 그 밖에 전체회의에서 처리할 필요가 있다고 인정하는 사항으로서 협의회의 위원장이 전체회의에 부치는 사항

③ 협의회의 소회의는 제2항 각 호 외의 사항을 심의·의결한다. <개정 2013. 8. 13.>

④ 협의회의 전체회의는 위원장이 주재하며, 재적위원 과반수의 출석으로 개의하고, 출석위원 과반수의 찬성으로 의결한다. <개정 2007. 8. 3., 2013. 8. 13.>

⑤ 협의회의 소회의는 공익을 대표하는 위원이 주재하며, 구성위원 전원의 출석과 출석위원 전원의 찬성으로 의결한다. 이 경우 소회의의 의결은 협의회의 의결로 보되, 회의의 결과를 전체회의에 보고하여야 한다. <신설 2007. 8. 3., 2013. 8. 13.>

⑥ 위원장이 사고로 직무를 수행할 수 없을 때에는 공익을 대표하는 위원 중에서 공정거래위원회 위원장 또는 시·도지사가 지명하는 위원이 그 직무를 대행한다. <개정 2007. 8. 3., 2013. 8. 13., 2018. 3. 27.>

⑦ 조정의 대상이 된 분쟁의 당사자인 가맹사업당사자(이하 "분쟁당사자"라 한다)는 협의회의 회의에 출석하여 의견을 진술하거나 관계자료를 제출할 수 있다. <개정 2007. 8. 3., 2013. 8. 13.>

제20조【위원의 제척·기피·회피】 ① 위원은 다음 각 호의 어느 하나에 해당하는 경우에는 해당 조정사항의 조정에서 제척된다. <개정 2016. 3. 29.>

1. 위원 또는 그 배우자나 배우자이었던 자가 해당 조정사항의 분쟁당사자가 되거나 공동권리자 또는 의무자의 관계에 있는 경우

2. 위원이 해당 조정사항의 분쟁당사자와 친족관계에 있거나 있었던 경우

3. 위원 또는 위원이 속한 법인이 분쟁당사자의 법률·경영 등에 대하여 자문이나 고문의 역할을 하고 있는 경우

4. 위원 또는 위원이 속한 법인이 해당 조정사항에 대하여 분쟁당사자의 대리인으로 관여하거나 관여하였던 경우 및 증언 또는 감정을 한 경우

② 분쟁당사자는 위원에게 협의회의 조정에 공정을 기하기 어려운 사정이 있는 때에 협의회에 그 위원에 대한 기피신청을 할 수 있다. <개정 2016. 3. 29.>

③ 위원이 제1항 또는 제2항의 사유에 해당하는 경우에는 스스로 해당 조정사항의 조정에서 회피할 수 있다. <개정 2016. 3. 29.>

제21조【협의회의 조정사항】 협의회는 공정거래위원회 또는 분쟁당사자가 요청하는 가맹사업거래의 분쟁에 관한 사항을 조정한다.

제22조【조정의 신청 등】 ① 분쟁당사자는 제21조의 규정에 의하여 협의회에 대통령령이 정하는 사항이 기재된 서면으로 그 조정을 신청할 수 있다.

② 분쟁당사자가 서로 다른 협의회에 분쟁조정을 신청하거나 여러 협의회에 중복하여 분쟁조정을 신청한 때에는 다음 각 호의 협의회 중 가맹점사업자가 선택한 협의회에서 이를 담당한다. <신설 2018. 3. 27.>

1. 조정원 협의회

2. 가맹점사업자의 주된 사업장이 소재한 시·도 협의회

3. 가맹본부의 주된 사업장이 소재한 시·도 협의회

③ 공정거래위원회는 가맹사업거래의 분쟁에 관한 사건에 대하여 협의회에 그 조정을 의뢰할 수 있다. <개정 2018. 3. 27.>

④ 협의회는 제1항의 규정에 의하여 조정을 신청받은 때에는 즉시 그 조정사항을 분쟁당사자에게 통지하여야 한다. <개정 2007. 8. 3., 2018. 3. 27.>

⑤ 제1항에 따른 분쟁조정의 신청은 시효중단의 효력이 있다. 다만, 신청이 취하되거나 각하된 때에는 그러하지 아니하다. <신설 2017. 4. 18., 2018. 3. 27.>

⑥ 제5항 단서의 경우에 6개월 내에 재판상의 청구, 파산절차참가, 압류 또는 가압류, 가처분을 한 때에는 시효는 최초의 분쟁조정의 신청으로 인하여 중단된 것으로 본다. <신설 2017. 4. 18., 2018. 3. 27.>

⑦ 제5항 본문에 따라 중단된 시효는 다음 각 호의 어느 하나에 해당하는 때부터 새로이 진행한다. <신설 2017. 4. 18., 2018. 3. 27.>

1. 분쟁조정이 이루어져 조정조서를 작성한 때

2. 분쟁조정이 이루어지지 아니하고 조정절차가 종료된 때

제23조【조정 등】 ① 협의회는 제22조제1항에 따라 조정을 신청 받거나 같은 조 제2항에 따라 조정을 의뢰 받는 경우에는 대통령령으로 정하는 바에 따라 지체 없이 분쟁조정 절차를 개시하여야 한다. <신설 2016. 3. 29.>

② 협의회는 분쟁당사자에게 조정사항에 대하여 스스로 조정하도록 권고하거나 조정안을 작성하여 이를 제시할 수 있다. <개정 2016. 3. 29.>

③ 협의회는 다음 각 호의 어느 하나에 해당되는 경우에는 그 조정신청을 각하하여야 한다. <개정 2007. 8. 3., 2016. 3. 29., 2018. 12. 31.>

1. 조정신청의 내용과 직접적인 이해관계가 없는 자가 조정신청을 한 경우

2. 이 법의 적용 대상이 아닌 사안에 대하여 조정신청을 한 경우

3. 조정신청이 있기 전에 공정거래위원회가 제32조의3제2항에 따라 조사를 개시한 사건에 대하여 조정신청을 한 경우

④ 협의회는 다음 각 호의 어느 하나에 해당되는 경우에는 조정절차를 종료하여야 한다. <개정 2007. 8. 3., 2016. 3. 29., 2018. 12. 31.>

1. 분쟁당사자가 협의회의 권고 또는 조정안을 수락하거나 스스로 조정하는 등 조정이 성립된 경우

2. 조정을 신청 또는 의뢰 받은 날부터 60일(분쟁당사자 쌍방이 기간연장에 동의한 경우에는 90일로 한다)이 경과하여도 조정이 성립하지 아니한 경우

3. 분쟁당사자의 일방이 조정을 거부하거나 해당 조정사항에 대하여 법원에 소를 제기하는 등 조정절차를 진행할 실익이 없는 경우

⑤ 협의회는 제3항에 따라 조정신청을 각하하거나 제4항에 따라 조정절차를 종료한 경우에는 대통령령으로 정하는 바에 따라 공정거래위원회 및 시·도에 조정의 경위, 조정신청 각하 또는 조정절차 종료의 사유 등과 관계서류를 서면으로 지체 없이 보고하여야 하고 분쟁당사자에게 그 사실을 통보하여야 한다. <개정 2016. 3. 29., 2018. 3. 27., 2018. 12. 31.>

⑥ 협의회는 해당 조정사항에 관한 사실을 확인하기 위하여 필요한 경우 조사를 하거나 분쟁당사자에 대하여 관련자료의 제출이나 출석을 요구할 수 있다. <개정 2016. 3. 29.>

⑦ 공정거래위원회는 조정사항에 관하여 조정절차가 종료될 때까지 해당 분쟁당사자에게 시정조치를 권고하거나 명하여서는 아니 된다. 다만, 공정거래위원회가 제32조의3제2항에 따라 조사를 개시한 사건에 대하여는 그러하지 아니하다. <개정 2016. 3. 29., 2018. 12. 31.>

제24조【조정조서의 작성과 그 효력】① 협의회는 조정사항에 대하여 조정이 성립된 경우 조정에 참가한 위원과 분쟁당사자가 기명날인하거나 서명한 조정조서를 작성한다. <개정 2016. 3. 29., 2018. 4. 17.>

② 협의회는 분쟁당사자가 조정절차를 개시하기 전에 조정사항을 스스로 조정하고 조정조서의 작성을 요구하는 경우에는 그 조정조서를 작성하여야 한다. <개정 2016. 3. 29.>

③ 분쟁당사자는 제1항 또는 제2항에 따른 조정에서 합의된 사항을 이행하여야 하고, 이행결과를 공정거래위원회에 제출하여야 한다. <신설 2018. 12. 31.>

④ 공정거래위원회는 제3항에 따른 이행이 이루어진 경우에는 제33조제1항에 따른 시정조치 및 제34조제1항에 따른 시정권고를 하지 아니한다. <신설 2018. 12. 31.>

⑤ 제1항 또는 제2항에 따라 조정조서를 작성한 경우 조정조서는 재판상 화해와 동일한 효력을 갖는다. <신설 2016. 3. 29., 2018. 12. 31.>

제25조【협의회의 조직 등에 관한 규정】 제16조 내지 제24조의 규정외에 협의회의 조직·운영·조정절차 등에 관하여 필요한 사항은 대통령령으로 정한다.

제26조 삭제 <2007. 8. 3.>

제27조【가맹거래사】 ① 공정거래위원회가 실시하는 가맹거래사 자격시험에 합격한 후 대통령령이 정하는 바에 따라 실무수습을 마친 자는 가맹거래사의 자격을 가진다. <개정 2004. 1. 20., 2007. 8. 3.>

② 다음 각 호의 어느 하나에 해당하는 자는 가맹거래사가 될 수 없다. <개정 2007. 8. 3., 2017. 4. 18.>

1. 미성년자·피성년후견인 또는 피한정후견인

2. 파산선고를 받고 복권되지 아니한 자

3. 금고 이상의 실형의 선고를 받고 그 집행이 종료(종료된 것으로 보는 경우를 포함한다)되거나 집행을 받지 아니하기로 확정된 후 2년이 경과되지 아니한 자

4. 금고 이상의 형의 집행유예를 받고 그 집행유예기간 중에 있는 자

5. 제31조의 규정에 의하여 가맹거래사의 등록이 취소된 날부터 2년이 경과되지 아니한 자

③ 제1항에 따른 시험에 응시한 사람이 그 시험에 관하여 부정한 행위를 한 경우에는 해당 시험을 무효로 하고 그 시험의 응시일부터 5년간 시험의 응시자격을 정지한다. <신설 2016. 3. 29.>

④ 가맹거래사 자격시험의 시험과목·시험방법, 실무수습의 기간 등 자격시험 및 실무수습에 관하여 필요한 사항은 대통령령으로 정한다. <신설 2004. 1. 20., 2007. 8. 3., 2016. 3. 29.>

[제목개정 2007. 8. 3.]

제28조【가맹거래사의 업무】 가맹거래사는 다음 각 호의 사항에 관한 업무를 수행한다. <개정 2013. 8. 13., 2017. 4. 18.>

1. 가맹사업의 사업성에 관한 검토

2. 정보공개서와 가맹계약서의 작성·수정이나 이에 관한 자문

3. 가맹점사업자의 부담, 가맹사업 영업활동의 조건 등에 관한 자문

4. 가맹사업당사자에 대한 교육·훈련이나 이에 대한 자문

5. 가맹사업거래 분쟁조정 신청의 대행 및 의견의 진술

6. 정보공개서 등록의 대행

[전문개정 2007. 8. 3.]

제29조【가맹거래사의 등록】① 가맹거래사 자격이 있는 자가 제28조에 따른 가맹거래사의 업무를 개시하고자 하는 경우에는 대통령령이 정하는 바에 따라 공정거래위원회에 등록하여야 한다. <개정 2004. 1. 20., 2007. 8. 3.>

② 제1항의 규정에 의하여 등록을 한 가맹거래사는 공정거래위원회가 정하는 바에 따라 5년마다 등록을 갱신하여야 한다. <개정 2007. 8. 3.>

③ 제1항의 규정에 의하여 등록을 한 가맹거래사가 아닌 자는 제27조의 규정에 의한 가맹거래사임을 표시하거나 이와 유사한 용어를 사용하여서는 아니 된다. <개정 2007. 8. 3.>

[제목개정 2007. 8. 3.]

제30조【가맹거래사의 책임】① 가맹거래사는 성실히 직무를 수행하며 품위를 유지하여야 한다. <개정 2007. 8. 3.>

② 가맹거래사는 직무를 수행함에 있어서 고의로 진실을 감추거나 허위의 보고를 하여서는 아니 된다. <개정 2007. 8. 3.>

[제목개정 2007. 8. 3.]

제31조【가맹거래사의 등록취소와 자격정지】① 공정거래위원회는 제29조의 규정에 의하여 등록을 한 가맹거래사가 다음 각 호의 어느 하나에 해당하는 경우에는 그 등록을 취소할 수 있다. 다만, 제1호 및 제2호에 해당하는 경우에는 그 등록을 취소하여야 한다. <개정 2007. 8. 3.>

1. 허위 그 밖의 부정한 방법으로 등록 또는 갱신등록을 한 경우

2. 제27조제2항의 규정에 의한 결격사유에 해당하게 된 경우

3. 업무수행과 관련하여 알게 된 비밀을 다른 사람에게 누설한 경우

4. 가맹거래사 등록증을 다른 사람에게 대여한 경우

5. 업무수행과 관련하여 고의 또는 중대한 과실로 다른 사람에게 중대한 손

해를 입힌 경우

② 제29조제2항의 규정에 의한 갱신등록을 하지 아니한 가맹거래사는 그 자격이 정지된다. 이 경우 공정거래위원회가 고시로서 정하는 바에 따라 보수교육을 받고 갱신등록을 한 때에는 그때부터 자격이 회복된다. <개정 2007. 8. 3.>

③ 제1항에 따라 가맹거래사의 등록을 취소하려는 경우에는 청문을 실시하여야 한다. <신설 2012. 2. 17.>

[제목개정 2007. 8. 3.]

제31조의2【가맹사업거래에 대한 교육 등】 ① 공정거래위원회는 공정한 가맹사업거래질서를 확립하기 위하여 다음 각 호의 업무를 수행할 수 있다.

1. 가맹본부에 대한 교육·연수
2. 가맹희망자 및 가맹점사업자에 대한 교육·연수
3. 가맹거래사에 대한 교육·연수(제27조제1항에 따른 실무수습을 포함한다)
4. 가맹본부가 이 법을 자율적으로 준수하도록 유도하기 위한 자율준수프로그램의 보급·확산
5. 그 밖에 공정한 가맹사업거래질서 확립을 위하여 필요하다고 인정하는 업무

② 공정거래위원회는 제1항의 업무를 대통령령으로 정하는 시설·인력 및 교육실적 등의 기준에 적합한 법인으로서 공정거래위원회가 지정하는 기관 또는 단체(이하 "교육기관 등"이라 한다)에 위탁할 수 있다.

③ 교육기관 등은 제1항에 따른 업무를 수행하는 데 필요한 재원을 조달하기 위하여 수익사업을 할 수 있다.

④ 공정거래위원회는 교육기관 등이 제1항에 따른 업무를 충실히 수행하지 못하거나 대통령령으로 정하는 기준에 미치지 못하는 경우에는 지정을 취소하거나 3개월 이내의 기간을 정하여 지정의 효력을 정지할 수 있다.

⑤ 교육기관 등의 지정절차 및 방법, 제3항에 따른 수익사업 등에 관하여 필요한 사항은 공정거래위원회가 정하여 고시한다.

[본조신설 2007. 8. 3.]

제5장 공정거래위원회의 사건처리절차 등

제32조【조사개시대상의 제한 등】 ① 이 법의 규정에 따라 공정거래위원회의 조사개시대상이 되는 가맹사업거래는 그 거래가 종료된 날부터 3년을 경과하지 아니한 것에 한정한다. 다만, 그 거래가 종료된 날부터 3년 이내에 제22조제1항에 따른 조정이 신청되거나 제32조의3제1항에 따라 신고된 가맹사업거래의 경우에는 그러하지 아니하다.
　＜개정 2018. 12. 31.＞
② 공정거래위원회는 다음 각 호의 구분에 따른 기간이 경과한 경우에는 이 법 위반행위에 대하여 이 법에 따른 시정조치를 명하거나 과징금을 부과하지 아니한다. 다만, 법원의 판결에 따라 시정조치 또는 과징금 부과처분이 취소된 경우로서 그 판결이유에 따라 새로운 처분을 하는 경우에는 그러하지 아니하다. ＜신설 2018. 12. 31.＞
1. 공정거래위원회가 이 법 위반행위에 대하여 제32조의3제1항 전단에 따른 신고를 받고 같은 조 제2항에 따라 조사를 개시한 경우: 신고일부터 3년
2. 제1호의 경우 외에 공정거래위원회가 이 법 위반행위에 대하여 제32조의3제2항에 따라 조사를 개시한 경우: 조사개시일부터 3년
[제목개정 2018. 12. 31.]

제32조의2【서면실태조사】 ① 공정거래위원회는 가맹사업거래에서의 공정한 거래질서 확립을 위하여 가맹본부와 가맹점사업자 등 사이의 거래에 관한 서면실태조사를 실시하여 그 결과를 공표하여야 한다. ＜개정 2016. 12. 20.＞
② 공정거래위원회가 제1항에 따라 서면실태조사를 실시하려는 경우에는 조사대상자의 범위, 조사기간, 조사내용, 조사방법, 조사절차 및 조사결과 공표 범위 등에 관한 계획을 수립하여야 하고, 조사대상자에게 거래실태 등 조사에 필요한 자료의 제출을 요구할 수 있다.
③ 공정거래위원회가 제2항에 따라 자료의 제출을 요구하는 경우에는 조사대상자에게 자료의 범위와 내용, 요구사유, 제출기한 등을 명시하여 서면으로 알려야 한다.
④ 가맹본부는 가맹점사업자로 하여금 제2항에 따른 자료를 제출하지 아니하게 하거나 거짓 자료를 제출하도록 요구해서는 아니 된다. ＜신설 2018. 4. 17.＞

[본조신설 2013. 8. 13.]

제32조의3【위반행위의 신고 등】 ① 누구든지 이 법에 위반되는 사실이 있다고 인정할 때에는 그 사실을 공정거래위원회에 신고할 수 있다. 이 경우 공정거래위원회는 대통령령으로 정하는 바에 따라 신고자가 동의한 경우에는 가맹본부 또는 가맹지역본부에게 신고가 접수된 사실을 통지하여야 한다.

② 공정거래위원회는 제1항 전단에 따른 신고가 있거나 이 법에 위반되는 혐의가 있다고 인정할 때에는 필요한 조사를 할 수 있다.

③ 제1항 후단에 따라 공정거래위원회가 가맹본부 또는 가맹지역본부에게 통지한 때에는 「민법」 제174조에 따른 최고가 있은 것으로 본다. 다만, 신고된 사실이 이 법의 적용대상이 아니거나 제32조제1항 본문에 따른 조사개시 대상행위의 제한 기한을 경과하여 공정거래위원회가 심의절차를 진행하지 아니하기로 한 경우, 신고된 사실에 대하여 공정거래위원회가 무혐의로 조치한 경우 또는 신고인이 신고를 취하한 경우에는 그러하지 아니하다. <개정 2018. 12. 31.>

④ 공정거래위원회는 제2항에 따라 조사를 한 경우에는 그 결과(조사결과 시정조치 명령 등의 처분을 하고자 하는 경우에는 그 처분의 내용을 포함한다)를 서면으로 해당 사건의 당사자에게 통지하여야 한다.

[본조신설 2016. 12. 20.]

제33조【시정조치】 ① 공정거래위원회는 제6조의5제1항·제4항, 제7조제3항, 제9조제1항, 제10조제1항, 제11조제1항·제2항, 제12조제1항, 제12조의2제1항·제2항, 제12조의3제1항·제2항, 제12조의4, 제12조의5, 제12조의6제1항, 제14조의2제5항, 제15조의2제3항·제6항을 위반한 가맹본부에 대하여 가맹금의 예치, 정보공개서등의 제공, 점포환경개선 비용의 지급, 가맹금 반환, 위반행위의 중지, 위반내용의 시정을 위한 필요한 계획 또는 행위의 보고 그 밖에 위반행위의 시정에 필요한 조치를 명할 수 있다. <개정 2007. 8. 3., 2013. 8. 13., 2016. 3. 29., 2018. 1. 16.>

② 삭제 <2018. 12. 31.>

③ 공정거래위원회는 제1항에 따라 시정명령을 하는 경우에는 가맹본부에게 시정명령을 받았다는 사실을 공표하거나 거래상대방에 대하여 통지할 것을 명할 수 있다. <개정 2007. 8. 3.>

제34조【시정권고】 ① 공정거래위원회는 이 법의 규정을 위반한 가맹본부에 대하여 제33조의 규정에 의한 시정조치를 명할 시간적 여유가 없는 경우에는 대통령령이 정하는 바에 따라 시정방안을 마련하여 이에 따를 것을 권고할 수 있다. 이 경우 그 권고를 수락한 때에는 시정조치를 한 것으로 본다는 뜻을 함께 통지하여야 한다. <개정 2016. 3. 29.>

② 제1항의 규정에 의한 권고를 받은 가맹본부는 그 권고를 통지받은 날부터 10일 이내에 이를 수락하는 지의 여부에 관하여 공정거래위원회에 통지하여야 한다. <개정 2016. 3. 29.>

③ 제1항의 규정에 의한 권고를 받은 가맹본부가 그 권고를 수락한 때에는 제33조의 규정에 의한 시정조치를 받은 것으로 본다. <개정 2016. 3. 29.>

제35조【과징금】 ① 공정거래위원회는 제6조의5제1항·제4항, 제7조제3항, 제9조제1항, 제10조제1항, 제11조제1항·제2항, 제12조제1항, 제12조의2제1항·제2항, 제12조의3제1항·제2항, 제12조의4, 제12조의5, 제12조의6제1항, 제14조의2제5항, 제15조의2제3항·제6항을 위반한 가맹본부에 대하여 대통령령으로 정하는 매출액(대통령령으로 정하는 사업자의 경우에는 영업수익을 말한다. 이하 같다)에 100분의 2를 곱한 금액을 초과하지 아니하는 범위에서 과징금을 부과할 수 있다. 다만, 그 위반행위를 한 가맹본부가 매출액이 없거나 매출액의 산정이 곤란한 경우로서 대통령령으로 정하는 경우에는 5억 원을 초과하지 아니하는 범위에서 과징금을 부과할 수 있다. <개정 2016. 3. 29., 2018. 1. 16.>

② 공정거래위원회는 제1항에 따라 과징금을 부과하는 경우에는 다음 각 호의 사항을 고려하여야 한다.

1. 위반행위의 내용 및 정도

2. 위반행위의 기간 및 횟수

3. 위반행위로 취득한 이익의 규모 등

③ 이 법을 위반한 회사인 가맹본부가 합병을 하는 경우에는 그 가맹본부가 한 위반행위는 합병 후 존속하거나 합병으로 설립되는 회사가 한 위반행위로 보아 과징금을 부과·징수할 수 있다.

④ 공정거래위원회는 이 법을 위반한 회사인 가맹본부가 분할되거나 분할합병되는 경우 분할되는 가맹본부의 분할일 또는 분할합병일 이전의 위반행위

를 다음 각 호의 어느 하나에 해당하는 회사의 행위로 보고 과징금을 부과·
징수할 수 있다.

1. 분할되는 회사

2. 분할 또는 분할합병으로 설립되는 새로운 회사

3. 분할되는 회사의 일부가 다른 회사에 합병된 후 그 다른 회사가 존속하는
   경우 그 다른 회사

⑤ 공정거래위원회는 이 법을 위반한 회사인 가맹본부가 「채무자 회생 및 파
산에 관한 법률」 제215조에 따라 신회사를 설립하는 경우에는 기존 회사 또
는 신회사 중 어느 하나의 행위로 보고 과징금을 부과·징수할 수 있다.

⑥ 제1항에 따른 과징금의 부과기준은 대통령령으로 정한다.

[전문개정 2013. 8. 13.]

제36조【관계행정기관의 장의 협조】 공정거래위원회는 이 법의 시행을 위하여
필요하다고 인정하는 때에는 관계행정기관의 장의 의견을 듣거나 관계행정
기관의 장에 대하여 조사를 위한 인원의 지원 그 밖의 필요한 협조를 요청할
수 있다.

제37조【「독점규제 및 공정거래에 관한 법률」의 준용】 ① 이 법에 의한 공정거래
위원회의 조사·심의·의결 및 시정권고에 관하여는 「독점규제 및 공정거래
에 관한 법률」 제42조, 제43조, 제43조의2, 제44조, 제45조, 제50조제1항 내
지 제4항, 제52조, 제52조의2, 제53조, 제53조의2 및 제55조의2의 규정을 준
용한다. <개정 2007. 8. 3., 2016. 12. 20.>

② 이 법에 의한 과징금의 부과·징수에 관하여는 「독점규제 및 공정거래에
관한 법률」 제55조의4부터 제55조의8까지를 준용한다. <개정 2004. 12.
31., 2007. 8. 3., 2013. 8. 13.>

③ 이 법에 의한 이의신청, 소의 제기 및 불복의 소의 전속관할에 관하여는 「독
점규제 및 공정거래에 관한 법률」 제53조, 제53조의2, 제54조, 제55조의 규
정을 준용한다. <개정 2007. 8. 3., 2016. 3. 29., 2017. 4. 18.>

④ 이 법에 의한 직무에 종사하거나 종사하였던 공정거래위원회의 위원, 공
무원 또는 협의회에서 가맹사업거래에 관한 분쟁의 조정업무를 담당하거나
담당하였던 자에 대하여는 독점규제및공정거래에관한법률 제62조의 규정을
준용한다.

⑤ 삭제 <2007. 8. 3.>

[제목개정 2007. 8. 3.]

제37조의2【손해배상책임】 ① 가맹본부는 이 법의 규정을 위반함으로써 가맹점사업자에게 손해를 입힌 경우에는 가맹점사업자에 대하여 손해배상의 책임을 진다. 다만, 가맹본부가 고의 또는 과실이 없음을 입증한 경우에는 그러하지 아니하다.

② 제1항에도 불구하고 가맹본부가 제9조제1항, 제12조제1항제1호 및 제12조의5를 위반함으로써 가맹점사업자에게 손해를 입힌 경우에는 가맹점사업자에게 발생한 손해의 3배를 넘지 아니하는 범위에서 배상책임을 진다. 다만, 가맹본부가 고의 또는 과실이 없음을 입증한 경우에는 그러하지 아니하다. <개정 2018. 1. 16.>

③ 법원은 제2항의 배상액을 정할 때에는 다음 각 호의 사항을 고려하여야 한다.

1. 고의 또는 손해 발생의 우려를 인식한 정도

2. 위반행위로 인하여 가맹점사업자가 입은 피해 규모

3. 위법행위로 인하여 가맹본부가 취득한 경제적 이익

4. 위반행위에 따른 벌금 및 과징금

5. 위반행위의 기간·횟수

6. 가맹본부의 재산상태

7. 가맹본부의 피해구제 노력의 정도

④ 제1항 또는 제2항에 따라 손해배상청구의 소가 제기된 경우 「독점규제 및 공정거래에 관한 법률」 제56조의2 및 제57조를 준용한다.

[본조신설 2017. 4. 18.]

제38조【「독점규제 및 공정거래에 관한 법률」과의 관계】 가맹사업거래에 관하여 이 법의 적용을 받는 사항에 대하여는 「독점규제 및 공정거래에 관한 법률」 제23조제1항제1호(부당하게 거래를 거절하는 행위에 한한다)·제3호(부당하게 경쟁자의 고객을 자기와 거래하도록 유인하는 행위에 한한다)·제4호·제5호(거래의 상대방의 사업활동을 부당하게 구속하는 조건으로 거래하는 행위에 한한다) 및 동법 제29조제1항의 규정을 적용하지 아니한다. <개정 2007. 8. 3.>

[제목개정 2007. 8. 3.]

제39조【권한의 위임과 위탁】 ① 이 법에 의한 공정거래위원회의 권한은 그 일부를 대통령령이 정하는 바에 따라 소속기관의 장이나 시·도지사에게 위임하거나 다른 행정기관의 장에게 위탁할 수 있다. <개정 2007. 8. 3., 2018. 3. 27.>
② 공정거래위원회는 다음 각 호의 어느 하나에 해당하는 업무를 대통령령으로 정하는 바에 따라 「독점규제 및 공정거래에 관한 법률」 제48조의2에 따라 설립된 한국공정거래조정원이나 관련 법인·단체에 위탁할 수 있다. 이 경우 제1호의 위탁관리에 소요되는 경비의 전부 또는 일부를 지원할 수 있다.
<개정 2007. 8. 3., 2012. 2. 17.>
1. 제6조의2 및 제6조의3에 따른 정보공개서의 등록, 등록 거부 및 공개 등에 관한 업무
2. 제27조제1항에 따른 가맹거래사 자격시험의 시행 및 관리 업무

제40조【보고】 공정거래위원회는 제39조의 규정에 의하여 위임 또는 위탁한 사무에 대하여 위임 또는 위탁받은 자에게 필요한 보고를 하게 할 수 있다.

제6장 벌칙

제41조【벌칙】 ① 제9조제1항의 규정에 위반하여 허위·과장의 정보제공행위나 기만적인 정보제공행위를 한 자는 5년 이하의 징역 또는 3억 원 이하의 벌금에 처한다. <개정 2007. 8. 3., 2013. 8. 13.>
② 다음 각 호의 어느 하나에 해당하는 자는 3년 이하의 징역 또는 1억 원 이하의 벌금에 처한다. <개정 2007. 8. 3., 2018. 1. 16.>
1. 제12조의5를 위반하여 가맹점사업자에게 불이익을 주는 행위를 하거나 다른 사업자로 하여금 이를 행하도록 한 자
2. 제33조제1항에 따른 시정조치의 명령에 따르지 아니한 자
3. 제37조제4항의 규정에 의하여 준용되는 「독점규제 및 공정거래에 관한 법률」 제62조의 규정에 위반한 자
③ 다음 각 호의 어느 하나에 해당하는 자는 2년 이하의 징역 또는 5천만 원 이하의 벌금에 처한다. <개정 2007. 8. 3., 2013. 8. 13.>

1. 제6조의5제1항을 위반하여 가맹점사업자로부터 예치가맹금을 직접 수령한 자

2. 제7조제3항을 위반하여 가맹금을 수령하거나 가맹계약을 체결한 자

3. 제15조의2제6항을 위반하여 가맹점사업자피해보상보험계약 등을 체결하였다는 사실을 나타내는 표지 또는 이와 유사한 표지를 제작하거나 사용한 자

④ 제6조의5제4항을 위반하여 거짓이나 그 밖의 부정한 방법으로 예치가맹금의 지급을 요청한 자는 예치가맹금의 2배에 상당하는 금액 이하의 벌금에 처한다. <신설 2007. 8. 3.>

제42조【양벌규정】 법인의 대표자나 법인 또는 개인의 대리인, 사용인, 그 밖의 종업원이 그 법인 또는 개인의 업무에 관하여 제41조의 위반행위를 하면 그 행위자를 벌하는 외에 그 법인 또는 개인에게도 해당 조문의 벌금형을 과(科)한다. 다만, 법인 또는 개인이 그 위반행위를 방지하기 위하여 해당 업무에 관하여 상당한 주의와 감독을 게을리하지 아니한 경우에는 그러하지 아니하다. [전문개정 2010. 3. 22.]

제43조【과태료】 ① 가맹본부가 제3호 또는 제4호의 규정에 해당하는 경우에는 1억 원 이하, 제1호, 제1호의2 또는 제2호의 규정에 해당하는 경우에는 5천만 원 이하의 과태료를 부과한다. <개정 2007. 8. 3., 2013. 8. 13., 2018. 4. 17.>

1. 제32조의2제2항에 따른 자료를 제출하지 아니하거나 거짓의 자료를 제출한 자

1의2. 제32조의2제4항을 위반하여 가맹점사업자로 하여금 자료를 제출하지 아니하게 하거나 거짓 자료를 제출하도록 요구한 자

2. 제37조제1항의 규정에 의하여 준용되는 「독점규제 및 공정거래에 관한 법률」 제50조제1항제1호의 규정에 위반하여 정당한 사유 없이 2회 이상 출석하지 아니한 자

3. 제37조제1항의 규정에 의하여 준용되는 「독점규제 및 공정거래에 관한 법률」 제50조제1항제3호 또는 동조제3항의 규정에 의한 보고 또는 필요한 자료나 물건의 제출을 정당한 사유 없이 하지 아니하거나, 허위의 보고 또는 자료나 물건을 제출한 자

4. 제37조제1항의 규정에 의하여 준용되는 「독점규제 및 공정거래에 관한 법률」 제50조제2항의 규정에 의한 조사를 정당한 사유 없이 거부·방해 또는 기피한 자

② 삭제 <2018. 4. 17.>

③ 가맹본부의 임원이 제1항제3호에 해당하는 경우에는 5천만 원 이하, 같은 항 제1호, 제1호의2 또는 제2호에 해당하는 경우에는 1천만 원 이하의 과태료를 부과한다. <개정 2018. 4. 17.>

④ 가맹본부의 종업원 또는 이에 준하는 법률상 이해관계에 있는 자가 제1항 제3호에 해당하는 경우에는 5천만 원 이하, 같은 항 제2호에 해당하는 경우에는 1천만 원 이하, 같은 항 제1호 또는 제1호의2에 해당하는 경우에는 500만 원 이하의 과태료를 부과한다. <개정 2018. 4. 17.>

⑤ 제37조제1항의 규정에 의하여 준용되는 「독점규제 및 공정거래에 관한 법률」 제43조의2의 규정에 의한 질서유지명령에 응하지 아니한 자는 100만 원 이하의 과태료에 처한다. <개정 2007. 8. 3.>

⑥ 다음 각 호의 어느 하나에 해당하는 자에게는 1천만 원 이하의 과태료를 부과한다. <개정 2007. 8. 3., 2013. 8. 13.>

1. 제6조의2제2항 본문을 위반하여 기한 내에 변경등록을 하지 아니하거나 거짓으로 변경등록을 한 자

2. 제9조제3항을 위반하여 같은 항 각 호의 어느 하나에 해당하는 정보를 서면으로 제공하지 아니한 자

3. 제9조제4항을 위반하여 근거자료를 비치하지 아니하거나 자료요구에 응하지 아니한 자

4. 제9조제5항을 위반하여 예상매출액 산정서를 제공하지 아니한 자

5. 제9조제6항을 위반하여 예상매출액 산정서를 보관하지 아니한 자

6. 제11조제3항을 위반하여 가맹계약서를 보관하지 아니한 자

⑦ 다음 각 호의 어느 하나에 해당하는 자에게는 300만 원 이하의 과태료를 부과한다. <개정 2007. 8. 3., 2013. 8. 13.>

1. 제6조의2제2항 단서를 위반하여 신고를 하지 아니하거나 거짓으로 신고한 자

2. 제29조제3항을 위반하여 가맹거래사임을 표시하거나 유사한 용어를 사용

한 자

⑧ 제1항부터 제7항까지의 규정에 따른 과태료는 대통령령으로 정하는 바에 따라 공정거래위원회가 부과·징수한다. <신설 2007. 8. 3.>

⑨ 삭제 <2010. 3. 22.>

⑩ 삭제 <2010. 3. 22.>

⑪ 삭제 <2010. 3. 22.>

제44조【고발】 ① 제41조제1항, 제2항제1호·제2호 및 제3항의 죄는 공정거래위원회의 고발이 있어야 공소를 제기할 수 있다. <개정 2018. 1. 16.>

② 공정거래위원회는 제41조제1항, 제2항제1호·제2호 및 제3항의 죄 중 그 위반의 정도가 객관적으로 명백하고 중대하다고 인정하는 경우에는 검찰총장에게 고발하여야 한다. <개정 2018. 1. 16.>

③ 검찰총장은 제2항의 규정에 의한 고발요건에 해당하는 사실이 있음을 공정거래위원회에 통보하여 고발을 요청할 수 있다. <개정 2013. 8. 13.>

④ 공정거래위원회가 제2항에 따른 고발요건에 해당하지 아니한다고 결정하더라도 감사원장, 중소벤처기업부장관은 사회적 파급효과, 가맹희망자나 가맹점사업자에게 미친 피해 정도 등 다른 사정을 이유로 공정거래위원회에 고발을 요청할 수 있다. <신설 2013. 8. 13., 2017. 7. 26.>

⑤ 제3항 또는 제4항에 따른 고발요청이 있는 때에는 공정거래위원회 위원장은 검찰총장에게 고발하여야 한다. <신설 2013. 8. 13.>

⑥ 공정거래위원회는 공소가 제기된 후에는 고발을 취소하지 못한다. <개정 2013. 8. 13.>

부칙〈제16176호, 2018. 12. 31.〉

제1조【시행일】 이 법은 공포 후 6개월이 경과한 날부터 시행한다.

제2조【조사개시대상 제한의 예외에 관한 적용례】 제32조제1항 단서의 개정규정은 이 법 시행 이후 제22조제1항에 따라 조정신청되는 가맹사업거래의 경우부터 적용한다.

제3조【위반행위에 대한 시정조치 또는 과징금 처분 기간 제한에 관한 적용례】 ① 제32조제2항 각 호 외의 부분 및 같은 항 제1호의 개정규정은 이 법 시행 이

후 공정거래위원회가 제32조의3제1항 전단에 따른 신고를 받는 경우부터 적
용한다.

② 제32조제2항 각 호 외의 부분 및 같은 항 제2호의 개정규정은 이 법 시행
이후 공정거래위원회가 제32조의3제2항에 따라 조사를 개시하는 경우부터
적용한다.

제4조【조정절차 등에 관한 경과조치】 이 법 시행 전에 조정신청된 조정의 경우
에는 제23조제3항부터 제5항까지의 개정규정에도 불구하고 종전의 규정에
따른다.

프랜차이즈(외식업) 표준계약서

공정거래위원회

이 표준계약서의 목적은 외식업을 운영하는 가맹사업에 있어서 가맹본부와 가맹점사업자 간에 공정한 계약조건에 따라 가맹계약(프랜차이즈계약)을 체결하도록 하기 위한 표준적 계약조건을 제시함에 있습니다.

이 표준계약서에서는 외식업 가맹사업의 운영에 있어서 표준이 될 계약의 기본적 공통사항만을 제시하였습니다. 따라서 실제 가맹계약을 체결하려는 계약당사자는 이 표준계약서의 기본 틀과 내용을 유지하는 범위에서 이 표준계약서보다 더 상세한 사항을 계약서에 규정하거나 특약으로 달리 약정할 수 있습니다.

또한 이 표준계약서의 일부 내용은 현행 「가맹사업거래의 공정화에 관한 법률」 및 그 시행령을 기준으로 한 것이므로 계약당사자는 이들 법령이 개정되는 경우에는 개정내용에 부합되도록 기존의 계약을 수정 또는 변경할 수 있으며 특히 개정법령에 강행규정이 추가되는 경우에는 반드시 그 개정규정에 따라 계약내용을 수정하여야 합니다.

이 표준계약서는 하위가맹본부(지사 등)가 가맹본부로부터 계약체결권을 부여받아 가맹점사업자를 모집할 경우에도 그 하위가맹계약의 표준이 될 수 있습니다.

제1장 총칙

제1조【목적】 이 표준계약서는 외식업을 영업으로 하는 가맹사업에 있어서 가맹
본부와 가맹점사업자 간에 공정한 계약조건에 따른 가맹계약을 체결하도록
하기 위한 표준적 계약조건을 제시함을 목적으로 한다.

제2조【용어의 정의】 이 계약서에서 사용된 용어는 다음 각 호와 같은 의미를 갖
는다.

1. "가맹사업"이라 함은 가맹본부가 가맹점사업자(가맹희망자를 포함한다)
   로 하여금 자신의 상표·서비스표·상호·간판 그 밖의 영업표지(이하 "영
   업표지"라 한다)를 사용하여 일정한 품질기준이나 영업방식에 따라 외식
   업을 영위함과 아울러 이에 따른 경영 및 영업활동 등에 대한 지원·교육
   과 통제를 하고, 가맹점사업자는 이에 대한 대가로 가맹본부에 가맹금을
   지급하는 것을 내용으로 하는 계속적인 거래관계를 말한다.

2. "가맹본부"라 함은 가맹계약과 관련하여 가맹점사업자에게 가맹점운영권
   을 부여하는 사업자를 말한다.

3. "가맹점사업자"라 함은 가맹계약과 관련하여 가맹본부로부터 가맹점운영
   권을 부여받은 사업자를 말한다.

4. "가맹금"이라 함은 명칭이나 지급형태의 여하에 관계없이 가맹점사업자
   가 가맹계약에 따라 가맹본부에 지급하는 대가를 말하며, 최초가맹금, 계
   속가맹금, 계약이행보증금을 포함한다.

5. "최초가맹금"이라 함은 가입비·입회비·계약금·할부금·오픈지원비·최
   초교육비 등 명칭을 불문하고 가맹점사업자가 가맹점운영권을 부여받아
   가맹사업에 착수하기 위하여 가맹본부에 지급하는 대가를 말한다.

6. "계속가맹금"이라 함은 상표사용료, 교육비, 경영지원비 등 명칭을 불문
   하고 가맹점사업자가 가맹사업에 착수한 이후 가맹사업을 유지하기 위하
   여 영업표지의 사용과 영업활동 등에 관한 지원·교육, 그 밖의 사항과 관
   련하여 가맹본부에 정기적으로 또는 비정기적으로 지급하는 모든 대가를
   말한다.

7. "계약이행보증금"이란 가맹점사업자가 가맹본부로부터 공급받는 상품의
   대금 등에 관한 채무액이나 이와 관련한 손해배상액의 지급을 담보하기

위하여 가맹본부에 지급하는 대가를 말한다.

8. "영업비밀"이라 함은 공공연히 알려져 있지 아니하고 독립된 경제적 가치를 가지는 것으로서, 가맹본부의 상당한 노력에 의하여 비밀로 유지된 생산방법, 판매방법, 그 밖에 영업활동에 유용한 기술상 또는 경영상의 정보를 말한다.

제3조【계약당사자의 지위】 ① 가맹본부와 가맹점사업자는 상호간에 독립한 사업자로서 대등한 관계에서 이 건 가맹계약을 체결한다.

② 가맹본부와 가맹점사업자 사이에는 상호간에 대리관계나 위임관계, 사용자와 피용자 관계, 동업자 관계 등 여하한 특별한 관계도 존재하지 아니한다.

제4조【신의성실의 원칙】 가맹본부와 가맹점사업자는 이 가맹계약에 따라 가맹사업을 영위함에 있어서 각자의 업무를 신의에 따라 성실하게 수행하여야 한다.

제5조【가맹본부의 준수사항】 가맹본부는 이 계약에서 정한 의무 외에 다음 각 호의 사항을 준수한다.

1. 가맹사업의 성공을 위한 사업구상

2. 상품이나 용역의 품질관리와 판매기법의 개발을 위한 계속적 노력

3. 가맹점사업자에 대하여 합리적 가격과 비용에 의한 점포설비의 설치, 상품 또는 용역 등의 공급

4. 가맹점사업자와 그 직원에 대한 교육·훈련

5. 가맹점사업자의 경영·영업활동에 대한 지속적인 조언과 지원

6. 가맹계약기간 중 가맹점사업자의 영업지역에서 자기의 직영점을 설치하거나 가맹점사업자와 동일한 업종의 가맹점을 설치하는 행위의 금지

7. 가맹점사업자와의 대화와 협상을 통한 분쟁해결 노력

8. 특정 가맹점사업자에 대한 보복 목적의 관리 및 감독, 근접출점, 출혈 판촉행사, 사업자 단체활동 등을 이유로 한 불이익 제공 행위 금지

9. 분쟁 조정신청, 공정거래위원회의 조사 및 서면실태조사 협조 등을 이유로 한 보복 조치 금지

제6조【가맹점사업자의 준수사항】 가맹점사업자는 이 계약에서 정한 의무 외에 다음 각 호의 사항을 준수한다.

1. 가맹사업의 통일성 및 가맹본부의 명성을 유지하기 위한 노력

2. 가맹본부의 공급계획과 소비자의 수요충족에 필요한 적정한 재고유지 및

상품진열

3. 가맹본부가 상품 또는 용역에 대하여 제시하는 적절한 품질기준의 준수

4. 제3호의 규정에 의한 품질기준의 상품 또는 용역을 구입하지 못하는 경우 가맹본부가 제공하는 상품 또는 용역의 사용

5. 가맹본부가 사업장의 설비와 외관, 운송수단에 대하여 제시하는 적절한 기준의 준수

6. 취급하는 상품·용역이나 영업활동을 변경하는 경우 가맹본부와의 사전 협의

7. 상품 및 용역의 구입과 판매에 관한 회계장부 등 가맹본부의 통일적 사업 경영 및 판매전략의 수립에 필요한 자료의 유지와 제공

8. 가맹점의 업무현황 및 제7호의 규정에 의한 자료의 확인과 기록을 위한 가맹본부의 임직원 그 밖의 대리인의 사업장 출입 허용

9. 가맹본부의 동의를 얻지 아니한 경우 사업장의 위치변경 또는 가맹점운영권의 양도금지

10. 가맹계약기간 중 가맹본부와 동일한 업종을 영위하는 행위의 금지

11. 가맹본부의 영업기술이나 영업비밀의 누설 금지

12. 가맹본부의 영업표지 기타 지적재산권에 대한 침해사실을 인지하는 경우 가맹본부에 대한 침해사실의 통보와 금지조치에 필요한 적절한 협력

제7조【불공정거래행위의 금지】 가맹본부는 다음 각 호의 어느 하나에 해당하는 행위로서 가맹사업의 공정한 거래를 저해할 우려가 있는 행위를 하거나 제3자에게 이를 행하도록 하지 아니한다.

1. 가맹점사업자의 귀책으로 보기 어려운 행위 등을 이유로 가맹점사업자에게 상품이나 용역의 공급 또는 영업지원 등을 중단 또는 거절하거나 그 내용을 현저히 제한하는 행위

2. 가격구속, 거래상대방 구속, 상품 또는 용역의 판매제한, 영업지역 준수강제 등의 방법으로 가맹점사업자가 취급하는 상품 또는 용역의 가격, 거래상대방, 거래지역이나 가맹점사업자의 사업활동을 가맹본부의 상표권 보호, 상품 또는 용역의 동일성 유지 등 가맹사업경영에 필수적인 수준에 비추어 과도하게 구속하거나 제한하는 행위

3. 거래상 지위를 이용하여 구입강제, 경제적 이익제공 또는 비용부담 강요,

가맹점사업자에게 불리한 계약조항의 설정 또는 변경, 경영간섭, 판매목표 강제 등의 방법으로 가맹점사업자에게 불이익을 주는 행위

4. 계약의 목적과 내용, 발생할 손해 등에 비하여 과중한 위약금 또는 지연손해금을 설정·부과하는 행위

5. 경쟁가맹본부의 가맹점사업자를 자기와 거래하도록 유인하여 자기의 가맹점사업자의 영업에 불이익을 주는 행위 등 제1호 내지 제4호 외의 행위로서 가맹사업의 공정한 거래질서를 저해할 우려가 있는 행위

제2장 개점의 준비

제8조【가맹점의 표시】 이 계약에 의하여 가맹점사업자가 개설하게 되는 가맹점의 표시는 다음과 같다.

(1) 점포 명:

(2) 상호 및 대표자:

(3) 점포 소재지:

(4) 점포 규모: m^2

(5) 영업지역: 별첨[1]에 표시된 지역

제9조【가맹점운영권의 부여】 ① 가맹본부는 가맹점사업자가 계약기간 중에 가맹본부의 영업시스템에 따라 외식업을 운영하도록 하기 위하여 필요한 범위에서 가맹점사업자에게 다음 각 호의 권리를 부여한다.

1. 가맹본부의 영업표지의 사용권

2. 가맹사업과 관련하여 등기·등록된 권리나 영업비밀의 사용권

3. 상품 또는 원·부재료(이하 "원·부재료 등"이라 한다)를 공급받을 권리

4. 노하우(know-how) 전수, 지도, 교육 기타 경영지원을 받을 권리

5. 기타 가맹본부가 본 계약상의 영업과 관련하여 보유하는 권리로서 당사자가 사용허가의 대상으로 삼은 권리

② 이 계약에서 가맹점사업자에게 사용이 허가된 영업표지의 표시는 별첨[2]와 같다.

제10조【지식재산권의 확보】 ① 가맹본부는 가맹사업에 사용하는 영업표지에 대한 배타적 독점권을 확보하여야 한다.

② 가맹본부는 가맹점사업자에게 사용을 허가한 각종 권리의 진정성과 적법성 및 대항력에 대하여 책임을 진다.

③ 가맹본부가 사용을 허가한 지식재산권이 기간 만료 등으로 인하여 더이상 사용할 수 없게 된 경우 가맹본부는 가맹본부의 책임과 비용으로 가맹점사업자에게 이를 대체할 수 있는 수단을 제공하여야 하며 이로 인하여 발생한 손해를 배상할 책임을 진다.

제11조【계약의 발효일과 계약기간】이 계약은 20 년 월 일부터 발효되며 그 기간은 계약 발효일로부터 20 년 월 일까지 ( )년간으로 한다.

제12조【영업지역의 보호】① 가맹점사업자의 영업지역은 별첨[1]과 같이 하며, 가맹본부는 계약기간 중 가맹점 사업자의 영업지역에서 가맹점사업자와 동일한 업종의 자기 또는 계열회사의 직영점이나 가맹점을 개설하지 아니한다.

② 가맹본부는 계약기간 중 또는 계약갱신 과정에서 가맹점사업자의 영업지역을 축소할 수 없다. 다만, 계약갱신 과정에서 다음 각 호의 어느 하나에 해당하는 경우에는 가맹점사업자와의 합의를 통해 영업지역을 조정할 수 있다.

1. 재건축, 재개발 또는 신도시 건설 등으로 인하여 상권의 급격한 변화가 발생하는 경우
2. 해당 상권의 거주인구 또는 유동인구가 현저히 변동되는 경우
3. 소비자의 기호변화 등으로 인하여 해당 상품·용역에 대한 수요가 현저히 변동되는 경우
4. 제1호부터 제3호까지의 규정에 준하는 경우로서 기존 영업지역을 그대로 유지하는 것이 현저히 불합리하다고 인정되는 경우

③ 가맹점사업자는 가맹본부와 약정한 영업지역을 준수하며, 영업지역을 벗어나 다른 가맹점의 영업지역을 침범하지 아니한다. 가맹점사업자가 자신의 영업지역을 벗어나 다른 가맹점사업자의 영업지역에 속한 고객에게 영업활동을 하는 경우 가맹본부는 다음 각 호의 어느 하나의 조치를 취하여 가맹점사업자 상호간의 이해관계를 합리적으로 조정할 수 있다.

1. 가맹본부가 두 가맹점사업자 간의 보상금 지불에 대한 중재안을 제시
2. 영업지역을 침해받은 가맹점사업자의 영업지역 조정 요구가 있는 경우 매출액 현황 조사 등 필요한 조치 수행
3. 특정 가맹점사업자가 다른 가맹점사업자의 영업지역을 반복적으로 침해

하여 다른 가맹점사업자의 영업과 가맹본부의 가맹사업 경영에 심각한 손해를 가한 경우 그 가맹점사업자에게 행위의 시정을 요구하고 손해배상 청구

④ 가맹본부는 가맹점사업자가 영업지역 내의 다른 점포로의 이전 승인을 요청하는 경우 이전희망 점포가 기존 점포 승인 당시의 승인요건을 충족하면 이를 조건 없이 승인한다.

제13조【점포의 설비】 ① 가맹점사업자의 점포설비(인테리어)는 가맹사업 전체의 통일성과 독창성을 유지할 수 있도록 가맹본부가 정한 사양에 따라 설계·시공한다(기존시설을 변경하는 경우에도 같다). 가맹본부는 기본적인 설계도면과 시방서를 마련하고 계약체결 이후 가맹점사업자에게 이를 제공하여야 한다.

② 가맹점사업자는 가맹본부가 정한 사양에 따라 직접 시공하거나 가맹본부 또는 가맹본부가 지정한 업체를 통해 시공할 수 있다.

③ 가맹점사업자가 점포 설비에 관한 시공을 하는 경우 가맹본부는 공사의 원활한 진행을 위하여 자신의 비용으로 직원을 파견할 수 있다.

④ 가맹점사업자가 가맹본부 또는 가맹본부가 지정한 업체를 통해 시공하는 경우 가맹본부는 영업설비기간·공사세부내역·구체적인 부담액·담보기간 등 구체적인 내용을 가맹점사업자와 협의하여 정하며, 협의한 내용을 가맹점사업자에게 서면으로 제공한다.

⑤ 점포설비에 따른 제반 인·허가는 이 계약체결일로부터 (   )일 이내에 가맹점사업자가 자신의 책임과 비용으로 취득한다. 다만, 가맹본부가 직접 시공한 경우 또는 가맹본부가 지정하거나 권유한 업체를 통하여 시공한 경우에는 당사자 간 협의하여 그 책임과 비용을 분담할 수 있다.

⑥ 가맹본부는 점포의 시설, 장비, 인테리어 등의 노후화가 객관적으로 인정되는 경우 또는 위생·안전의 결함이나 이에 준하는 사유로 인하여 가맹사업의 통일성을 유지하기 어렵거나 정상적인 영업에 현저한 지장을 주는 경우에는 점포환경개선을 요구 또는 권유할 수 있다. 단, 노후화에 대한 객관적인 인정 시점은 최근 개선일로부터 최소 (   )년 [커피업종(예시) : 5년, 치킨업종(예시) : 7년]으로 한다.

⑦ 가맹본부는 공사의 원활한 진행을 위하여 가맹점사업자에게 공사에 필요

한 설계도면 제공 및 공사의 감리를 진행하며, 가맹점사업자는 이에 대한 대가로 실측 및 설계도면 제공비 ( )원과 공사감리비 3.3m^{2}당 ( )원을 가맹본부에게 지급한다. 다만 가맹점사업자가 가맹본부 또는 가맹본부가 지정한 업체에게 공사를 의뢰하는 경우에는 그러하지 아니하다.

⑧ 가맹점사업자가 가맹본부와 직접 공사 계약을 하고 가맹본부가 공사업체에 이를 다시 도급하는 경우에는 가맹본부는 해당 가맹점사업자에게 공사업체와 체결하는 도급 금액 정보 및 도급계약서를 제공하여야 한다.

⑨ 가맹본부는 가맹점사업자의 점포환경개선에 간판교체비용, 인테리어 공사비용(장비·집기의 교체비용을 제외한 실내건축공사에 소요되는 일체의 비용을 말한다)이 소요될 경우에는 그 금액의 20%(점포의 확장 또는 이전을 수반하는 경우에는 40%)를 부담한다. 다만, 가맹본부의 권유 또는 요구가 없음에도 가맹점사업자가 자발적 의사에 의하여 점포환경을 개선하거나 가맹점사업자의 귀책사유로 위생·안전 및 이와 유사한 문제가 발생하여 불가피하게 점포환경을 개선하는 경우는 그러하지 아니하다.

제14조【가맹점사업자 피해보상보험계약 등의 체결】① 가맹본부는 가맹점사업자의 피해를 보상하기 위하여 다음 각 호의 어느 하나에 해당하는 계약(이하 "가맹점사업자 피해보상보험 등"이라 한다)을 체결할 수 있다.

1. 「보험업법」에 따른 보험계약
2. 가맹점사업자 피해보상금의 지급을 확보하기 위한 「금융감독기구의 설치 등에 관한 법률」 제38조에 따른 기관의 채무지급보증계약
3. 공정거래위원회의 인가를 받아 설립된 공제조합과의 공제계약

② 가맹본부가 가맹점사업자 피해보상보험 등을 체결한 경우, 가맹본부는 가맹점사업자로부터 최초가맹금을 직접 수령할 수 있다.

제3장 가맹점사업자의 부담

제15조【최초가맹금】① 가맹점사업자가 가맹본부에 지급하여야 할 최초가맹금의 내역은 다음 표와 같다.

최초 가맹금 내역	금액 (단위: 천원)	포함내역	지급 기한	반환 조건	반환될 수 없는 사유
가입비		장소선정 지원비, 가맹사업운영매뉴얼 제공비, 오픈지원비 등			
최초교육비					
합계					

② 가맹점사업자는 가맹점 영업이 개시되거나 계약체결일로부터 (   )일이 경과할 때까지 제1항의 최초가맹금 중 다음 표에 기재된 내역을 가맹본부가 지정하는 아래 금융회사에 예치하여야 한다. 다만, 가맹본부가 제14조의 가맹점사업자 피해보상보험 등을 체결한 경우에는 가맹본부가 직접 지급받을 수 있다.

예치가맹금 내역	금액(단위: 천원)
가입비	
최초교육비	
합계	

* 예치금융회사: 은행   지점 부
　계좌번호:　　　　　　　　　　　예금주:

③ 가맹본부는 다음 각 호의 어느 하나에 해당하는 경우에 위 예치기관의 장에게 예치가맹금의 지급을 요청할 수 있다.
1. 가맹점사업자가 영업을 개시한 경우
2. 가맹계약 체결일로부터 2개월이 경과한 경우

제16조【가맹금의 반환】 ① 가맹점사업자 또는 가맹희망자는 다음 각 호의 어느 하나에 해당하는 경우에 이 계약의 체결일로부터 4개월 이내(제3호의 경우 가맹본부의 영업중단일로부터 4개월 이내)에 가맹본부에 서면으로 가맹금의 반환을 청구할 수 있다. 이 경우 반환하는 가맹금의 금액은 가맹계약의 체결 경위, 금전이나 그 밖에 지급된 대가의 성격, 가맹계약기간, 계약이행기간, 가맹사업당사자의 귀책정도 등을 고려하여 당사자의 협의에 의하여 결정한다.

1. 가맹본부가 등록된 정보공개서를 제공하지 아니하거나 정보공개서를 제공한 날로부터 14일(제45조에 따라 변호사 또는 가맹거래사의 자문을 받은 경우에는 7일)이 지나지 아니하였음에도 가맹금을 수령(가맹금을 예치하는 경우에는 예치)하거나 가맹계약을 체결한 경우

2. 가맹본부가 가맹희망자에게 정보를 제공함에 있어 허위 또는 과장된 정보를 제공하거나 중요사항을 누락하여 계약 체결에 중대한 영향을 준 것으로 인정되는 경우

3. 가맹본부가 정당한 사유 없이 가맹사업을 일방적으로 중단한 경우

② 가맹점사업자는 계약기간 내에 자기의 귀책사유 없는 사유로 계약이 해지되는 등 가맹계약이 중도에 종료되는 경우에는 영업표지 사용료, 영업시스템의 계속적 이용료 등과 같이 전체 계약기간에 대한 선급금의 성질을 갖는 가맹금 중 미경과 잔여계약기간의 비율에 해당하는 금액의 반환을 청구할 수 있다. 다만, 이는 손해배상의 청구에 영향을 미치지 아니한다.

③ 제2항의 경우에 최초교육비 등과 같이 계약기간에 따른 선급금의 성질을 갖지 않는 가맹금 중 이행이 완료된 급부의 대가에 해당하는 가맹금에 관하여는 공평의 관념에 어긋나지 않는 범위에서 당사자의 약정에 따라 반환하지 아니할 수 있다.

④ 제2항에 의해 가맹본부가 가입비의 일부를 반환해야 하는 경우에는 가맹점사업자의 청구가 있는 날로부터 (　)일 이내에 반환하여야 한다.

※ 가맹사업법 제10조 제2항에 의하여 가맹점사업자의 청구가 있는 날로부터 1개월을 초과할 수 없음

제17조【계속가맹금】 ① 가맹점사업자가 가맹본부에 지급하여야 할 계속가맹금의 내역은 다음 표와 같다. 계속가맹금에는 가맹점사업자가 가맹본부로부터 공급받는 상품·원재료·부재료 등에 대하여 가맹본부에 지급하는 대가 중 적정한 도매가격을 넘는 대가를 포함한다.

계속가맹금 내역	금액 (단위: 천원)	지급기한	반환조건	반환될 수 없는 사유
영업표지 사용료				
수시교육비				
광고비				
판촉비				
상품, 원·부재료 마진				
합계				

주1: 내역을 구분하지 않고 지급받는 경우에는 합계만 기재한다.

주2: 상품·원·부재료에 이윤을 부가하여 가맹금을 수취하는 경우, 정확한 금액을 기재하기 어려운 때에는 (전년도 상품, 원·부재료 공급 이윤 총액/전년도 말 기준 총 가맹점 개수)의 값을 기재한다.

② 가맹점사업자는 분기 종료 후 (   )일까지 직전 분기의 총매출액을 서면 또는 POS시스템을 통하여 가맹본부에게 통지하여야 한다.

제18조【계약이행보증금】 ① 가맹점사업자는 영업표지 사용료, 광고·판촉비(가맹점사업자가 부담하게 되는 금액에 한한다) 등 계속가맹금 및 상품 등의 대금과 관련한 채무액 또는 손해배상액의 지급을 담보하기 위하여 직전년도 전체 가맹점사업자의 1회 평균 상품 등의 대금 (원·부재료 대금 포함)의 3배 이내에서 계약이행보증금으로 (   )원을 가맹본부에게 지급하거나 이에 상당하는 계약이행보증보험증권 또는 담보를 제공하여야 한다.

② 전항의 계약이행보증금을 금전으로 지급하는 경우, 가맹점사업자는 가맹점 영업이 개시되거나 계약체결일로부터 (   )일이 경과할 때까지 위 금전을 제15조 제2항에 지정된 금융기관에 예치하여야 한다. 다만, 가맹본부가 제14조의 가맹점사업자 피해보상보험 등을 체결한 경우에는 가맹본부에 직접 지급할 수 있다.

③ 계약이 기간만료 또는 해지 등의 사유로 인하여 종료된 경우 가맹본부는 기간만료일 또는 해지일로부터 (   )일 이내에 가맹점사업자에게 계약이행보증금으로 잔존 채무액과 손해배상액을 정산한 잔액을 상환하고 정산서를 교

부하여야 한다.

④ 물적담보가 제공된 경우에는 가맹본부는 가맹점사업자로부터 잔존 채무액과 손해배상액을 지급받음과 동시에 물적담보의 말소에 필요한 서류를 담보권설정자에게 교부하여야 한다.

⑤ 가맹본부는 가맹점사업자가 적정한 계약이행보증금 등을 제공하였음에도 인적보증 등 담보를 추가로 요구해서는 아니 된다.

제19조【최저임금 인상 등 비용부담 증가로 인한 가맹금의 조정】① 가맹점사업자는 최저임금 인상 등으로 인해 비용이 증가하는 경우 가맹본부에게 가맹금의 조정을 요청할 수 있다.

② 가맹본부는 제1항에 따른 요청이 있은 날부터 10일 이내에 가맹금 조정을 위한 협의를 개시하며, 천재지변이나 전시·사변 등의 부득이한 사유 없이 협의를 거부하거나 게을리 하지 아니한다.

제4장 영업활동의 조건

제20조【교육 및 훈련】① 가맹본부가 정한 교육 및 훈련과정을 이수하지 아니하는 자는 가맹점의 관리자로 근무할 수 없다.

② 가맹본부의 교육훈련은 다음 표와 같이 구분하여 실시한다.

교육훈련과정	실시시기	가맹점사업자 부담비용 (단위: 천원)
최초교육		
정기교육	연 ( )회	
특별교육		

③ 정기교육은 이를 실시하기 ( )일 전에 그 교육계획을 수립하여 가맹점사업자에게 서면으로 통지한다.

④ 특별교육은 이를 실시하기 (   )일 전에 장소와 시간을 정하여 서면으로 통지한다.

⑤ 가맹본부는 실비를 기준으로 교육비용을 산출하고, 그 산출근거를 명시한 서면에 의하여 가맹점사업자에게 그 지급을 요구하여야 한다.

⑥ 가맹점사업자는 자신이 비용을 부담하여 가맹본부에게 교육 및 훈련요원의 파견을 요청할 수 있다.

제21조【경영지도】① 가맹본부는 가맹점사업자의 경영활성화를 위하여 경영지도를 할 수 있다.

② 가맹점사업자는 자신의 비용부담으로 가맹본부에게 경영지도를 요청할 수 있다. 다만, 가맹점사업자가 부담하여야 할 비용은 가맹금에 포함된 통상의 경영지도 비용을 초과한 부분에 한한다.

③ 제2항의 요청을 받은 가맹본부는 경영지도계획서를 가맹점사업자에 제시하여야 한다.

④ 제3항의 경영지도계획서에는 경영지도내용, 기간, 경영진단 및 지도관계자의 성명, 소요비용 등이 포함되어야 한다.

⑤ 가맹본부는 경영지도 결과 및 경영개선 방안을 경영지도 후 (   )일 이내에 가맹본부 담당자가 가맹점사업자에게 직접 방문하여 서면으로 제시하고 이를 설명하도록 한다.

제22조【감독 및 통제】① 가맹본부는 가맹점사업자의 경영상태를 파악하기 위하여 월(주)(   )회 점포를 점검하고 가맹점사업자에 그 결과를 지체 없이 통지하여야 하며 기준에 위반하는 사항에 대해 시정을 요구할 수 있다.

② 점포의 점검은 청결, 위생, 회계처리, 각종 설비관리, 원·부재료관리 등의 상태를 대상으로 한다.

③ 가맹본부는 점포관리기준을 가맹점사업자에게 제시하고, 제시 후 (   )일부터 그 기준에 의하여 점검한다. 점포관리기준을 변경하는 경우에도 같다.

제23조【주방기기의 설치 및 유지】① 가맹점사업자는 가맹본부가 제시한 모델과 동일한 주방기기를 설치 및 사용하여야 한다.

② 가맹점사업자가 주방기기를 설치하는 경우 공사의 원활한 진행을 위하여 가맹본부는 자신의 비용으로 직원을 파견하여 지원할 수 있다.

③ 가맹본부는 가맹사업의 통일적인 운영을 위하여 가맹점사업자에게 일정

사양의 주방기기를 직접 공급하거나 업체를 지정하여 공급하도록 할 수 있으며 구체적인 내역과 가격은 별첨[4]와 같다.

④ 제3항의 경우 가맹점사업자는 가맹본부 또는 가맹본부가 지정한 업체로부터 공급받은 주방기기의 수리를 가맹본부에 의뢰할 수 있다.

⑤ 제4항의 경우 가맹본부는 수리비의 견적 및 수리에 소요되는 기간을 즉시 통지하여야 하고, 수리가 불가능한 때에는 이유를 명시하여 소정기일 내에 회수하여야 하며 이유 없이 신품의 교체를 강요할 수 없다.

제24조【POS 등 설비 및 기기】① 가맹점사업자는 가맹점운영에 필요한 POS 등 설비 및 기기를 구비하여야 한다.

② 가맹본부는 가맹점사업자의 요청이 있는 경우 가맹점 영업에 필요한 설비·기기를 유상으로 대여할 수 있다. 이 경우 대여할 설비 및 기기의 내역, 대여비용 등 구체적인 사항은 당사자 간에 합의하여 별도로 결정한다.

③ 가맹점사업자는 대여 받은 설비·기기를 제3자에게 양도하거나 담보로 제공할 수 없다.

④ 가맹점사업자는 대여 받은 설비·기기를 자신의 비용으로 유지·보수한다.

⑤ 가맹점사업자가 대여 받은 설비·기기를 멸실·훼손한 경우에는 구입가격에서 감가상각한 금액으로 배상한다.

제25조【광고】① 가맹본부는 가맹사업 및 가맹점 영업의 활성화를 위하여 전국단위 및 지역단위로 광고를 시행할 수 있다. 다만, 해당지역 가맹점사업자 과반수의 반대가 있는 경우에는 그러하지 아니하다.

② 광고의 목적·횟수·시기·매체 등에 관한 기본적 사항은 가맹본부가 정하는 바에 의한다. 이와 관련하여 필요한 세부사항은 가맹본부가 합리적으로 결정하여 시행하고 위 세부사항을 기재한 서면으로 가맹점사업자에게 사후 통지한다.

③ 전국단위 광고에 소요되는 비용은 가맹본부가 (　)%, 해당 가맹점사업자가 (　)%씩 각각 분담한다. 가맹점사업자 간의 개별 분담액은 광고시행 직전 분기의 각 가맹점사업자의 총매출액 비율에 따라 산정한다.

④ 가맹본부는 당해분기에 지출한 광고비 중에서 각 가맹점사업자가 부담해야 할 금액을 다음 분기 첫달의 말일까지 명세서를 첨부하여 통지하고, 가맹점사업자는 그 통지를 받은 날로부터 (　)일 이내에 지급한다.

⑤ 가맹점사업자는 자기의 비용으로 영업지역 내에서 광고를 시행할 수 있다. 이 경우 가맹점사업자는 광고의 계획과 문안, 기타 광고와 관련된 세부사항에 관하여 사전에 가맹본부의 승인을 받아야 한다.

⑥ 가맹본부는 사업연도 중 가맹점사업자가 비용의 일부라도 부담한 광고를 시행한 경우 다음 각 호의 사항을 사업연도 종료후 3개월 이내에 가맹점 사업자에게 통보하여야 한다.

1. 해당 사업연도에 실시한 광고(해당 사업연도에 일부라도 비용이 집행된 경우를 포함한다. 이하 같다)별 명칭, 내용 및 실시기간
2. 해당 사업연도에 광고를 위하여 전체 가맹점사업자로부터 지급받은 금액
3. 해당 사업연도에 실시한 광고로 집행한 비용 및 가맹점사업자가 부담한 총액

⑦ 가맹점사업자가 광고매체별 광고 횟수, 광고단가 등 세부 산출 근거가 포함된 광고집행 내역의 열람을 요구하는 경우 기맹본부는 열람의 일시, 장소를 정하여 이를 열람할 수 있도록 한다.

제26조【판촉】 ① 가맹본부는 가맹사업 및 가맹점 영업의 활성화를 위하여 전국단위 및 지역단위로 할인판매, 경품제공, 이벤트 등과 같은 판촉활동을 시행할 수 있다. 다만, 해당지역 가맹점사업자 30% 이상이 판촉활동의 시행 여부 및 판촉행사의 주요내용에 반대가 있는 경우에는 그러하지 아니하다.

② 제1항의 절차에 따라 판촉행사를 실시하는 경우에 가맹본부는 판촉행사의 주요내용(판촉시기, 판촉물품의 종류, 가맹본부와 가맹점사업자 간의 비용분담 기준)을 포함한 판촉계획을 사전에 가맹점사업자에게 제공하여야 한다.

③ 가맹점에서 판매하는 상품의 할인비용이나 제공하는 경품·기념품 등의 비용, 판촉활동을 위한 통일적 팜플렛·전단·리플렛·카달로그의 제작 비용, 온라인·모바일 상품권 발행비용 등 판촉행사에 소요되는 비용은 가맹본부와 가맹점사업자가 균등하게 분담한다.

④ 가맹점사업자는 자기의 비용으로 자기 지역 내에서 판촉활동을 할 수 있다. 이 경우 가맹점사업자는 판촉활동의 구체적 내용에 관하여 가맹본부와 사전에 협의하여야 한다.

⑤ 가맹본부는 사업연도 중 가맹점사업자가 일부라도 비용을 부담한 판촉행사를 시행한 경우 다음 각 호의 사항을 사업연도 종료 후 3개월 이내에 가맹

점사업자에게 통보하여야 한다.

1. 해당 사업연도에 실시한 판촉활동(해당 사업연도에 일부라도 비용이 집행된 경우를 포함한다. 이하 같다)별 명칭, 내용 및 실시기간

2. 해당 사업연도에 판촉활동을 위하여 전체 가맹점사업자로부터 지급받은 금액

3. 해당 사업연도에 실시한 판촉활동으로 집행한 비용 및 가맹점사업자가 부담한 총액

⑥ 가맹점사업자가 세부 산출 근거가 포함된 판촉행사 집행 내역의 열람을 요구하는 경우 가맹본부는 열람의 일시, 장소를 정하여 이를 열람할 수 있도록 한다.

제27조【원·부재료 등의 조달과 관리】 ① 가맹본부가 가맹점사업자에게 공급하여야 할 원·부재료 등의 내역 및 가격은 별첨[3]과 같다. 다만, 물가인상 기타 경제여건의 변동으로 인하여 원·부재료 등의 공급내역, 가격의 변경이 필요할 경우 가맹본부는 변경내역, 변경사유 및 변경가격 산출 근거를 가맹점사업자에 서면으로 제시하고 양 당사자가 협의하여 결정한다.

② 가맹본부는 가맹점사업자가 제1항에 따른 원·부재료 등의 납품대금을 신용카드로 결제하려는 경우 이를 거절하거나 현금결제를 강요하여서는 아니 된다.

③ 가맹본부는 가맹사업의 목적달성에 필요한 합리적 사유가 있는 경우에는 원·부재료 등의 공급원을 자기 또는 특정한 제3자로 한정할 수 있다.

④ 가맹본부와 가맹점사업자는 관련 법률에서 정한 설비와 장비를 갖추고 원·부재료 등의 성질에 적합한 방법으로 운반·보관하여야 한다.

⑤ 가맹점사업자는 공급받은 원·부재료 등을 가맹본부의 허락 없이 타인에게 제공하거나 대여할 수 없다.

제28조【원·부재료 등의 직접 조달】 ① 가맹본부가 공급하지 아니하거나 합리적 사유 없이 공급을 지연하는 원·부재료 등 및 가맹본부로부터 사전에 승인을 얻은 원·부재료 등은 가맹점사업자가 직접 조달하여 판매할 수 있다. 이 경우 가맹점사업자는 브랜드의 동일성을 해치지 않도록 하여야 한다.

② 가맹본부는 가맹점사업자가 제2항에 의하여 직접 조달하는 원·부재료 등에 대하여 품질관리기준을 제시하고 그 기준의 준수 여부를 검사할 수 있

다. 이 경우 가맹점사업자는 가맹본부의 품질검사에 협조하여야 한다.

제29조【원·부재료 등의 검사와 하자통지의무】 ① 가맹점사업자는 원·부재료 등을 공급받는 즉시 수량 및 품질을 검사하여야 하고, 하자를 발견하였을 경우 지체 없이 이를 서면으로 가맹본부에게 통지하여야 한다.

② 가맹점사업자가 원·부재료 등의 성질상 수령 즉시 하자를 발견할 수 없는 경우에는 6개월 이내에 이를 발견하여 통지하고 완전물로 교환을 청구할 수 있다.

③ 가맹점사업자가 제1항 및 제2항의 검사를 태만히 하여 이로 인한 손해가 발생한 경우에는 가맹본부에 대하여 반품·수량보충 또는 손해배상을 청구할 수 없다. 다만, 가맹본부가 상품 등에 하자가 있음을 알면서 공급한 경우에는 제2항의 기간과 상관없이 가맹본부에 손해배상 등을 청구할 수 있다.

④ 가맹본부는 그의 상표를 사용하여 공급한 원·부재료 등의 하자로 인하여 소비자 등 제3자가 입은 손해에 대하여 책임이 있다. 다만, 가맹본부가 공급하지 않은 원·부재료 등을 가맹점사업자가 판매하여 제3자에게 손해를 가한 경우나 가맹점사업자의 보관상의 주의의무위반, 가맹점사업자의 상품제공상의 별도 과실로 인한 경우에는 이에 대한 책임을 지지 아니한다.

⑤ 계약이 기간만료, 해지 등으로 인하여 종료한 때에는 가맹점사업자는 공급된 원·부재료 등의 중에서 완전물을 가맹본부에 반환할 수 있고, 이에 대하여 가맹본부는 공급가격으로 상환하여야 한다. 다만, 가맹점사업자의 책임 있는 사유로 인하여 해지된 경우에는 그러하지 아니하다.

⑥ 제5항의 경우에 하자 있는 원·부재료 등에 대하여는 그 상태를 감안하여 가맹본부와 가맹점사업자의 협의에 의하여 상환가격을 결정한다.

제30조【원·부재료 등 공급의 중단】 ① 가맹본부는 다음 각 호의 어느 하나에 해당하는 경우에는 (   )일 전에 해당사유를 적시한 서면으로 예고하고 가맹점사업자에 대한 원·부재료 등의 공급을 중단할 수 있다. 다만, 위 기간 중 가맹점사업자가 해당사유를 시정한 경우에는 그러하지 아니하다.

1. 가맹점사업자가 (   )개월에 걸쳐 3회 이상 원·부재료 등에 관한 대금 등의 지급의무를 지체하는 경우
2. 가맹점사업자가 2회 이상 정기납입경비의 지급을 연체하는 경우
3. 가맹점사업자가 정기납입경비의 산정을 위한 총매출액 또는 매출액 증가

비율을 3회 이상 허위로 통지하는 경우

4. 가맹본부의 품질관리기준을 (   )개월에 걸쳐 3회 이상 위반하는 경우

5. 가맹점사업자가 가맹본부와의 협의 없이 점포 운영을 3일 이상 방치하는 경우

6. 가맹점사업자가 가맹본부와 약정한 판매촉진활동을 이행하지 않는 경우

7. 가맹점사업자가 정당한 사유 없이 제13조 제5항에 의한 노후 점포설비의 교체 · 보수 요청에 따르지 않는 경우

8. 가맹점사업자가 가맹본부로부터 본 계약상의 의무위반을 지적받고 상당한 기간 내에 시정조치를 취하지 않는 경우

② 가맹본부는 다음 각 호의 어느 하나에 해당하는 경우에는 즉시 원 · 부재료 등의 공급을 중단할 수 있다.

1. 가맹점사업자에게 파산 신청이 있거나 강제집행절차 또는 회생절차가 개시된 경우

2. 가맹점사업자가 발행한 어음 · 수표가 부도 등으로 지급거절된 경우

3. 천재지변, 중대한 일신상의 사유 등으로 가맹점사업자가 더이상 가맹사업을 경영할 수 없게 된 경우

4. 가맹점사업자가 공연히 허위사실을 유포함으로써 가맹본부의 명성이나 신용을 뚜렷이 훼손하거나 가맹본부의 영업비밀 또는 중요 정보를 유출하여 가맹사업에 중대한 장애를 초래한 경우

5. 가맹점사업자가 가맹사업의 운영과 관련되는 법령의 위반사실을 통보받은 후 10일 이내에 이를 시정하지 아니한 경우

6. 가맹점사업자의 가맹사업과 관련한 가맹본부의 시정요구에 따른 후에 다시 같은 위반행위를 2회 이상 반복한 경우

7. 가맹점사업자가 가맹점 운영과 관련된 행위로 형사처벌을 받은 경우

8. 가맹점사업자가 공중의 건강이나 안전에 급박한 위해를 일으킬 염려가 있는 방법이나 형태로 가맹점을 운영하는 경우

9. 가맹점사업자가 정당한 사유 없이 연속하여 7일 이상 영업을 중단한 경우

③ 제1항 및 제2항의 경우 가맹본부는 원 · 부재료 등의 공급중단조치를 취함과 동시에 재공급조건을 가맹점사업자에 서면으로 통지하여야 한다.

제31조【영업】① 가맹점사업자는 주 (   )일 이상 월 (   )일 이상 개장하여야 하

고, 연속하여 (　)일 이상 임의로 휴업할 수 없다.

② 가맹점사업자가 특정일에 점포를 열지 못할 특별한 사정이 있는 경우에는 이를 3일 전부터 매장 입구에 개시하여 고객이 알 수 있도록 하여야 한다.

③ 가맹점사업자가 일정기간 휴업할 경우에는 사전에 가맹본부에게 그 사유를 서면으로 통지하고 가맹본부의 승인을 얻어야 한다.

④ 영업시간은 (　)부터 (　)까지로 한다.

⑤ 가맹본부는 가맹점사업자가 심야영업시간대(오전 1시부터 오전 6시까지)의 매출이 저조하여 영업시간 단축을 요구한 날이 속한 달의 직전 6개월 동안 영업손실이 발생함에 따라 영업시간 단축을 요구하거나 질병의 발병과 치료 등 불가피한 사유로 인하여 영업시간의 단축을 요구하는 경우에는 이를 허용한다.

제32조【복장】 ① 가맹점사업자와 종업원은 가맹점영업과 관련하여 가맹본부가 지정한 복장을 착용하여야 한다.

② 가맹본부는 복장의 색상, 규격을 가맹점사업자에게 서면으로 통지한다.

③ 가맹본부는 가맹점사업자의 청구에 따라 종업원의 복장을 공급할 수 있다.

④ 가맹점사업자는 임직원 및 종업원이 외식업소에 근무하는 자로서의 품격에 어긋나지 않는 복장상태를 유지하도록 하여야 한다.

제33조【보고의무】 ① 가맹점사업자는 가맹점 영업과 관련하여 영업장부와 회계자료를 성실히 작성·유지하여야 한다.

② 가맹점사업자는 년(월, 주) (　)회 매출상황과 회계원장 등을 가맹본부에 서면 또는 POS시스템을 통하여 보고하여야 한다.

③ 가맹점사업자는 가맹본부가 파견한 경영지도원의 서면에 의한 요구가 있을 때에는 영업장부 등 관련서류를 제시하여야 한다.

④ 가맹점사업자는 가맹본부로부터 사용허가를 받은 영업표지와 특허권 등에 대한 침해를 이유로 제3자가 소를 제기한 경우에는 이를 가맹본부에 보고하여야 한다.

제34조【보험】 ① 가맹본부는 가맹점사업자가 영업상 과실, 상품의 하자, 점포의 화재 등으로 가맹점 이용 고객이나 제3자에게 부담하는 손해배상책임을 보장하기 위하여 책임보험에 가입할 것을 권유할 수 있다.

② 가맹점사업자는 자신의 책임으로 보험업자, 보험의 종류, 피보험자를 정

한다.

제35조【영업양도 및 담보제공】① 가맹점사업자는 가맹본부의 승인을 얻어 영업을 양도, 임대하거나 영업재산을 담보로 제공(이하 "영업양도 등"이라 한다)할 수 있다.

② 제1항의 경우 가맹점사업자는 영업양도일(또는 영업임대일, 담보제공일. 이하 같다)(   )일 전에 가맹본부에 대하여 서면으로 영업양도 등의 승인을 요청하여야 한다.

③ 가맹본부는 전항의 승인을 요청받은 날로부터 (   )일 이내에 그 사유를 명시한 서면으로 승인 또는 거절의 의사를 표시하여야 한다. 가맹본부가 이 기간 중에 이유를 적시하여 거절하지 않으면 영업양도 등을 승인한 것으로 본다.

④ 가맹점사업자가 영업 양도의 승인을 요청한 경우 가맹본부는 영업양도 승인조건으로 점포환경 개선을 요구하지 아니한다.

⑤ 영업양도의 경우 영업양수인은 가맹점사업자의 가맹본부에 대한 권리와 의무를 승계한다.

⑥ 영업양수인, 영업임차인은 제15조의 최초가맹금의 지급의무가 면제된다. 다만, 양도 등에 따라 가맹본부에게 초래된 행정적 실비 및 소정의 교육비, 계약이행보증금은 면제되지 아니한다.

⑦ 가맹본부는 영업양수인이 요청하는 경우에는 영업양도인의 잔여 계약기간 대신에 완전한 계약기간을 영업양수인에게 부여할 수 있다. 이 경우에는 신규계약을 체결하여야 한다.

⑧ 가맹본부가 가맹사업을 타인에게 양도하는 경우 가맹점사업자는 가맹계약을 종료하고 계약관계에서 탈퇴할 수 있다. 이 경우 가맹본부는 가맹점사업자에 대하여 제16조 제2항의 금원을 반환하여야 한다.

⑨ 가맹본부는 가맹점운영권의 양도와 관련된 분쟁을 예방하기 위하여, 승인 전후를 불문하고 양도인의 투자비 내역, 영업 현황 등의 자료를 양수희망자 또는 양수인에게 제공할 수 있다.

제36조【영업의 상속】① 가맹점사업자의 상속인은 가맹점 영업을 상속할 수 있다.

② 상속인이 영업을 상속할 경우에는 상속개시일로부터 3개월 이내에 상속사실을 가맹본부에게 통지하여야 한다.

③ 상속인이 미성년자, 피성년후견인, 피한정후견인에 해당하거나 이에 준하는 사유가 있는 경우 가맹본부는 영업의 상속을 승인하지 아니할 수 있으며, 이 경우 가맹계약은 종료한다. 다만, 가맹본부는 상속인에게 제39조 제2항 및 제3항의 금원을 지급하여야 한다.

④ 상속인에 대해서는 제15조의 최초가맹금이 면제된다. 단, 소정의 교육비, 계약이행보증금은 면제되지 아니한다.

제5장 계약의 갱신, 해지, 종료

제37조【계약의 갱신과 거절】 ① 가맹본부는 가맹점사업자가 가맹계약기간 만료 전 180일부터 90일까지 사이에 가맹계약의 갱신을 요구하는 경우에는 정당한 사유가 없으면 이를 거절하지 못한다. 다만 가맹점사업자가 다음 각 호의 어느 하나에 해당하는 경우에는 갱신을 거절할 수 있다.

1. 가맹계약상의 가맹금 등의 지급의무를 지키지 아니한 경우
2. 다른 가맹점사업자에게 통상적으로 적용되는 계약조건이나 영업방침을 가맹점사업자가 수락하지 아니한 경우
3. 가맹점의 운영에 필요한 점포·설비의 확보나 법령상 필요한 자격·면허·허가의 취득에 관한 가맹본부의 중요한 영업방침을 지키지 아니한 경우
4. 상품의 품질을 유지하기 위하여 필요한 조리법, 식자재 구입 및 관리 또는 서비스기법의 준수에 관하여 가맹본부가 정한 영업방침을 지키지 아니한 경우
5. 가맹본부의 가맹사업 경영에 필수적인 지식재산권의 보호에 관하여 가맹본부가 정한 영업방침을 지키지 아니한 경우
6. 다른 가맹본부가 통상적으로 요구하는 비용에 의하여 가맹본부가 가맹점사업자에게 정기적으로 실시하는 교육·훈련의 준수에 관한 가맹본부의 영업방침을 지키지 아니한 경우

② 제1항의 가맹점사업자의 계약갱신요구권은 최초 가맹계약기간을 포함한 전체 가맹계약기간이 10년을 초과하지 아니하는 범위 내에서만 행사할 수 있다.

③ 가맹본부가 제1항에 따른 갱신요구를 거절하는 경우에는 갱신을 요구받은 날로부터 15일 이내에 가맹점사업자에게 거절사유를 적은 서면으로 통지

하여야 한다.

④ 가맹본부가 제1항 단서의 어느 사유를 들어 계약만료 전 180일부터 90일까지 갱신하지 않는다는 사실을 서면으로 통지하거나 제3항의 거절통지를 한 경우가 아니면, 가맹계약은 종전계약과 동일한 조건으로 (   )년간 갱신된 것으로 본다.

⑤ 다음 각 호의 어느 하나에 해당하는 경우에는 제4항을 적용하지 아니한다.

1. 가맹점사업자가 계약만료 60일 전까지 이의를 제기한 경우
2. 천재지변 등 양 당사자에게 책임 없는 사유로 인하여 가맹계약을 유지하기 어려운 경우
3. 가맹본부나 가맹점사업자에게 파산신청이 있거나 강제집행절차 또는 회생절차가 개시된 경우
4. 가맹본부나 가맹점사업자가 발행한 어음·수표가 부도 등으로 지급거절된 경우
5. 가맹점사업자에게 중대한 일신상의 사유가 발생하여 더이상 가맹사업을 경영할 수 없게 된 경우

제38조【계약의 해지】 ① 가맹본부는 가맹점사업자에게 제30조 제1항 각 호의 사유가 있는 경우에는 가맹계약을 해지할 수 있다. 이 경우 가맹계약을 해지하기 위해서는 가맹점사업자에게 2개월 이상의 유예기간을 두고 계약의 위반사실을 구체적으로 밝히고 이를 시정하지 아니하면 그 계약을 해지한다는 사실을 서면으로 2회 이상 통지하여야 하고, 이 절차를 거치지 아니한 가맹계약의 해지는 그 효력이 없다.

② 가맹본부는 가맹사업의 거래를 지속하기 어려운 경우로서 다음 각 호의 어느 하나에 해당하는 경우에는 제1항의 절차를 거치지 아니하고 계약을 해지할 수 있다.

1. 가맹점사업자에게 파산신청이 있거나 강제집행절차 또는 회생절차가 개시된 경우
2. 가맹점사업자가 발행한 어음·수표가 부도 등으로 지급거절된 경우
3. 천재지변, 중대한 일신상의 사유 등으로 가맹점사업자가 더이상 가맹사업을 경영할 수 없게 된 경우
4. 가맹점사업자가 공연히 허위사실을 유포함으로써 가맹본부의 명성이나

신용을 뚜렷이 훼손하거나 가맹본부의 영업비밀 또는 중요정보를 유출하여 가맹사업에 중대한 장애를 초래한 경우

5. 가맹점사업자가 가맹사업의 운영과 관련되는 법령의 위반사실을 통보받은 후 10일 이내에 이를 시정하지 아니한 경우

6. 가맹점사업자가 제1항 후문에 따른 가맹본부의 시정요구에 따른 후 다시 같은 위반행위를 2회 이상 반복한 경우

7. 가맹점사업자가 가맹점운영과 관련된 행위로 형사처벌을 받은 경우

8. 가맹점사업자가 공중의 건강이나 안전에 급박한 위해를 일으킬 염려가 있는 방법이나 형태로 가맹점을 운영하는 경우

9. 가맹점사업자가 정당한 사유 없이 연속하여 7일 이상 영업을 중단한 경우

③ 가맹점사업자는 가맹본부가 약정한 원·부재료 등의 공급, 경영지원 등을 정당한 이유 없이 이행하지 않거나 지체하는 경우 등 이 계약상의 의무를 불이행하는 경우에는 상당한 기간을 정하여 서면으로 그 시정을 요구하고 그래도 시정하지 않을 경우에는 가맹계약을 해지할 수 있다.

④ 가맹점사업자는 다음 각 호의 어느 하나에 해당하여 재정상태가 객관적으로 악화됨에 따라 본 계약의 유지가 어렵다고 합리적·객관적으로 판단되는 경우에는 최고 없이 즉시 계약을 해지할 수 있다.

1. 가맹본부가 파산한 경우

2. 가맹본부가 발행한 어음·수표가 부도 등으로 지급거절된 경우

3. 가맹본부가 (가)압류, 가처분, 강제집행, 체납처분 또는 이와 유사한 법적·행정적 처분을 당한 경우

4. 천재지변으로 가맹점 운영이 곤란한 경우

⑤ 가맹본부와 가맹점사업자는 계약기간 중에도 서면에 의하여 양 당사자가 합의하여 해지할 수 있다. 다만, 해지를 원하는 당사자는 상대방에 대하여 「약관의 규제에 관한 법률」 제8조(손해배상액의 예정)에 위반되지 아니하는 범위 내에서 금 (   )원을 위약금으로 지급하여야 하며, 이는 손해배상액의 예정으로서의 성격을 갖는다.

제39조【계약의 종료와 조치】 ① 계약이 기간만료나 해지로 인하여 종료된 경우, 가맹점사업자는 지체 없이 가맹본부의 상호·간판 등 영업표지의 사용을 중단하고 이를 철거 내지 제거하여야 하며, 가맹본부가 제공한 설비, 전산시스

템 등 영업관련 자산을 가맹본부에 반환하여야 한다.

② 제1항의 규정에도 불구하고 가맹점사업자가 계약이행보증금을 지급한 경우에는 가맹본부로부터 제18조 제3항의 정산잔액과 정산서를 받을 때까지(계약이행보증보험증권이나 물적 담보를 제공한 경우에는 잔존 채무·손해배상액의 통지서를 받을 때까지) 제1항의 의무이행을 거절할 수 있다. 가맹본부가 제16조 제2항에 의하여 가맹금의 일부를 반환해야 하는 경우에도 또한 같다.

③ 제1항의 철거·원상복구의 비용은 계약이 가맹점사업자의 귀책사유로 종료되는 경우에는 가맹점사업자가 부담하고 가맹본부의 귀책사유로 종료되는 경우에는 가맹본부가 부담한다. 다만, 합의해지의 경우에는 가맹본부와 가맹점사업자가 협의하여 비용을 분담할 수 있다.

④ 가맹본부는 가맹계약서를 가맹사업의 거래가 종료된 날부터 3년간 보관하여야 한다.

제6장 기 타

제40조【가맹점사업자의 비밀유지, 경업금지 의무】① 가맹점사업자는 계약 및 가맹점 운영상 알게 된 가맹본부의 조리법 등 영업비밀을 계약기간은 물론 계약종료 후에도 제3자에게 누설해서는 아니 된다.

② 가맹점사업자는 가맹본부의 허락 없이 교육과 세미나 자료 기타 가맹점 운영과 관련하여 가맹본부의 영업비밀이 담긴 관계서류의 내용을 인쇄 또는 복사할 수 없다.

③ 가맹점사업자는 계약의 존속 중에 가맹본부의 허락 없이 자기 또는 제3자의 명의로 가맹본부의 영업과 동종의 영업을 하지 않는다.

제41조【개량기술의 사용】가맹점사업자가 가맹본부로부터 지원받은 영업노하우 등 기술과 관련하여 독자적으로 기술을 개량한 경우, 개량기술에 대한 소유권은 가맹점사업자에게 있는 것으로 한다. 다만, 가맹본부는 기술개발비, 예상수익, 원천기술의 기여분, 개량기술의 가치 등이 반영된 정당한 대가를 지급하고 그 소유권의 이전이나 실시권, 사용권 등의 설정을 가맹점사업자에게 청구할 수 있다.

제42조【지연이자】계약의 일방당사자가 본 계약과 관련하여 상대방에게 부담하는 일체의 금전지급의무를 지체하는 경우에는 미지급액에 대하여 지급기일의 다음날부터 지급하는 날까지 연 (   )%의 비율에 의한 지연이자를 가산하여 지급한다.

제43조【손해배상】이 계약의 당사자는 상대방의 계약위반이나 불법행위로 인한 손해에 대하여 본 계약상 구제수단 외에 별도로 손해배상을 청구할 수 있다.

① 이 계약의 당사자는 상대방의 계약위반이나 불법행위로 인한 손해에 대하여 본 계약상 구제수단 외에 별도로 손해배상을 청구할 수 있다.

② 가맹점사업자는 가맹본부 또는 그 소속 임원의 위법행위 또는 가맹사업의 명성이나 신용을 훼손하는 등 사회상규에 반하는 행위로 인해 손해가 발생한 경우 가맹본부에게 본 계약상 구제수단 외에 별도로 손해배상을 청구할 수 있다.

제44조【분쟁의 해결】① 이 계약의 당사자는 이 계약의 해석 또는 이 계약에 의하여 명시되지 아니한 사항에 관하여 다툼이 있을 경우 우선적으로 대화와 협상을 통하여 분쟁을 해결하도록 최선을 다한다.

② 제1항에 의한 해결이 되지 아니한 경우에는 「가맹사업거래의 공정화에 관한 법률」 제22조에 따라 한국공정거래조정원의 가맹사업거래분쟁조정협의회에 조정을 신청하거나 다른 법령에 의하여 설치된 중재기관에 중재를 신청할 수 있다.

③ 가맹본부 및 가맹점사업자의 협의에 의하여 제2항에 의한 중재를 신청하지 아니하는 경우, 이 계약에 관한 분쟁의 관할법원은 가맹점사업자의 주소지나 점포소재지를 관할하는 법원으로 한다. 다만, 가맹본부와 가맹점사업자가 합의하여 관할법원을 달리 정하는 경우에는 그러하지 아니하다.

제45조【정보공개서의 자문】① 가맹본부는 이 계약을 체결하기 전에 가맹희망자에게 정보공개서를 제공하고 충분한 숙고기간을 부여하여야 하며 정보공개서의 이해를 돕기 위하여 가맹거래사 또는 변호사의 자문을 받을 수 있다는 사실을 고지하여야 한다.

② 가맹점사업자는 제1항의 자문을 받은 경우 자문일자가 기재된 확인서를 가맹본부에 제출하여야 한다.

제46조【정보공개서 및 가맹계약서의 수령일】① 가맹점사업자는 가맹금의 일부

를 지급하거나 이 계약을 체결하는 날로부터 14일(제45조의 자문을 받은 경우에는 7일) 이상 이전인 20   년   월   일에 가맹본부로부터 관련 정보공개서를 제공받았음을 확인한다.

② 가맹점사업자는 가맹본부가 가맹금을 최초로 수령한 날(가맹금을 예치한 경우에는 예치한 날, 예치하기로 합의한 경우에는 예치 예정일)과 이 계약을 체결한 날 중 빠른 날 전인 20   년   월   일에 이 계약서를 사전제공 받았음을 확인한다.

별첨 [1]: 영업지역의 표시
별첨 [2]: 가맹점사업자에게 사용이 허가된 영업표지의 표시
별첨 [3]: 공급 원·부재료 등의 내역
별첨 [4]: 공급 주방기기 등의 내역

가맹본부와 가맹점사업자는 이 가맹계약서에 열거된 각 조항을 면밀히 검토하고 충분히 이해하였으며, 이 계약의 체결을 증명하기 위하여 계약서 2통을 작성하여 각각 기명·날인한 후 각 1통씩 보관한다.

20   년 월 일

[가맹본부]

대표자: (인)
사업자등록번호:
상호:
주소:
연락처:

[가맹점사업자]

성명: (인)
생년월일:
점포명:
주소:
연락처:

별첨 [1]: 영업지역의 표시

※ 영업지역을 표시한 지도를 첨부하여 주십시오

별첨 [2]: 가맹점사업자에게 사용이 허가된 영업표지의 표시

(1) 허용대상 영업표지

영업표지 견본	
등록번호(출원번호)	
등록결정(심결) 연월일	
존속기간(예정) 만료일	
지정상품 또는 지정서비스업	
등록권리자	

(2) 영업표지 사용방법: 간판, 상징물, 홍보물, 집기 비품, 문구류 등에 표시

(3) 영업표지의 사용기간: 이 계약의 효력이 존속되는 기간과 원칙적으로 동일함

(4) 영업표지의 사용지역: 별도 약정이 없는 한 해당 영업지역 내로 한정됨

별첨 [3]: 공급 원·부재료 등의 내역

연번	원·부재료명	공급가격

별첨 [4]: 공급 주방기기의 내역

연번	주방기기명	공급가격

가맹본부를 위한
가맹사업거래 분쟁 예방 체크리스트 1*

구분	체크리스트	확인
가맹사업법 적용 여부 확인	가맹본부 자신이 '가맹사업거래의 공정화에 관한 법률'을 적용받는지 여부에 대하여 알고 계십니까?	□
정보공개서 등록 단계	가맹희망자에게 제공할 정보공개서를 공정거래위원회 또는 '광역시장·도지사 등'에게 등록하셨습니까?	□
가맹점 모집 단계	가맹본부가 가맹희망자와 가맹계약을 바로 체결하여서는 안 된다는 것을 알고 계십니까?	
	가맹희망자에게 예상매출액 등에 대한 정보를 서면으로 제공하셨습니까?	□
	가맹희망자나 가맹점사업자에게 허위·과장 정보*나 기만적인 정보**를 제공해서는 안 된다는 것을 알고 계십니까? 　* 과장된 예상매출액 정보, 사실이 확인되지 않은 상권분석 정보 등 ** 중요사항을 적지 않은 정보공개서 등	□
가맹계약 체결 단계	가맹본부가 가맹희망자에게 정보공개서, 인근 가맹점현황문서, 가맹계약서를 제공한 날부터 원칙적으로 14일*이 지난 경우에, 가맹희망자와 가맹계약을 체결하거나 가맹희망자로부터 가맹금을 받을 수 있다는 것을 알고 계십니까? * 예시: 1월 1일에 가맹계약서 등을 제공했다면 1월 16일부터 계약 체결 가능	□
	가맹본부가 가맹희망자 또는 가맹점사업자로부터 가입비, 보증금 등 명목의 가맹금을 직접 받으면 안 되고, 예치제도 등을 이용하여야 한다는 것을 알고 계십니까?	□

---

* 한국공정거래조정원

가맹본부를 위한
가맹사업거래 분쟁 예방 체크리스트 2

구분	체크리스트	확인
가맹계약 체결 단계	가맹본부가 가맹점 모집 단계 세 번째 항목 또는 가망계약 체결 첫 번째 항목(정보공개서 사항)을 지키지 않은 경우, 가맹희망자나 가맹점사업자에게 가맹금을 반환하게 될 수도 있다는 것을 알고 계십니까?	□
가맹점 운영 단계	'가맹사업거래의 공정화에 관한 법률'에서 '가맹점사업자에게 불공정거래행위*를 하는 것'을 금지하고 있다는 것을 알고 계십니까? * 예시: ① 가맹사업의 통일성과 무관한 원재료를 부당하게 특정 사업자로부터 공급받도록 하는 것 ② 부당하게 경제적 이익을 제공하도록 강요하도록 하는 것 등	□
	가맹본부가 가맹점사업자의 영업지역 안에 직영점이나 새로운 가맹점을 설치하여서는 안 된다는 것을 알고 계십니까?	□
	가맹점사업자들이 '가맹점사업자단체'를 구성하고 그 단체를 통해 가맹본부에게 가맹계약의 변경 등 거래조건에 대한 협의를 요청할 수 있다는 것을 알고 계십니까?	□
	가맹본부가 가맹점사업자로부터 계약갱신을 요구받은 경우, 정당한 사유가 없으면 그 요구를 거절할 수 없다는 것을 알고 계십니까?	□
가맹계약 종료 단계	가맹본부가 가맹점사업자의 계약위반을 사유로 가맹계약을 해지하려고 할 경우, '가맹사업거래의 공정화에 관한 법률'에서 정한 계약해지 절차를 준수하여야 한다는 것을 알고 계십니까?	□
	가맹계약 해지 시 가맹본부가 가맹점사업자에게 부당하게 과중한 위약금을 부과하여서는 안 된다는 것을 알고 계십니까?	□
가맹점사업자와 분쟁이 발생한 경우	한국공정거래조정원이 가맹본부와 가맹점사업자 사이에 발생하는 분쟁을 조정하는 업무를 수행하고 있는데, 이러한 분쟁조정제도가 있다는 것을 알고 계십니까?	□

가맹점사업자를 위한 가맹사업거래*
분쟁 예방 체크리스트 1

구분	체크리스트	확인
가맹계약 상담 단계	가맹본부로부터 '정보공개서와 인근 가맹점 현황문서'를 제공받고 원칙적으로 14일이 지난 경우에, 가맹본부와 가맹계약을 체결하거나 가맹본부에게 가맹금을 지급할 수 있다는 것을 알고 계십니까?	☐
	소상공인시장진흥공단의 '상권정보시스템'을 이용하여 점포예정지 인근의 '상권·경쟁·입지·수익' 분석을 해보셨습니까?	☐
	가맹본부로부터 예상매출액 등에 대한 정보를 문서로 제공받으셨습니까?	☐
가맹계약 체결 단계	가맹본부로부터 가맹계약서를 제공받고 14일* 이 지난 경우에, 가맹본부와 가맹계약을 체결하거나 가맹본부에게 가맹금을 지급할 수 있다는 것을 알고 계십니까? * 예시: 가맹본부로부터 1월 1일에 가맹계약서를 제공받았다면 1월 16일부터 가맹계약 체결 가능	☐
	가맹본부가 상가를 직접 임차하여 가맹희망자에게 다시 임대한 경우, '가맹본부와 임대인(건물주) 사이의 임대차계약 내용에 가맹본부가 다른 사람에게 다시 임대하는 것'을 임대인이 허용하고 있는지 여부를 확인하셨습니까?	☐
	'일정한 명목*의 가맹금'은 가맹본부에 바로 지급하면 안되고, 금융기관을 통한 예치제도 등을 이용하여야 한다는 것을 알고 계십니까? * 예시: ① 가입비, 교육비, 계약금 등 ② 상품 보증금 등	☐

* 한국공정거래조정원

가맹점사업자를 위한 가맹사업거래 분쟁 예방 체크리스트 2

구분	체크리스트	확인
가맹계약 체결 단계	가맹회망자나 가맹점사업자가 특정한 경우* 가맹본부에게 가맹금 반환을 요구하면 가맹금의 일부 또는 전부를 반환하여야 한다는 것을 알고 계십니까? * 가맹본부가 정보공개서 사전제공 의무를 위반하고 가맹점사업자가 계약체결일부터 4개월 이내 가맹금 반환을 요구하는 경우 등	☐
가맹점 운영 단계	가맹사업거래의 공정화에 관한 법률에서 가맹본부의 불공정거래행위*를 금지하고 있다는 것을 알고 계십니까? * 예시: ① 가맹사업의 통일성과 무관한 원재료를 부당하게 특정 사업자로부터 공급받도록 하는 것, ② 부당하게 경제적 이익을 제공하도록 강요하는 것 등	☐
	가맹점사업자가 '가맹점사업자단체'를 구성하여 가맹본부에게 가맹계약의 변경 등 거래조건에 대한 협의를 요청할 수 있다는 것을 알고 계십니까?	☐
	가맹점사업자가 가맹본부에게 계약기간 연장*을 요구하였을 때 가맹본부가 정당한 사유없이 그 요구를 거절할 수 없다는 것을 알고 계십니까? * 최초 계약일로부터 최대 10년까지 계약기간 연장 요구 가능	☐
가맹계약 종료 단계	가맹계약 해지 시 가맹본부가 가맹점사업자에게 부당하게 관중한 위약금을 부과하여서는 안 된다는 것을 알고 계십니까?	☐
가맹점 운영 단계	한국공정거래조정원이 가맹점사업자(가맹회망자 포함)와 가맹본부 사이에 발생하는 분쟁을 조정하는 업무를 수행하고 있는데, 이러한 분쟁조정제도가 있다는 것을 알고 계십니까?	☐

참고문헌, 인용

장준근, 알기 쉽게 해설한 가맹사업법, 2011, 한국학술정보

유재은, 한국시장의 프랜차이즈 법칙, 2018, 박영사

이한무, 가맹사업법 해설, 2014, 법률정보센터

한국공정거래조정원 온라인분쟁조점시스템(https://fairnet.kofair.or.kr)

찾기 쉬운 생활법령정보: 프랜차이즈(가맹계약) (http://www.easylaw.go.kr/)

에필로그

'김변·이변의 장사하는 법' 1탄 「프랜차이즈의 처음과 끝」의 공저자 변호사 김민규입니다. 끝까지 읽느라고 고생 많으셨습니다. 하지만, 분명한 것은, 이 책을 읽은 사람과 안 읽은 사람은 장사의 성공 가능성에서 차이가 확실히 날 거라는 점입니다.

이 책을 내는 것은 저의 오래 된 숙제였습니다. 2014년 어느 날 저는 우연한 기회에 명불허전 원조골뱅이라는 프랜차이즈 가게 본점 운영에 간접적으로 참여할 기회를 잡았습니다. 친구 따라 강남 간다는 말처럼 순전히 우연하게 명불허전 원조골뱅이 대표가 제 친구였기 때문입니다. '사업은 친구와 하면 안 된다'는 말을 무시하고, 우리 둘은 의기투합하여 가게를 운영했습니다. 지금 생각해 보면 친구가 친구라는 이유로 저에게 좋은 기회를 준 것이었죠. 이 자리를 빌어 다시 한 번 친구에게 진심으로 감사 인사를 전하고 싶습니다.

순전히 친구 덕분에 우리 가게는 대박을 쳤습니다. 그때 경험을 살려 프랜차이즈 책을 써 보고 싶었고, 개괄적인 구성과 원고를 준비하던 중에 책에 대한 고민을 이상훈 변호사에게 털어놓았습니다.

이상훈 변호사와 함께 고민하다가 '장사하는 법' 책을 같이 쓰기로 하였고, 이상훈 변호사의 도움을 받아 이 책을 완성하게 되었습니다.

이 책은 프랜차이즈 사업을 하는 사람들이 한 번은 읽어봐야 할 내용을 담았습니다. 프랜차이즈 사업을 한다면서 관련 법 한번 안 보고 사업을 하는 사람들이 대다수인 현실, 그렇다고 해서 법이라는 딱딱한 내용을 책에 담는 것이 쉽지 않다는 점을 충분히 고려하여 최대한 전문성을 녹여 내면서도 쉽게 책을 쓰려고 노력하였습니다.

이 책에 이어 실전 '50문 50답'을 2탄으로 준비 중입니다. 실전 50문 50답에는 장사를 하면서 부딪칠 수 있는 질문과 그 답들을 내용으로 녹여 낼 계획입니다.

이 책을 완성하는 데 지대한 공헌을 하고 노력을 해주신 이상훈 변호사, 흔쾌히 출판을 해주신 박영사, 아내 박희원, 딸 지우, 아들 건호에게 감사함을 전합니다.

2020. 1

김민규 변호사

저자약력

변호사 김민규

서울대학교 독어독문학과 졸업
서울시립대학교 법학전문대학원 졸업
서울대학교 행정대학원 석사과정 휴학 중
변호사시험 2회
現 법무법인 은율 변호사
　　인하대학교 공과대학원 미래융합기술학과 겸임교수
　　USFK SOFA Legal Service
　　세무서 국세심사위원
　　BOM 스타트업 기업법무 칼럼 기고
前 법무법인 조율 변호사
　　근로복지공단 자문변호사
　　서울시립대학교 법학전문대학원 Law Journal 편집장
주식회사 웨이버스, 주식회사 에이브랩스 등 다수 스타트업, 중소기업 법률 고문·자문
명불허전 원조골뱅이 교대본점 공동운영, 프랜차이즈 컨설팅그룹 운영
저서 법학개론(법률출판사)

변호사 이상훈

부산대학교 법학과 졸업
서울시립대학교 법학전문대학원 졸업
성균관대학교 법학대학원 박사과정 재학 중
변호사시험 2회
現 국회의원 비서관
前 법률사무소 지호 부대표
　　법무법인 예지
　　서울시 공익변호사단
　　대한법률구조재단 법률구조변호사단
　　서울남부지방법원 원스톱 국선변호인
　　한국환경산업기술원 법률고문
주식회사 DAY엔터테인먼트 등 다수 회사 법률 고문자문
연예인 이덕화, 백일섭 등 다수 연예인 법률 고문
저서 「만화로 보는 학교법률분쟁사례」(도서출판 원)
강의 기업운영에 필요한 기초법률 등(한국산업기술진흥협회)

김변·이변의 장사하는 법 시리즈 vol. 1
프랜차이즈의 시작과 끝

초판발행	2020년 2월 5일
중판발행	2022년 11월 15일
지은이	김민규·이상훈
펴낸이	안종만·안상준
편 집	이면희
기획/마케팅	정연환
표지디자인	조아라
제 작	고철민·조영환
펴낸곳	(주) **박영사**
	서울특별시 금천구 가산디지털2로 53, 210호(가산동, 한라시그마밸리)
	등록 1959. 3. 11. 제300-1959-1호(倫)
전 화	02)733-6771
f a x	02)736-4818
e-mail	pys@pybook.co.kr
homepage	www.pybook.co.kr
ISBN	979-11-303-3539-1 03360

* 파본은 구입하신 곳에서 교환해 드립니다. 본서의 무단복제행위를 금합니다.
* 저자와 협의하여 인지첩부를 생략합니다.

정 가   18,000원